하나님은
왜
우리 예배를
아니라고 하실까?

KB194872

하나님은 왜 우리 예배를
아니라고 하실까?

소예언서 쉽게 읽기·호세아 요엘 아모스

© 정기원

초판 1쇄 인쇄 | 2023년 03월 03일
초판 1쇄 발행 | 2023년 03월 15일

지은이 | 정기원
발행인 | 강영란
편집 | 박관용, 권지연
디자인 | 트리니티
마케팅 및 경영지원 | 이진호

펴낸곳 | 샘솟는기쁨
주소 | 서울시 충무로 3가 59-9 예림빌딩 402호
전화 | 대표 (02)517-2045
팩스 | (02)517-5125(주문)
이메일 | atfeel@hanmail.net

홈페이지 | https//blog.naver.com/feelwithcom
페이스북 | https//www.facebook.com/publisherjoy
출판등록 | 2006년 7월 8일

ISBN 979-11-92794-02-0(03230)

소예언서
쉽게 읽기
—
호세아,
요엘, 아모스

정기원 지음

하나님은
왜
우리 예배를
아니라고 하실까?

샘솟는
기쁨

말씀이 예배되게 삶이 되게

예수님의 삶이 그러하였듯이, 예수님의 말씀을 따르는 우리 또한 신앙과 삶의 일치를 향해 나아가야 합니다. 신앙이 삶이고, 삶이 신앙입니다. 하지만 때때로 분리될 수 없는 신앙과 삶이 분리되어 삶에 적용하지 않을 때가 있습니다. 이것이 우리 교회의 큰 아픔입니다.

이 책은 우리의 신앙이 어떻게 삶으로 이어져야 하는지 귀한 깨달음을 주고 있습니다. 소예언서는 하나님을 따른다는 것이 어떤 것이며, 어떻게 살아야 하는지 귀한 가르침을 줍니다. 하나님에 대해 잘못 알았던 것을 바로잡고, 당연히 알아야 할 것을 알도록 눈을 열어 줍니다. 특히 정기원 목사님의 군종 사역 가운데 소예언서에 대한 시의적절한 저서를 출간해 주셔서 감사드립니다.

소예언서 내용을 현대인 시각에 맞게 해설해 주었을 뿐만 아니라 스스로 예배와 삶을 돌아볼 수 있는 진지한 물음을 주고 있습니다. 지금 세상은 그 어느 때보다 진실한 신앙을 필요로 하고, 삶과 괴리된 신앙을

허락하지 않는 시대입니다. 팬데믹이 준 교훈입니다. 진지한 신앙인의 삶을 살고, 예배하고 싶은 분들이라면 이 책의 질문과 적용 내용을 깊이 묵상하여 삶 가운데 진정한 믿음을 실천하시기 바랍니다. **김정석 목사 | 전 서울남연회 감독, 광림교회 담임목사**

하나님의 말씀은 묻고, 불리고, 풀기가 쉽지 않다. 호세아에서 말라기에 이르는 열두 예언서의 경우가 특히 그렇다. 예언자로부터 쏟아진 말글의 세계가 오늘날 독자들의 시공간과 다르기 때문이다. 정기원 목사의 〈소예언서 쉽게 읽기〉 시리즈는 그 쉽지 않은 여정을 단아하게, 단안(斷案)하게, 단단하게 풀어서 말씀이 예배되게, 삶이 되게 옮겨 냈다. '단아하게'는 설교 본문의 현대적 해석이 자리 잡고 있다는 것이고, '단안하게'는 설교자에게 뿌리내린 말씀이 회중의 언어로 전달되었다는 것이고, '단단하게'는 혼란스럽던 시절에 이정표를 제시한 예언자의 육성이 오늘날의 바로미터로서 확실하게 붙들고 있기 때문이다.

〈소예언서 쉽게 읽기〉 시리즈 중 첫 책인 호세아·요엘·아모스 해석 『하나님은 왜 우리 예배를 아니라고 하실까?』에서 보듯이 깊이와 재미(!)와 감동까지 제공한다. 각 성경을 파트 제목으로 구별하고, 독자의 이해를 돕는 주제 제목과 나눔 질문 등이 그 사실을 드러낸다. 저자가 '그때, 그곳, 그것'에 관한 이야기를 '오늘, 이곳, 우리들의 이야기'로 깨닫고 새기고 되새긴 열정을 크게 치하하게 한다. 그가 마련한 열두 예언서 읽기에 나선 이 시대의 독자들에게 동반자가 되기를 소망하며 적극 추천한다. **왕대일 목사 | 전 감신대 구약학 교수, 하늘빛교회 담임목사**

전쟁과 포로 생활, 성전 재건 등 어려운 상황이던 이스라엘 민족에게 하나님의 통치와 섭리가 있었음을 깨우쳐 주었고, 외형적 허영에 집착하는 어리석음을 회개하게 했으며, 영적인 새 사람으로 거듭나기를 촉구하는 은혜의 시간이었다. **강석호 장로, 서울**

소예언서 한 절 한 절은 살아 있는 말씀의 역사적 현장이었다. 풀어 주시는 말씀들로 인해 동의하며 유레카를 외치기도 했고, 샘솟는 기쁨으로 충만할 수 있었다. **함은주 집사, 서울**

이스라엘 백성들이 나의 모습이고, 하나님이 나의 목자시니 부족함이 없다는 말씀을 입으로만 외치던 나를 보게 되었다. 이 책을 통해 하나님의 가치를 가진 믿음의 소유자들이 더 많아지길 소망한다. **김은애 권사, 서울**

소예언서 말씀을 2년 동안 들을 수 있어 은혜가 가득한 시간이었다. 오늘도 말씀하신다! 이 땅이 정의와 공의가 가득하기를 원하고, 그 일에 앞장서기를 원하신다. **송은실 집사, 서울**

늘 투덜거리며, 순종할지 말지, 저울질하는 나를 채근하시며 한걸음씩 날마다 순종의 발을 딛게 하시는 하나님의 사랑을 무한히 느낄 수 있었다. **지연희 권사, 고양**

소예언서 말씀 여행은 두려움이었고 설레임이었고, 또 강한 떨림이 있었다. **김은경 집사, 양평**

하나님께 가고자 노력하지만 이미 바알 신을 섬겼음을 부인할 수 없어서, 말씀 앞에 발가벗겨진 기분이었고, 현재의 나를 바라볼 수 있게 도

와주었다. **이은희 집사, 계룡**

62년간 교회를 다니면서 성경을 읽었지만, 소예언서는 이제 확실히 이해했다. 나라가 위기에 처할 때마다 예언자를 보내 경고하신 하나님을 대면할 수 있었다. **박한두 장로, 서울**

소예언서를 체계적으로 풀어 주므로 은혜를 받았다. 각 선지자 말씀을 실제 역사와 상호 연계해 주어서, 오늘날 교회와 그리스도인이 여호와께로 돌이키는 데 좋은 길잡이가 되어 줄 것으로 확신한다. **주해정 장로, 서울**

신앙은 은혜에 만족하는 것이며, 믿음은 구원에 대한 지적 동의로 이해했는데, 2년간 소예언서 말씀은 공의와 인애와 의를 실천하는 결단의 기회였다. **조순근 장로, 서울**

정기원 목사님의 소예언서 강해가 이 시대를 향한 메시지임을 알게 되었고, 담대히 평안 속에 거하며 참된 예배로 나아가기를 힘쓰게 되었음을 고백한다. **최혜정 권사, 서울**

살아 숨쉬고 역사하시는 주님의 은혜를 마주할 수 있었다. BC 450년의 성경 시대가 지금 우리와의 격차가 무색할 만큼 현재의 삶을 투영하고 있다. **장미옥 집사, 서울**

『낭비하지 않는 기도』를 통해 삶의 현장 문제들을 어떻게 극복해 나갈지 큰 도움을 받았는데, 이 시대를 관통하는 〈소예언서 시리즈〉의 출간 소식이 더없이 기다려진다. **정일식 장로, 진해**

열두 예언서 읽기에 나선 이 시대 독자에게

하나님은 오늘도 말씀하십니다. 그동안 우리 예배가 올바른지, 우리 방식으로 살아온 삶이 올바른지 질문을 던지십니다. 그런 예배를 지속해도 되는지, 그런 삶을 그냥 살아도 되는지 물으십니다.

소예언서 말씀 하나하나에 담긴 그 물음이 제게 전해졌고, 저의 삶과 예배가 형편없다는 지적으로 다가왔습니다. 그 사실이 분명해졌습니다. 그래서 소예언서 말씀을 전할 수 있었습니다. 팬데믹 2년여 동안 열두 예언서 모두 설교할 수 있었습니다.

이처럼 설교할 수 있었던 건 연구자들의 도움과 먼저 설교한 선배님들 덕분입니다. 고든 맥콘빌(Gordon McConville)의 성경 이해 6『선지서』, 김근주 교수님의 『소예언서 어떻게 읽을 것인가』는 소예언서를 정말 어떻게 읽어야 하는지, 무슨 관점으로 바라봐야 하는지 알려 주었습니다. 이 책이 없다면 시작하지 못했을 일입니다. 일상신학을 대표하는 류호준 교수님의 『아모스서』도 세밀한 방향키가 되었습니다. 소예언서를 모두 설교한 김서택 목사님 설교집은 성도를 사랑하는 마음으로 오롯이 말씀에 집중하는 열정을 알게 하였고, 소예언서 각각의 책마다 묵상과 주석과 설교하신 여러 선배님의 교회 사랑은 저를 넓은 곳으로 인도했습니다. 모든 분에게 감사할 따름입니다.

때때로 설교하기에 어려운 본문을 만날 때 막막했습니다. 그럴 때마다 더 성경 본문으로 들어가자고 마음을 다잡았고, 그 방향은 항상 옳았습니다. 설교할 수 없을 것 같았지만 결국 중요한 메시지가 전해졌습니다. 소예언서를 통해 처음 깨우친 교훈이기도 합니다. 종종 설교 그만하고 싶다는 생각이 들었는데, 이를 이기게 한 것 역시 바로 '본문'이었습니다.

소예언서 설교를 마친 지 일 년이 지났습니다. 하지만 저의 예배는 여전히 부끄럽습니다. 하나님이 아니라고 하신 그 예배 모습을 지니고 있을 테니까요. 어찌 금방 변화되겠냐마는 적극적인 변화가 아쉽기만 합니다. 분명한 사실은 소예언서를 통해 예배와 삶을 바라보는 가치관이 더욱 확실해졌고, 기성 교회도 이를 당연시해야 하고, 신자의 삶에도 익숙해야 한다는 게 결론이었습니다. 그 생각으로 교회 생활 한다면, 작은 것부터 변화가 시작된다고 믿고 있습니다.

자주 접하지 못한 소예언서에서 이러한 가치 변화를 경험하기를 바라며 책으로 옮기게 되었습니다. 이미 많은 연구자들이 기록하고, 해석하고, 찾아낸 이야기이기도 하지만, 제 언어로, 제 삶의 상황 가운데, 저와 함께하는 신앙 가족들에게 전하고자 합니다. 이 책을 통해 소예언서가 무슨 말을 하는지, 제가 깨닫고, 눈물 흘리고, 감사한 것처럼 그러하면 좋겠습니다.

이 년 동안 소예언서 설교를 들은 해군중앙교회 구성원 모두에게 감사드리고, 추천의 말을 남겨 주셔서 감사합니다. 앞으로도 계속 변화될 저의 설교에 집중해 주신 육해공본부교회 구성원에게도 감사합니다. 마음의 진심을 헤아려, 책으로 엮어 주신 도서출판 샘솟는기쁨에게 감사합니다. 저의 부족함을 잘 아는 아내, 우리 가족 모두에게 최고의 감사와 존경을 드립니다.

오늘도 유튜브 〈정기원 설교 채널〉을 듣는 분들에게 몸 둘 바를 모르겠지만, 진심으로 감사하고, 오늘도 나라를 지키기 위해 소중한 시간을 헌신하는 국군장병들과 가족들에게 감사합니다. 항상 하나님의 '정의'와 '공의'가 강물같이 흐르도록, 하나님이 원하는 '인애'를 실천하기 위해 최선을 다하고자 합니다.

2023년 1월 30일 계룡에서, 정기원

하나님을 예배하는가?

호세아

호세아서는 구약성서의 열두 소예언서 중 하나로 북왕국 출신 선지자 호세아의 예언을 기록한 책이다. 그가 활동한 기원전 8세기는 북왕국(이스라엘)과 남왕국(유다)이 번영하던 시기였는데, 그 가운데 자신의 말과 삶을 통해 주로 북이스라엘의 거짓된 예배와 죄악상을 드러냈다.

하나님의 진심

1장

삶을 사용하시다

호세아는 여러 정황으로 볼 때 북왕국 이스라엘에서 태어나고 활동한 선지자이다. 당시 북왕국 이스라엘의 왕은 여로보암 2세로 같은 시기 남유다 왕은 웃시야, 요담, 아하스, 히스기야였다. 북이스라엘의 여로보암을 잇는 왕은 스가랴, 살룸, 므나헴, 브가히야, 베가, 그리고 선지자와 이름이 같은 호세아이다. 이들 가운데 므나헴과 마지막 왕 호세아를 제외하고 모두 반역에 의해 살해되었다.

이는 여로보암 2세가 죽은 후 북이스라엘의 정세가 혼란스러웠다는 것을 보여 준다. 이들은 이름조차 언급할 가치가 없는, 하나님을 중심에 두지 않고 살았던 왕들이라고 짐작할 수 있다. 호세아는 그야말로 말씀이 땅바닥에 내처지고, 폭력이 가득하며, 죄악이 만연한 시대의 한가운데에서 활동한 선지자이다.

웃시야와 요담과 아하스와 히스기야가 이어 유다 왕이 된 시대 곧 요아스의 아들 여로보암이 이스라엘 왕이 된 시대에 브에리의 아들 호세아에게 임한 여호와의 말씀이라 (호 1:1)

호세아의 삶을 하나님은 이스라엘을 향한 말씀의 통로로 삼으셨다. 그의 결혼도, 자녀들도 모두 하나님의 마음이고, 하나님의 메시지였다.

내게 호세아서 시작은 충격이었다. 오늘날 선지자라고 하는 목사에게 하는 말씀 같았다. 부끄럽지만, 말로는 듣지 않으니 선지자의 삶을 통해 말씀하는 어쩌면 엄중한 하나님의 모습이 아닌지. 그의 결혼 생활, 자녀, 출산 같은 다분히 사적인 생활을 사용해서 자신의 뜻을 전하셨다. 과연 하나님이 나의 삶도 이렇게 사용하실까? 뭐라 표현할 수 없는 미묘한 감정이 내 마음을 휘어잡았다.

여기서 질문을 하겠다. 우리 삶은 당연히 나만의 것인가? 절대 그렇지 않다는 것을 그리스도인들은 매일 인식해야 한다. 내게 아픔이 있다면 그것은 내 아픔만이 아니라 하나님의 아픔이다. 이 시대의 삶이 하나님 음성을 전달하는 도구가 된다는 것은 상식이어야 한다. 뭐 하나도 그냥 흘려 넘길 수 없다. 선지자의 삶을 통해 말씀하듯이, 하나님은 지금 우리에게 우리 삶을 통해 말씀하신다.

우리 삶은 어느 하나 내 것이 아니다. 견딜 수 없는 고통도, 수많은 고난도 주님께 맡길 수 있다. 호세아를 통한 하나님의 말씀은, 말만으로 잘 듣질 않으니 호세아 선지자를 음란한 아내와 결혼하게 하고, 그녀가 부정한 생활을 통해 자식을 낳는 것으로 친히 말씀하신다.

그러면 그런 생활을 하는 아내가 호세아의 아내인가? 태어나는 자식이 호세아의 자식이기만 한가? 교회 다니지만, 말씀으로는 도무지 먹히지 않고, 바알 신앙에 비할 수 있는 세상의 가치를 따르는데, 우리가 어떻게 하나님의 신부이며, 하나님의 자녀인가?

호세아는 교회의 잘못된 신앙을 경고한다. 교회 안 음란에 대해 말하는 성경이다. 성적 문란만 의미하지 않는다. 호세아서를 비롯한 예언서에서 사용되는 음란은 하나님이 아닌 다른 신, 다른 것에 마음이 끌리는 것을 말한다. 소위 영적 바람둥이를 말한다.

고멜은 평범한 나

> 여호와께서 처음 호세아에게 말씀하실 때 여호와께서 호세아에게 이르
> 시되 너는 가서 음란한 여자를 맞이하여 음란한 자식들을 낳으라 이 나
> 라가 여호와를 떠나 크게 음란함이니라 하시니 (호 1:2)

음란한 여자가 누군지 해석이 다양하다. 보통 창녀나 이방 신전의 여인이라는 해석이 많다. 만약 그렇다면 결혼하기까지 선지자 호세아의 결혼 결정이 참 어려웠을 것이다. 하지만 성경에 호세아가 심히 괴로워했다는 장면은 없다. 호세아가 그 여자와 결혼하기가 그리 어렵지 않았다는 추측을 하게 된다.

호세아 4장 14절을 보면 이스라엘의 딸들이 음행하고, 며느리들이 간음한다는 표현이 나온다. 당시 대다수 이스라엘 여성들이 그랬다는 것을 알 수 있다. 말씀보다 세상의 중심 가치를 추구하는, 어느 교회에서나 만날 수 있는 여자 성도님들이라는 것이다.

음란함은 그 시대의 가장 보편적인 모습이었다. 그러니 고멜은 생활

이 문란한 유별난 여자가 아닐 가능성이 크다. 우리 주변에 흔히 있는 여자 성도님이고, 같은 교회 구역 식구끼리 어떻게 해야 더 좋은 집을 얻을지, 아이들 성적을 어떻게 올릴지, 수다 떠는 여자일 것이다. 하나님을 사랑한다고 하면서 세상을 더 사랑하는 수많은 성도님 중 한 사람이 호세아의 결혼 상대였던 것이다. 너무 억지일까?

하나님은 그 시대의 만연한 음란을 '고멜'을 통해 보이고자 했다. 우리는 너 나 할 것 없이 스스로 인지하지 못할 만큼 세상 가치에 물들었다. 이제 솔직해야 한다. 호세아가 말도 안 되는 결혼을 했다거나, 무리한 명령에 순종했다거나, 대단한 선지자라고 여길 것이 아니라 바로 내가 그런 고멜 같은 자였음을, 그렇고 그런 시대라며 적당히 편승한 명목상 그리스도인이었다는 것을 인지해야 한다.

하나님께 이스라엘은 언제나 내 나라였고 내 백성이었다. 그러나 2절에서는 그저 '이 나라'이다. 이스라엘 전체가 하나님을 떠나 음란하고, 사람들 모두 하나님에게서 멀리 떠난 삶을 산다. 뒤집어 보면 불신자와 다를 바 없다. 교회에 있지만, 하나님께 돌아올 수 없는 상태. "그렇게 신앙생활하는 너희는 내 자식이 아니다. 이 자식이고, 이딴 자식이다. 바알의 자식이다." 참혹한 호세아의 결혼은 호세아만의 일이 아니라 바로 우리 자신의 슬픈 자화상이다.

흩으시려는지

종종 태어날 아이의 이름을 지어 달라는 분들이 있어서 이름 공부를 하는 편이다. 이어령 교수의 『한국인 이야기』에서 태명은 한국의 독특한 문화라고 한다. 뜻이 좋은 태명에는 자녀의 삶이 더없이 아름답기를 소망하는 부모 마음이 담겨 있다. 이스라엘도 자녀 이름 짓는 것에 대해 보통 관심이 아니다. 성경에 등장하는 자식의 이름 역시 그냥 대충 지은 이름이 없다. 호세아의 아버지 브에리는 "주님이 나의 생명의 원천입니다"라는 뜻이고, 호세아는 "여호와가 나를 구원하셨다"라는 뜻이다.

> ⁴여호와께서 호세아에게 이르시되 그의 이름을 이스르엘이라 하라 조금 후에 내가 이스르엘의 피를 예후의 집에 갚으며 이스라엘 족속의 나라를 폐할 것임이니라 ⁵그 날에 내가 이스르엘 골짜기에서 이스라엘의 활을 꺾으리라 하시니라 (호 1:4~5)

호세아 부부가 낳은 첫아들에게 하나님은 '이스르엘'이라는 이름을 지으라고 하신다. "흩으신다, 씨를 흩어 뿌린다"는 뜻이다. 왜 이 이름을 주셨는지 설명이 이어진다. 이스르엘의 피를 예후의 집에 갚겠다고 하신다.

이스르엘은 지명이기도 한데, 북쪽 평지의 이름이다. 역사적으로 잔인한 살육이 있었던 장소로 여로보암의 조상 예후가 아합의 가족들을 이곳에서 몰살시켰다. 하나님은 그때 예후가 이스르엘에서 흘린 피를 예후의 집, 곧 예후 왕조에 그대로 갚겠다고 하셨다. 당시 가장 번성함을 누리던 예후 집안이 반드시 끝장난다는 것을 알 수 있다. 호세아의 첫아들 이스르엘은 결국 영적 음란에 빠진 이스라엘이 직면할 멸망을 상기시킨다고 할 수 있다. 하나님이 단단히 화가 나셨다. 바로 조치해야 할 분위기여서, 이스르엘이 더 성장하기 전에 뭔가를 해야 할 것 같았으나 그렇지 않았다. 하나님은 둘째 아이에게도 이름을 주신다.

⁶고멜이 또 임신하여 딸을 낳으매 여호와께서 호세아에게 이르시되 그의 이름을 로루하마라 하라 내가 다시는 이스라엘 족속을 긍휼히 여겨서 용서하지 않을 것임이니라 ⁷그러나 내가 유다 족속을 긍휼히 여겨 그들의 하나님 여호와로 구원하겠고 활과 칼이나 전쟁이나 말과 마병으로 구원하지 아니하리라 하시니라 ⁸고멜이 로루하마를 젖뗀 후에 또 임신하여 아들을 낳으매 ⁹여호와께서 이르시되 그의 이름을 로암미라 하라 너희는 내 백성이 아니요 나는 너희 하나님이 되지 아니할 것임이니라 (호 1:6~9)

내 백성이 아니다

둘째 아이 이름을 '로루하마'라고 지으라고 명령하신다. 주변 가족 모두 충격에 빠진다. 로루하마는 "긍휼히 여김을 받지 않는다"라는 뜻으로 '루하마'는 긍휼이고, '로'는 부정어이다. 하나님의 눈에 이스라엘은 더 이상 긍휼함을 주고 싶지 않을 정도였다. 성경은 우리 하나님이 노하기를 더디 하는 분이라고 했지만, 자녀 이름을 로루하마로 부르라는 것은 그 긍휼함이 더 이상 불가능하다는 것을 말하고 있다.

고멜이 또 잉태하여 셋째 아이를 낳는다. 하나님이 주신 이름은 로암미. 이스라엘 역사를 통틀어 최악의 선언이었다. 로암미는 "내 백성이 아니다"라는 뜻이다. 갈수록 태산이다. 하나님이 이스라엘을 가리켜 내 백성이라고 부르는 명칭은 구약성경에 수없이 등장한다. '내 백성'은 핵심 중의 핵심인 표현이다. 자신이 하나님의 백성이라는 것은 이스라엘 사람들의 근본적인 정체성인데, 하나님이 이 정체성을 부정하셨다. 어느 날 갑자기 이제 내 자식이 아니라면서 아버지가 아들의 호적을 찢는다면 어떻겠나?

"너희들은 도무지 그리스도인 같지 않구나. 말만 주여 주여, 하지 뭐 하나 나를 닮은 구석이 없어. 음란함이 극에 달했다. 이방 사람들과 다른 점이 없다"라고 하시지 않겠는가. 하나님과의 관계가 비참하게 깨어지고 말았다. 그런데 이 깨어진 상황을 오히려 견디기 힘들어하셨다. 그렇게 차갑고 냉정한 하나님께서 말씀하신다.

> [10]그러나 이스라엘 자손의 수가 바닷가의 모래 같이 되어서 헤아릴 수도 없고 셀 수도 없을 것이며 전에 그들에게 이르기를 너희는 내 백성이 아니라 한 그 곳에서 그들에게 이르기를 너희는 살아 계신 하나님의 아들들이라 할 것이라 [11]이에 유다 자손과 이스라엘 자손이 함께 모여 한 우두머리를 세우고 그 땅에서부터 올라오리니 이스르엘의 날이 클 것임이로다 [1]너희 형제에게는 암미라 하고 너희 자매에게는 루하마라 하라 (호 1:10~2:1)

이중성 없는 사랑

우리는 호세아서의 하나님을 잘 이해해야 한다. 하나님께 돌이킬 기회를 놓치면 안 된다. 하나님은 자기 백성을 로루하마라고 불러 불쌍히 여기지 않겠다고 하고, 로암미라고 하며 더 이상 내 백성이 아니라고 하셨다. 하나님께 이런 말을 듣는다는 것은 상상조차 하기 싫은 일이다. 하나님께서 얼마나 속이 상하시면 이런 일련의 과정을 자기 백성들을 향해 진행하셨을까? 자식을 길러 보면 다 알지 않는가?

아무리 속상하고 미워도 자녀는 자녀다. 내 자녀 아니라고는 못한다. 그런데 세상을 사랑하는 우리의 음란함을 보며, 내 자녀 아니라고 말씀하시는 하나님의 안타까움과 분노를 우리는 이해해야 한다.

그런데 알 것이다. 정말 온전히 포기하면 화도 안 나는 법이다. 반전의 말씀이 들린다. 내 백성이 아니라고 하신 그곳에서, 너희는 살아 계신 하나님의 아들이라 할 것이라고 말이다. 하나님이 살아 계시다고 하는 것은 그분이 지금도 우리 삶을 큰 관심과 긍휼로 바라보고, 인도하는 분이라는 뜻으로 읽힌다. 질병, 자연재해, 세상의 악함이 아무리 강해도 하나님은 이 땅을 고치고 당신의 나라로 이끌어 가신다는 약속으로 들린다. 하나님의 살아 계심이 가장 큰 위로가 되는 표현이 아닐 수 없다.

어떤가? 가슴이 먹먹해지지 않는가? 아버지 하나님은 우리에게 다시 '암미'라고 하신다. 내 자녀, 내 백성이라는 말씀이다. 그리고 '루하마'라 하신다. 자비와 긍휼을 다시 허락하신다. 이 눈물 나는 하나님의 긍휼과 인도하심을 부디 깨달으라. 하나님의 진심이 조금이나마 느껴지는가? 하나님께서 아무 자격 없는 우리를 택하신 것은 세상을 믿고 자기를 믿기보다 살아 계신 하나님을 믿으며 하나님의 도우심을 구하고, 하나님의 진심 어린 심정에 감사하며 오늘을 살라는 것 아닌가?

> ## 나눔 질문

1. 하나님께서 일상적인 삶을 사용하여 말씀하신다는 점을 어떻게 생각하십니까? 나의 삶도 하나님의 도구라는 것을 동의하십니까?

2. 나도 평범한 고멜 같은 이중적 신앙인이라는 것을 아시나요? 그러한 나를 끝까지 붙드시는 사랑의 하나님에 대해 나누어 봅시다.

2장 다시 결혼하라

숨겨둔 애인은 누구?

호세아서를 읽으면서 경험하는 흥미로운 것은 하나님께서 내게 직접 말씀하시는 것처럼 느껴진다는 점이다. "지금 제대로 살아가고 있는 거니? 네가 달려가는 그 길이 올바른 거니? 우상숭배가 아니니?" 나를 나무라시는 하나님의 음성이 확대되어 귓속으로 파고든다. 1장에서 우리를 향하여 다시금 '암미'라고, '루하마'라고 외치신 하나님께서 2장은 다시 큰소리로 심판의 말씀을 외치신다.

> 너희 어머니와 논쟁하고 논쟁하라 그는 내 아내가 아니요 나는 그의 남편이 아니라 그가 그의 얼굴에서 음란을 제하게 하고 그 유방 사이에서 음행을 제하게 하라 (호 2:2)

당시 이스라엘은 여로보암 2세의 치세 아래 엄청난 번영을 누리고 있었으나 그로부터 멸망하기까지 불과 30년밖에 걸리지 않는다. 이들은 자신들의 번영을 하나님이 주신 것으로 생각하지 않았다. 하나님은 그들의 귀를 막고 그들의 풍요로움을 다 거두어서 너희가 누린 번영이 바알이나 세상이 준 것이 아님을 밝히겠다고 하신다.

2장 2절은 논쟁하고, 논쟁하라는 말로 시작한다. 이 여자는 남편을 두고 다른 남자와 연애를 했다. 누구와 연애했는가? 바알이다. 이런 음란은 충분한 이혼 사유이다. 그러니 따져 보자는 것이다.

성경은 곳곳에서 주님을 우리의 신랑으로 묘사한다. 이스라엘 백성들이 광야 생활을 할 때 비교적 결혼 생활이 원만했던 것은 가진 게 없어서 그러지 않았을까. 우리나라도 시절이 가난할 때는 먹고 살기 바빠도 기도로 새벽을 깨웠고, 수요일 저녁, 금요일 저녁, 주일 저녁까지 예배로 하나님을 향한 사랑을 표현하느라 하루가 짧았다. 하나님을 위해 최선을 다해 헌신하고, 이웃에게 베풀었다.

그런데 가나안 땅에 들어온 이후 이야기가 달라진다. 내가 땀 흘려 얻은 것이라고 믿고, 이런 풍요로움을 가져다주는 물질을 따르기 시작한다. 하나님께 예배드리지만 실제 일상생활에서는 수시로 바알을 찾았다. 잘 와닿지 않는가? 좀 더 실제적인 논쟁은 어떤가.

지금 사역하는 군 현장도 마찬가지지만, 일터에서도 인정받으려면 경쟁해야 한다. 물론 일할 수 있음이 하나님의 은혜임을 알지만 실제로 삶의 현장으로 들어가면, 돈을 벌어야 하고, 승진해야 하는 현실에서는 '오직 하나님을 의지하자'라는 생각을 하지 않는다. 사람을 의지하고 사람에게 잘 보이려고 한다. 이 점을 하나님이 손수 문제 삼으셨다.

우리가 성경을 진지하게 읽으면 이 세상의 자본주의 사상이 얼마나 성경과 부딪히는지 누구나 쉽게 알 수 있다. 너무나 자연스럽게 받아들이고, 물들어 사는 그것이 사실 우리를 썩게 만들고 있다. 너무 익숙해서 모르거나 모른 척하는 그런 세세한 부분까지 하나님이 논쟁해 보자고 하신다. 겉으로 다 드러나 있어서 누구나 그렇게 사니까 별문제 없어 보이는 부분들에 대해 논쟁하시겠다는 것이다.

한두 사람의 현실이 아니다. 이스라엘 전체의 현상이고, 오늘 우리 교회와 성도들의 모습이다. 본질이 흔들리다 보니 그 안에 있던 우리도 다 그냥 따라 흔들린다. 왜 이 어미가 남편을 배신할까? 애인이 너무 좋아서 그런 것 아닌가? 애인이 매력적이고, 외모만이 아니라 나의 필요도 채워준다. 인생의 즐거움을 이 애인이 잔뜩 제공한다.

그러다 보니 내가 먹고, 마시고, 쉬고, 즐거운 것이 모두 애인의 힘이라고 믿게 된다. 나도 모르는 사이에 그렇게 되어 버린다. 이 글을 읽고 있는 이들 중에도 신랑 되신 주님을 제쳐 두고 새 애인을 두었을 것이다. 돈이 먹고 살아가게 하고, 보험이 되는 최후의 보루라고 생각할 것이다. 그것이 우리의 삶을 윤택하게 한다고 굳게 믿고 산다.

그렇게 소중하다면

> 그들의 어머니는 음행하였고 그들을 임신했던 자는 부끄러운 일을 행하였나니 이는 그가 이르기를 나는 나를 사랑하는 자들을 따르리니 그들이 내 떡과 내 물과 내 양털과 내 삼과 내 기름과 내 술들을 내게 준다 하였음이라 (호 2:5)

언제나 새 애인은 물질이었다. 이들은 유목민들이었을 때, 떡이고,

물이고 정해진 것이 없었다. 때마다 하나님이 주시는 대로 살았다. 그러나 가나안에 정착하면서 이대로 부족하다고 느낀다. 내 떡, 내 물, 내 양털, 내 기름을 더 모아야 한다고 주장한다. 하나님의 말씀을 안 지키는 가나안 사람들을 봐라. 얼마나 화려한가. 바알은 열심히 살면 이런 것들을 주겠다고 한다.

하나님은 보이는 것들이 아닌 말씀을 주시겠다지 않는가. 내가 가나안보다 크다고, 내가 바알보다 크다고 하신다. 이 세상 모든 것 다 가져도 하나님께서 주시는 것에 비하면 보잘것없고, 이 세상 모든 사람이 나를 높인다고 해도 하나님이 나를 높이시는 것에 비할 수 없다. 이를 정말, 정말 믿는가? 죄송하지만 나도 종종 의심한다.

우리에게 축복은 매일 하나님을 붙들고 살아가는 순간들이다. 오히려 광야 생활이 축복일 수 있다. 우리에게 무엇이 없다면 그럴 만해서 그렇지 않을까? 그 무엇이 없어야 겸손하고, 그 무엇이 없어야 하나님을 찾지 않겠는가.

우리는 하나님의 뜻대로 살아야 하는 사람들이지 않는가. 우리의 상급은 바알이 아니라 하나님 자체이다. 남편과 함께 평안을 누리며 사는 것이 상급이고 축복이듯이, 하나님이 우리의 선물이고 은혜이다.

퇴근해서 집에 가는데 매번 선물을 사 가야 아내가 기뻐한다면 그것 참 슬픈 일이다. 아내에게 가장 큰 선물은 남편이 오늘도 변함없이 집으로 돌아오는 그 자체이다. 남편만으로도 가장 큰 기쁨이고 은혜여야 한다. 하나님이 좋은가, 하나님이 주시는 물질이 좋은가?

포기하지 않는 하나님

6절에서 13절까지는 하나님이 어떻게 심판할지 말씀하시는 부분이다. 우리가 하나님을 두려워해야 하는 이유는 우리를 포기하지 않으시지만, 절대 타협하지 않는 분이시기 때문이다. 대충 타협하지 않으신다. 주신 것 모두 하나님 것이니 도로 다 빼앗겠다고 하신다.

8절에 등장하는 곡식, 새 포도주, 기름은 가나안 땅의 대표적인 축복이었다. 은과 금은 무역으로 얻었던 가나안의 보물이었다. 이스라엘 사람들은 하나님의 말씀을 종교적인 영역에서만 순종하고 예배드리는 순간에만 하나님을 인정했다. 일상에서는 마음을 편안하게 하고 즐겁게 하는 것이 돈이고, 놀이이고, 사람이라고 믿었다.

교회에 있을 때만 하나님이 기쁨이라고 하지 않기를 바란다. 가나안 사람들에게 하신 하나님의 방식을 따른다면 반드시 다 빼앗아 가신다. 우리 것은 내가 잘해서 그리 되었든, 모르는 사이에 그리 되었든 하나님의 것이고, 하나님이 하신 일이다.

> 그러므로 내가 가시로 그 길을 막으며 담을 쌓아 그로 그 길을 찾지 못하게 하리니 (호 2:6)

하나님은 6절에서 애인에게 가는 길을 아예 가시와 돌담으로 막아 버리겠다고 하신다. 세계에 바이러스가 창궐하자 하늘길이 막히고, 이웃과의 교제도 마음대로 할 수 없었던 우리의 경험을 기억해야 한다. 우리를 이렇게 사랑하시니까, 때로는 사업도 실패하고, 관계도 깨어지고, 건강도 마음대로 안 되고, 승진도 안 된다. 다른 애인들을 두고만 보는 그런 남편은 남편이 아니다. 잔인한 하나님이라고 하지 마시라.

11절에는 모든 절기와 월삭과 안식일과 명절을 폐하겠다고 하신다. 절기를 없앤다는 것은 앞으로 하나님께 감사할 일이 없으리라는 의미이다. 포도나무와 무화과나무는 은혜의 상징인데, 그 또한 다 없애겠다고 하신다. 귀고리와 패물로 장식하고, 사랑하는 애인을 따라간 자들을 벌주겠다고 하신다. 그 따라간 시일대로 정확하게 벌하신다는 말씀, 하나님의 육성같이 메시지가 들려야 한다.

하나님이 이렇게까지 하시는 이유가 있다. 우리는 뭐가 잘못된 줄 알면서도 인정하지 않고, 바꾸려고 하지 않는다. 운 좋게 지나가고, 별일 없으면 그만이라는 식의 신앙생활이다. 굳어질 대로 굳어졌다.

이제 이스라엘은 과거에 힘겹게 지나온 광야 같을 것이다. 땅이 메마를 것이다. 자신의 필요를 공급해 주리라는 기대를 품고 다른 남자를 찾아다니는 여자의 몸부림은, 참된 만족이 없는 세상을 향해 질주하는 우리 모습을 그대로 투영하고 있다.

논쟁하려 하신다

[14]그러므로 보라 내가 그를 타일러 거친 들로 데리고 가서 말로 위로하고 [15]거기서 비로소 그의 포도원을 그에게 주고 아골 골짜기로 소망의 문을 삼아 주리니 그가 거기서 응대하기를 어렸을 때와 애굽 땅에서 올라오던 날과 같이 하리라 [16]여호와께서 이르시되 그 날에 네가 나를 내 남편이라 일컫고 다시는 내 바알이라 일컫지 아니하리라 (호 2:14~16)

음란한 우리는 이혼 통보를 받고, 내처짐을 당해야 하는데, 놀랍게 주님은 아골 골짜기 같은 그곳에서 소망의 문을 열어 주신다. 우리의 모든 것이 실패한 그곳에서 다시 회복을 꿈꾸게 하시고, 사랑을 잃어버린 그곳에서 사랑을 전해 주신다. 무엇보다 먼저 말씀으로 위로하신다.

우리가 다 가지고 있을 때는 죽었다 깨어나도 알 수 없다. 건강할 때는 절대 모를 일이다. 죽음 직전에 가서야 비로소 믿었던 것들이 결코 하나님의 것이 아니었음을 깨우치게 된다. 그동안 내가 하나님을 부른 것이 아니라, 하나님의 이름을 빙자한 바알을 부르며 살았다는 것을. 신앙은 하나님을 사랑하는 일이다. 시간이 지나면 지날수록 더 뜨거워지는 것이 하나님과의 사랑이다. 식지 않는 하나님과의 사랑이다. 20절에서 이렇게 말씀하신다.

진실함으로 네게 장가 들리니 네가 여호와를 알리라 (호 2:20)

이것이 복음이다. 완전히 새롭게 우리와 다시 결혼하겠다고 표현하신다. "네가 여호와를 알리라" 이것이 호세아서의 중요한 주제이다. 하나님이 다시 우리에게 요구하신다. "새롭게 결혼하자." 호세아 4장에 "내 백성이 지식이 없으므로 망하는 도다 나는 너희가 나 여호와를 알기 원한다"라고 말씀하신다. 하나님이 어떤 분이신지 알기를 원해야 한다.

내가 나를 위하여 그를 이 땅에 심고 긍휼히 여김을 받지 못하였던 자를 긍휼히 여기며 내 백성 아니었던 자에게 향하여 이르기를 너는 내 백성 이라 하리니 그들은 이르기를 주는 내 하나님이시라 하리라 하시니라 (호 2:23)

'로루하마'가 다시 '루하마'가 되며, '로암미'가 다시 '암미'가 된다고 선언하시는 하나님께서는 때로 우리를 거친 들과 광야로 데리고 가신다. 인생은 하루하루 광야이다. 교회는 광야 공동체이다. 이스라엘이 광야처럼 되었다는 것은 심판이지만 한편 회복이고, 변화의 시작이다. 광야는 아무것도 없는 메마른 땅인 동시에 하나님밖에 의지할 것이 없는 은혜의 시간이다. 그래서 그곳이 축복이며, 남편 되신 하나님이 우리를 부르는 자리이다.

나는 거친 들과 광야를 만날 때 감사하기를 기대한다. 그 자리에서만큼은 하나님이 전부일 수밖에 없고, 하나님이 아니면 살아갈 수가 없기 때문이다. 하나님이 원하시는 것은 바로 그 마음이었다. 그러니 하나님도 얼마나 갈등하실까. "광야 같은 삶을 허락해야 애인을 버리니, 내가 어찌할꼬." 하지만 우리를 위해 하나님은 결코 타협하지 않으신다.

거친 들과 광야에 있는가? 비록 바라는 대로 그리하지 않으실지라도 감사하기를 바란다. 우리 자리는 감사의 자리이다. 때때로 하나님은 우리를 불러서 논쟁하려 하신다. 우리가 사랑하고, 좋아하는 애인이 온통 부질없다는 것을 알고, 하나님을 진실하게 내 사랑 내 남편이라고 부르게 하실 것이다. 다시 우리와 진실한 결혼을 위해 당신 마음을 보이실 것이다.

우리 다 함께 진실하게 고백하자. 주 예수보다 귀한 것은 없다고. 교회만이 아니라 세상에서도, 일터나 가정에서도, 어디든지, 우리가 좋아하고, 사랑하는 수많은 바알과 애인들 앞일지라도 고백하자. 외쳐 보자. 이제 주님만 내 남편 삼겠다고, 삶 전체를 드리겠다고 찬양하자.

> 나눔 질문

1. 돈이 우리의 애인이라는 말에 대한 진솔한 생각을 나누어 봅시다.

2. 내 인생 최후의 보루는 하나님입니까? 아니면 무엇입니까?

반죽게된우리를 사랑하시다니

십자가 은혜

호세아 3장을 읽고 제목을 잡아 보려 했지만, 도통 떠오르지 않았다. 도무지 마땅한 단어나 문장을 찾지 못했다. 어떤 제목이든 짧은 것이 좋은데 언뜻 떠오른 단어 '몸값', 영어로 'ransom'이라고 할까. 잡힌 사람 다시 데려오는 몸값이 ransom이다. 그러나 전하기에 어려운 거 같아 고민만 거듭하다가 있는 그대로 길게 잡았다. 호세아 2장에서 애인을 버리고 하나님과 다시 새 결혼을 하라고 했는데, 3장은 또 애인을 쫓아가다가 이번에는 거의 반 죽게 된 우리를 하나님이 다시 값을 치르고 사랑하시는 내용이다.

기독교의 핵심이 여기에 있다. 삶이 한 번 맘을 먹고 잘 되면 좋은데, 세상의 권세가 그리 만만하지 않아 십중팔구 다시 애인을 사모하기 마련이다. 그게 아골 골짜기가 말하는 절망의 자리 아닌가.

여호와께서 내게 이르시되 이스라엘 자손이 다른 신을 섬기고 건포도
과자를 즐길지라도 여호와가 그들을 사랑하나니 너는 또 가서 타인의
사랑을 받아 음녀가 된 그 여자를 사랑하라 하시기로 (호 3:1)

호세아 3장은 흥미롭다. 1장에서 호세아가 고멜과 결혼하고 자식의
이름을 지을 때 여러 가지 힘들고 어렵고 괴로웠지만, 가정생활의 문제
가 크거나 당장 폐허가 되는 상황이 아니었다. 소소한 가정사들이 있었
을 뿐인데, 어떤 자가 고멜을 유혹하게 된다.

이 자가 누군지 알 수 없지만, 호세아에 비해 젊고 매력적이지 않았
을까. 애 셋인 유부녀가 반할 만큼 잘 생기고, 말을 뻔지르르하게 했을
듯하다. 필요한 것을 선뜻 선물하는 그에게 고멜은 홀라당 넘어가고 말
았다. 어찌 보면 고리타분한 남편에 비할 바 아니었을 것이다. 삶의 활
기가 넘치고, 사는 맛이 나고, 이런 인생도 참 좋다고 생각했을 것이다.

1절에서 눈여겨볼 단어가 있는데 '또 가서'이다. 이 표현은 고멜이 반
복적으로 남편을 업신여겼다는 근거가 아닐까. 한두 번이 아니라 셀 수
없이 남편을 무시하고 바알을 좇았다. 다른 남자에게 푹 빠져 음란하고,
이제는 그에게 붙잡혀 노예가 된 아내를 다시 사랑하라는 것이 호세아
에게 내린 하나님의 명령이었다. 귀를 의심하게 한다. 다시 사랑하라니.
자기를 멸시하고 다른 남자와 사랑에 빠져 눈에 비늘이 덮인 여자를 다
시 사랑하라니.

호세아 3장은 이스라엘 백성들이 지금의 생활을 바꾸지 않고 그대
로 살 때 장차 어떻게 될 것인지 보여 준다. 소위 몸값을 주고 노예를 다
시 사는 구속, 대신 값을 치러 주는 예수 그리스도의 십자가 은혜를 알
려 주는 귀한 본문이다. 그러니까 다른 남자와 사랑에 빠진 여자를 사랑

하라는 명령은 바알을 쫓아다니는 이스라엘을 사랑하시는 하나님에 대한 표현이다. 호세아의 삶을 통해 주시는 하나님의 진심 어린 뜻이 너무도 애절하고 간절하다.

아내를 데려오기 위해 고멜을 찾아간 호세아는 깜짝 놀란다. 본래 모습과는 다르게 얼굴도 상하고, 몸도 망가지고, 남자를 쫓아갔다가 그만 노예가 된 볼품없는 고멜을 만난다. 그녀가 쫓아간 남자는 사실 허풍쟁이였다. 거짓말꾼에게 완전 속았다. 노예가 되어 죽을 만큼 고생하고 있던 고멜의 상황이 바로 이스라엘 백성들의 미래 모습이고 우리 모습이다. 하나님이 원하시는 것은 세상의 어떤 풍요로움보다 하나님을 더 사랑하는 일이다.

우리 상황이 어떠하든지 그것은 부차적이다. 어렵고 가난할 때도 하나님을 사랑하고, 풍성할 때도 하나님을 사랑하는 자가 우리여야 한다. 하나님은 그 모든 상황보다 크시다. 남편이신 하나님을 떠나 세상과 불륜에 빠진다면, 그것이 무엇이든 그것의 종이 된다.

더 놀랍고 이해가 안 되는 것은 우리가 건포도 과자를 즐길지라도 우리를 사랑하신다는 점이다. 나 원 참, 어쩌면 좋을까? 우리 하나님의 이 사랑을 해야 하는가? 그러나 오해하지 마시라. 이 말은 우리를 심판하지 않겠다는 말씀이 아니다. 심판 가운데 구원의 역사를 멈추지 않겠다는 차원의 말씀이다. 비장한 하나님의 선언이다. 어떠한 경우라도 우리에게 기회를 주시고, 다시 방법을 주시고, 다시 붙드시고, 다시 찾아오신다. 자식이 아무리 부모를 사랑해도 부모의 자식 사랑 못 따라간다. 하나님은 그렇게 사랑하신다. 언제나 그 사랑은 한결같다.

하나님의 사랑은 감정 따위가 아니다. 본질 그 자체이다. 요한일서 3장 18절에 "우리가 말과 혀로만 사랑하지 말고 행함과 진실함으로 하자"

라고 말씀한다. 하나님의 사랑은 분명한 목적이 있고, 그저 감정적으로 좋다는 정도가 아니다.

우리 영혼이 잘됨을 최우선으로 두는 진실한 사랑이고, 책임지는 사랑이다. 아기가 약 먹기 싫어해도 엄마 마음은 기어이 약을 먹이고, 하물며 반려견이 아파도 강제로 약을 먹인다. 왜 그렇게 할까? 그게 유익하고 사는 길이기에 그렇다. 하나님은 하나님의 방식으로 사랑하신다. 그것이 사는 길이기에 포기하지 않고, 우리를 사랑하신다.

값을 지불하다

호세아가 고멜을 다시 사랑하려면 몸값을 주고 다시 되사와야 한다. 다른 방법이 없다. 입으로 사랑한다고 해서 데리고 올 수는 없다. 이미 노예가 되었으니까. 돈을 지불하고 사지 않으면 그녀는 계속해서 비참한 종살이를 해야 한다. 핵심은, 값을 치러야 한다는 사실이다.

우리에게도 마찬가지로 이상한 일들이 생긴다. 분명 주님과 결혼했는데, 남편이 있는데도 게임하는 시간이 더 좋고, 쇼핑의 즐거움은 말할 나위 없다. 남편이 없어도 명품백 하나 있으면 행복할 것만 같다. 각종 유혹이 말을 걸어오면, 아주 쉽게 몸과 마음을 빼앗기고 만다. 나도 모르는 사이에 소비하는 삶이 행복이 되어 사는 맛이 날뿐더러 즐겁기까지 하다. 그 사슬에 묶인 노예 되어 더 이상 돌아갈 방법을 알지 못한다. 그래서 호세아가 돈을 지불하고 고멜을 산다.

²내가 은 열다섯 개와 보리 한 호멜 반으로 나를 위하여 그를 사고 ³그에게 이르기를 너는 많은 날 동안 나와 함께 지내고 음행하지 말며 다른

남자를 따르지 말라 나도 네게 그리하리라 하였노라 (호 3:2~3)

하나님도 하나뿐인 아들 예수 그리스도의 피를 흘려 우리를 되사셨다. 우리를 비참한 인생의 운명에서 건지셨다. 이 방법밖에 없다. 우리가 평생 찬양하고 눈물로 보답해도 다 갚지 못하는 은혜가 여기에 있다. 본문은 이 구속의 은혜를 설명하고 있다.

호세아는 값을 치르고 고멜을 데려온 후 세 가지를 지키라고 말씀한다. 음행하지 말고, 다른 남자를 따르지도 말고, 그리고 나도 너한테 그리할 테니 조금 시간을 가지고 생각해 보자는 내용이다. 안타깝지만 곧바로 친밀한 관계를 맺을 수 없다. 기다려야 한다. 내가 얼마나 한심했는지, 어쩌자구 다른 남자를 따라나섰는지 생각해야 한다. 보통 사람들은 죽을 때쯤, 은퇴할 때쯤 이런 생각을 한다. 그 전에 내가 얼마나 비참해지는 삶을 살았는지를 깨달아야 한다.

기나긴 자숙의 시간

⁴이스라엘 자손들이 많은 날 동안 왕도 없고 지도자도 없고 제사도 없고 주상도 없고 에봇도 없고 드라빔도 없이 지내다가 ⁵그 후에 이스라엘 자손이 돌아와서 그들의 하나님 여호와와 그들의 왕 다윗을 찾고 마지막 날에는 여호와를 경외하므로 여호와와 그의 은총으로 나아가리라

(호 3:4~5)

그동안 이들은 바쁘게 살았다. 왕의 명령을 지키느라 바빴고, 지도자

들의 눈치를 보느라 복잡했으며, 제사, 주상, 에봇, 드라빔 즉 종교 활동 하느라 바빴다. 이제 왕도 없고, 장관도 없고, 제사도 없다. 모두 노예 되었기에 어떤 것도 제대로 할 수 없다. 지금껏 하나님 없이 살았던 것이다. 왕도 있고, 높은 사람도 되기는 했지만 하나님 없이 너무 바빴다. 하나님을 사랑하기보다 일하기 바빴다. 하나님이 그 모든 걸 정지시키고 기다리라고 하신다. 마치 팬데믹이 덮쳐 세상이 멈췄던 것처럼 말이다.

이스라엘의 모든 것이 멈춰 버린다. 정치적으로 왕과 관료 체제가 상실된다. 종교적으로 성전에서 예배 제도가 사라진다. 주상, 에봇, 드라빔이 없다는 것은 합법이든 불법이든 일반적으로 하나님의 뜻을 묻고 인도를 구하기 위한 수단이 단절된다는 것을 의미한다.

참 깨달음과 신앙을 가지려면 상당한 기간 잠잠히 있어야 한다. 무엇을 하기보다 아무것도 없는 상태에서 하나님의 말씀을 들으며 자신을 되돌아보아야 한다. 이 시간이 필요하다. 다시 돌아온 아내를 돌이키며 부부 사이를 회복시키는 일에 하나님은 많은 시간을 내신다. 각오한 시간이어야 하고, 많은 날을 겪어 내야 한다. 우리는 빨리 고통에서 벗어나고 싶지만, 충분히 겪어야 한다.

모세 시대에 이스라엘 백성들이 해방에 대한 부르짖음을 쉬지 않았는데, 그 바람이 이루어지는 데 무려 430년 걸렸다. 신앙의 현실은 그렇게 괴로운 나날일 수 있다. 하루하루 답 없는 날들이 반복된다. 우리가 원하지 않고, 선택하지 않은 날들을 살아내라고 하신다. 우리의 다음 세대까지 보지 못할 수 있으나 이 시간을 통해 하나님의 마음을 배우게 될 것이다. 그 어떤 보답도 없지만, 사랑하시는 하나님을 배워야 한다.

우리는 이처럼 답이 없는 사랑을 해야 하지 않을까. 원하지 않는 현실을 끌어안고, 꼴 보기 싫은 이웃에게 따뜻한 말을 거는 연습을 하자.

매일 답답하고, 속터지는 일들을 만나면, 하나님이 그러하셨다는 걸 기억하자. 매일 바알을 찾아가는 나를 보며 속이 다 타들어 가셨을 하나님 마음을 기억하자. 아들을 십자가에 못 박아 피 값을 치러야만 했다는 사실을 알아야 한다. 이 기간이 지나면 우리 스스로 하나님을 우리 왕으로 요청하고, 우리의 주님으로 모시게 될 것이다.

사람들은 마음이 설레는 것을 좋아한다. 그게 취미든, 사람이든, 물건이든, 일이든 말이다. 그러나 그보다 하나님을 향한 설렘과 떨림이 있는가. '경외하다'의 히브리어 원뜻은 놀라거나 두려워 몸이 떠는 현상을 의미한다. 멋지고 존경스러운 사람만 봐도 떨리는데, 은총이 가득한 하나님 앞이라면 얼마나 우리 마음이 설레겠는가?

> 나눔 질문

1. 애인을 쫓아가지 않겠다고 다짐하고, 다짐해도 다시 쫓아가는 우리들의 모습을 나누어 봅시다.

2. 답이 없고, 기약이 없는 사랑을 우리에게 베푸시는 하나님에 대해 생각해 보고, 우리 또한 그러한 사랑을 하면서 사는 것이 하나님의 마음이라는 것을 묵상하며 나누어 봅시다.

4장 몰라도 너무 모른다

침묵하시고 기다리시고

호세아서는 총 열네 장인데, 3장까지 서론, 4장부터 본론으로 이해할 수 있다. 서론에서 하나님은 호세아의 결혼, 자녀의 이름, 고멜의 음란을 통해 우리가 얼마나 하나님을 사랑하지 않는지 고발하셨다. 이스라엘의 운명, 우리의 운명이 경각에 달려 있다. 우리를 사랑하는 하나님은 어떠한 상황에도 함께하시려 하지만, 심판은 어김없이 임한다.

인간은 아무것도 할 수 없는 상황에 이르고, 사랑을 고백해도 하나님과 친밀한 관계를 가질 수 없다. 침묵하시고, 더 기다리라고 하시는 하나님. 단숨에 해결되기에는 우리의 바알 사랑이 너무도 깊다. 이 시대, 우리가 사는 지금도 예외가 아니다. 하나님은 당신의 방법으로 이 땅을 깨우치고, 심판하고, 우리를 다시 데려다가 앉히시고 하염없이 회복되기를 기다리신다. 자, 이 문제의 근본 원인이 무엇인가?

¹이스라엘 자손들아 여호와의 말씀을 들으라 여호와께서 이 땅 주민과 논쟁하시나니 이 땅에는 진실도 없고 인애도 없고 하나님을 아는 지식도 없고 ²오직 저주와 속임과 살인과 도둑질과 간음뿐이요 포악하여 피가 피를 뒤이음이라 (호 4:1~2)

가장 중요한 원인은 하나님을 아는 지식이 없다는 점이다. 하나님을 몰라서 그렇다. 1절에 하나님이 주민과 논쟁하신다고 했는데, 그 이유는 크게 두 가지이다. 하나는 진실도 없고, 인애도 없고, 하나님을 아는 지식이 없어서 이고, 또 하나는 저주와 속임과 살인과 도둑질과 간음이 가득해서 이다. 하나님의 불만은 우리가 무엇을 하지 않아서 그런 것이 아니다. 일을 안 해서, 예배를 안 드려서, 기도를 안 해서, 이런 이유가 아니라 진실이 없고, 인애가 없고, 하나님을 아는 지식이 없기 때문이다!

하나님을 정말 아는지, 그것이 문제이다. 문제는 하나님이 어떤 분인지 알고 싶지도 않은 사람들이 너무 많다. 이스라엘 백성은 얼마나 말씀을 가까이하지 않았는지 십계명도 모르는 지경에 이르렀다. 2절에서 말한 이런 일들은 모두 십계명에서 말씀하는 일들이다. 우선 지켜야 할 십계명조차 하찮게 생각했다. 하나님에 대한 지식이 없어도 너무 없다.

노심초사하는 사랑

하나님을 아는 지식이 없다는 점에 앞서서 언급된 것이 진실과 인애이다. 진실이란 진정성 있고 성실한 것을 말한다. 하나님은 진정한 사랑을 하시면서도 성실하시다. 진리가 무엇인지 안다고 해서 다 된 것이 아니다. 성실해야 한다. 성실하게 의로워야 한다.

두 번째는 인애이다. 성경에 인애, 자비, 친절, 사랑, 은혜 등이 자주 나온다. 인애도 결국 사랑인데, 어떤 사랑일까? 안타까워하지 않아도 되고, 부족할 것도 없는 위치의 존재가 더 가슴 아파하는 사랑이다. 인애는 책임을 지는 사랑이다.

얼마 전 전임 전도사님이 교회 근처로 이사했다. 오래된 집이어서 고칠 것이 많고, 수리할 것도 많았으나 집주인은 여간해서 돈 들여 수리하려고 하지 않았다. 집주인이 해야 할 일이었지만, 세입자가 알아서 하라는 투였다. 이는 인애와는 완전히 반하는 마음가짐이다. 집주인이라면 더 안타까워하고 애써야 한다. 살아갈 세입자가 불편한 점이 없을까 헤아려 고쳐 주고, 챙겨 주는 것을 당연히 여기는 것이 인애이다.

우리와 논쟁하고 싶어하시는 하나님 앞에서 주변을 돌아보라. 인애를 적용해 보라. "아무개는 예배드리면서, 진실도 인애도 없고 하나님을 아는 지식도 없다. 자기가 잘난 줄 알고, 다 옳은 줄 알고 자신만만하다. 진실과 인애가 없으면서도 큰소리를 잘 친다." 혹시 이것이 우리의 현실은 아닌지 살펴야 한다.

그리스도인은 인애로서 그리스도인임이 증명된다. 복음을 모르는 자를 향해, 내가 더 안타깝고, 노심초사해야 한다. 나보다 약자, 틀린 이야기하는 이웃을 더 사랑하지 못해 쩔쩔매야 한다. 이유는 단 하나, 하나님이 우리를 그렇게 사랑하시기 때문이다.

이스라엘 백성에게 가장 중요한 것은 이른 비와 늦은 비가 아니다. 젖과 꿀이 흐르는 가나안 땅이 아니다. 하나님을 아는 지식이다. 이스라엘 백성, 아니 우리는 그저 아쉬운 소리 안 하고 잘 살면 되지 않겠냐고 반문할 것이다. 그저 조금 평안하고, 형통하면 됐다고 하지 않는가.

하나님이 우리를 어떻게 사랑하시고, 무엇을 원하시는지 관심을 가져야한다. 그저 예배 잘 드려서 평안한 한 주를 보장받으려고만 하는 것은 호세아의 입장에서 보면, 정말 한심스러운 신앙인의 모습이다.

하나님을 아는 지식

> [3]그러므로 이 땅이 슬퍼하며 거기 사는 자와 들짐승과 공중에 나는 새가 다 쇠잔할 것이요 바다의 고기도 없어지리라 [4]그러나 어떤 사람이든지 다투지도 말며 책망하지도 말라 네 백성들이 제사장과 다투는 자처럼 되었음이니라 [5]너는 낮에 넘어지겠고 너와 함께 있는 선지자는 밤에 넘어지리라 내가 네 어머니를 멸하리라 (호 4:3~5)

하나님을 아는 지식이 없으면 맨 먼저 인간이 망가지고, 이어서는 인간들이 모여 사는 사회가 망가지고, 인간들이 다스리고 관리해야 할 세상과 자연도 망가진다. 이 땅의 문명은 하나님을 아는 지식 위에서 번성해야 아름답게 유지될 수 있다. 땅이 슬퍼하고 자연이 쇠잔해지는 것도, 이 땅이 망가지는 것도 하나님을 아는 지식이 바탕이 된다면 결코 일어나지 않을 일이다. 그런데 이미 알래스카의 빙하가 사라지고, 어마어마한 불길에 휩싸이는 대륙의 불행을 목격했다. 지진이나 해일, 전쟁의 공포는 물론 사망자가 속출하는 팬데믹의 고통은 변이된 형태로 계속될 것이다. 이미 현실이 되고 말았다.

4절에 어떤 사람이든 다투지 말고, 책망하지 말라고 한다. 모두 제사장과 다투는 자처럼 되었다고 했다. 이미 하나님의 말씀을 통해 잘못된 세상을 바로 잡으려고 해도 그 말씀조차 듣는 자가 없다는 뜻이다. 당시 제사장과 다투려면 단단히 마음먹지 않으면 불가능하다. 이런 상황이 벌어졌다면 먼저 제사장의 불찰이다. 제사장은 백성들이 하나님을 알려고 하지 않는데도 바로잡기보다 그저 힘내라고 격려와 칭찬하는데 그쳤고, 마침내 백성들이 하나님을 떠나게 만들었다. 무슨 말인가? 하나님 말씀보다 사람들이 듣기 좋은 말만 했던 것이다. 제사장은 백성들이 잘 먹여 살려 주기를 바랐기 때문이다.

> [6]내 백성이 지식이 없으므로 망하는도다 네가 지식을 버렸으니 나도 너를 버려 내 제사장이 되지 못하게 할 것이요 네가 네 하나님의 율법을 잊었으니 나도 네 자녀들을 잊어버리리라 [7]그들은 번성할수록 내게 범죄하니 내가 그들의 영화를 변하여 욕이 되게 하리라 [8]그들이 내 백성의 속죄제물을 먹고 그 마음을 그들의 죄악에 두는도다 [9]장차는 백성이나 제사장이나 동일함이라 내가 그들의 행실대로 벌하며 그들의 행위대로 갚으리라 [10]그들이 먹어도 배부르지 아니하며 음행하여도 수효가 늘지 못하니 이는 여호와를 버리고 따르지 아니하였음이니라 (호 4:6~10)

하나님을 아는 지식은 하나님 자녀의 특권인데, 이를 포기하면 먹어도 배부르지 않고, 사람의 수효가 늘지 않는다고 말씀한다. 가장 출산율이 낮아진 오늘날을 예언하는 말씀이 아닌가. 어떤 일이 교회와 성도들에게 일어났는가. 120년이 넘는 복음의 역사, 부흥 신화를 간직한 한국 교회는 제사장의 의무를 다시 돌이켜야 한다. 그 이유를 말씀하신다.

> [11]음행과 묵은 포도주와 새 포도주가 마음을 빼앗느니라 [12]내 백성이 나

무에게 묻고 그 막대기는 그들에게 고하나니 이는 그들이 음란한 마음에 미혹되어 하나님을 버리고 음행하였음이니라 ¹³그들이 산꼭대기에서 제사를 드리며 작은 산 위에서 분향하되 참나무와 버드나무와 상수리나무 아래에서 하니 이는 그 나무 그늘이 좋음이라 이러므로 너희 딸들은 음행하며 너희 며느리들은 간음을 행하는도다 ¹⁴너희 딸들이 음행하며 너희 며느리들이 간음하여도 내가 벌하지 아니하리니 이는 남자들도 창기와 함께 나가며 음부와 함께 희생을 드림이니라 깨닫지 못하는 백성은 망하리라 (호 4:11~14)

이런 제사장이 싫다?

이스라엘은 음란과 묵은 포도주와 새 포도주에 마음을 다 **빼앗겨** 하나님을 아는 지식을 구하지 않는다. 묵은 포도주와 새 포도주는 해를 넘기며 계속 반복되면서 주어진다. 이것을 얻기 위해 농사를 짓는데, 그때 필요한 비가 제때 잘 내리도록 하려고 온갖 짓을 다 한다. 그런데 아무도 이 사실을 들추어내는 사람이 없다. 하나님을 아는 지식이 없으면 사람이 무슨 일을 하는가? 음행하고, 묵은 포도주와 새 포도주에 마음을 **빼앗긴다**. 음행이든, 포도주든 즐거움을 위해 필요하다. 하나님에 대한 앎, 지식, 인격적 관계에 집중해야 하는데, 그것을 잃어버리니 음행과 술, 물질, 스마트폰, 세상 등에 소중한 마음을 온통 **빼앗긴다**.

왜 이들이 하나님 앞에 나아가 말씀을 받지 않고, 막대기나 나무에게 묻는가? 나무나 막대기는 이들이 하는 것을 죄라고 말하지 않는다. 바알을 사랑하고, 돈을 사랑하고, 세상을 사랑하고, 권력과 명예를 사랑하고, 거짓된 삶을 즐기는 것을 죄라고 하지 않는다. 제사장조차 그런 이야기를 안 하려 하고, 백성들은 죄라고 말하지 않는 제사장을 원한다.

누구든지 만천하에 자신이 벌거벗겨지는 것을 좋아할 리 없다. 내 것 챙길 건 챙기고, 남길 건 남겨야 하는데, 완전히 벌거벗기시는 하나님이 좋을 리 있는가. 14절에 딸들도 음행하고, 남자들도 음부와 함께 희생을 드린다고 했다. "이것을 깨닫지 못하는 백성은 망하리라. 이 백성도 망하리라. 자녀들도 다 망하리라." 하나님이 어떤 분이신지 분명하다. 하나님의 말씀은 우리들 각각의 삶을 정확하게 비추는 거울이다.

> ¹⁵이스라엘아 너는 음행하여도 유다는 죄를 범하지 못하게 할 것이라 너희는 길갈로 가지 말며 벧아웬으로 올라가지 말며 여호와의 사심을 두고 맹세하지 말지어다 ¹⁶이스라엘은 완강한 암소처럼 완강하니 이제 여호와께서 어린 양을 넓은 들에서 먹임 같이 그들을 먹이시겠느냐 ¹⁷에브라임이 우상과 연합하였으니 버려 두라 ¹⁸그들이 마시기를 다 하고는 이어서 음행하였으며 그들은 부끄러운 일을 좋아하느니라 ¹⁹바람이 그 날개로 그를 쌌나니 그들이 그 제물로 말미암아 부끄러운 일을 당하리라
>
> (호 4:15~19)

여전히 씨름하신다

'너희들'이 길갈과 벧아웬만 다녀오면 변한다. 그곳이 음란한 예배의 중심지였기 때문이다. 다들 말씀의 본질, 예배의 본질을 너무 완강히 거부하게 된다. 자기가 얻은 것을 축복이라 하고, 하나님이 주신 것이라고 우긴다. 가자고 해도 안 되고 쉬자고 해도 안 되는 암소처럼 완강해서 어떻게 그들을 먹이겠는가.

세상 가치를 중심에 두고 전적으로 만족하는데, 오직 그 생각이 다 맞다는데 하나님도 대책이 없을 수밖에 없다. 심지어 직장, 물질, 결혼, 세상살이에 필요한 모두가 다 하나님에게서 오는데, 하나님보다 직장에 매이고, 물질에 매인다. 만약 우리가 너무 쉽게 바라는 대로 잘 살고 있다면 가던 길을 살펴야 한다. 죄에 대한 경각심을 가져야 한다.

하나님은 오늘도 씨름하신다. 함께 음행하고, 같이 진탕 포도주를 마시면 세상 걱정이 일순간 다 날아가고, 인생의 불안도 사라지는 것 같다. 여호와의 바른 지식을 전달해야 하는 제사장도 이와 마찬가지이다. 그렇다면 우리가 향하는 그 길의 끝은 자비를 기대할 수 없는 패망일 수밖에 없다. 이런 우리가 변하기를 원하시는 하나님, 오늘도 이런 우리와 씨름하신다. 하나님을 아는 지식이 절실히 필요한 때이다.

> **나눔 질문**

1. 하나님을 아는 지식이 없어서 세상이 망한다는 사실을 어떻게 생각하십니까? 교회를 다니는데도 그 지식이 없다는 것은 무슨 의미일까요?

2. 우리의 잘못을 지적하는 설교를 들으면 기분이 어떻습니까? 그에 대해 어떻게 반응하십니까?

5장 우리 예배가 음란하다?

말씀에 기초해야

5장은 4장에 이어 우리 죄를 지적하고 꾸중한다. 이 죄는 집단적이어서 개개인의 죄와는 차원이 다르다. 죄가 구조화되고 집단화되면 단순하게 빠져나오기가 쉽지 않다. 다들 그렇게 살고, 모두 동의하는데, 나만 다른 삶을 살겠다고 하겠는가. 보통 어려운 일이 아니다. 그래서 우리는 자신이 있는 단체와 집단이 어떤 가치관을 품고 어디를 향하는지 분별해야 한다. 친구따라 무심코 가다가는 '낭떠러지'일 수도 있다.

본문 초반은 제사장들과 왕족, 다시 말하면 정치 지도자, 종교 지도자를 엄중하게 꾸짖는다. 그들은 앞장서서 음란 생활을 하며, 하나님마저 음란하게 섬긴다. 더 큰 문제는 하나님을 음란하게 섬기도록 백성들을 종용하고, 조종하고, 우매하게 만든다.

그저 듣기 좋은 말 한다고 정당화되는 것이 아니다. 말씀에 기초해서, 말씀을 드러내는 삶이어야 한다. 그렇지 않으면 구조화되고 집단화

PART 1 | The Book of Hosea | 하나님을 예배하는가?

된 죄의 고리에서 절대 자신을 지키지 못하고, 결국 망할 길밖에 남아 있지 않게 된다. 우리는 분별할 수 있어야 한다. 이단에 빠지게 되면 그 구조에서 벗어나지 못하는 이유도 여기에 있다. 많은 것을 잃어버리고 단호하게 각오해야 가능할까 싶을 정도다. 구조화되고, 집단화된 죄는 죄라고 분별하기조차 힘들어진다.

> [1]제사장들아 이를 들으라 이스라엘 족속들아 깨달으라 왕족들아 귀를 기울이라 너희에게 심판이 있나니 너희가 미스바에 대하여 올무가 되며 다볼 위에 친 그물이 됨이라 [2]패역자가 살육죄에 깊이 빠졌으매 내가 그들을 다 벌하노라 (호 5:1~2)

하나님께서 세 부류를 불러내신다. 제사장, 이스라엘 족속들 그러니까 각 지파 족장, 그리고 왕족이다. 1절에 언급된 이들은 이스라엘 사회에서 가장 영향력 있는 인물이며 실질적인 지도자들이다. 미스바와 다볼은 요단강 동편과 서편의 한 장소이고, 북왕국 영역 전체를 상징한다. 이곳은 신앙 회복의 단서가 되는 중요한 곳이다. 미스바는 사무엘 때 이스라엘 백성들이 블레셋의 핍박 속에서 돌아와 회개의 역사를 경험한 곳이고(삼상 7:6), 다볼은 여자 사사인 드보라가 가나안 왕 야빈의 군대 장관 시스라를 물리치고 하나님의 백성으로 돌이킨 장소이다(삿 4:14).

바로 이곳에서 올무와 그물이 쳐지고 살육죄가 일어났다는 것이다. 신앙의 장소에서 말이다. 하나님의 약속을 다시 받은 곳에서 각 지도자들이 신앙을 왜곡하고, 사리사욕을 채우고, 백성들을 잘못 인도했다. 호세아서 5장은 그것을 책망하고 있다.

정치인도, 종교 지도자도 썩었고, 인간이니까 그럴 수 있다지만, 나는 어떠한가? 다 꺼내 보일 수 있는가? 죄의 본질은 강력하고, 그 세력이 뿌리 깊다. 죄의 속성이기도 하다. 무리를 구속하고, 내 삶과 내 감정까지 다 구속시킨다. 얼마나 추하고, 더럽고, 그 힘이 강한지 더러는 우리 안에서 경험하기도 했을 것이다. 그래서 죄는 두려워해야 하고 협상이 불가능해야 한다. 반드시 싸워 이겨 내야 한다. 물론 우리와 함께하시는 주님을 바라볼 때 가능하다. 회개 운동이 일어나야 할 미스바와 다볼, 교회에서 올무와 그물로 사람을 잡으니 참으로 안타까운 일이다.

이단의 길에 들어서지 않아야 한다. 그 길을 가지 마시라. 성경 공부, 기도회, 예배를 드린다고 해서 다 같은 교회가 아니다. 얼마든지 음란하게 섬기면서 하나님께 예배드린다고 하기 때문이다. 끝까지 그 길을 고집하는 이들은 어떤 충고도 받아들이지 않는다.

하나님이 2절에 이들을 향해 말씀하신다. "그들을 다 벌하노라. 그들 전부를 벌하노라. 지도자나 그 지도자를 따른 사람들이나, 전부를 다 벌하리라." 우리는 들을 줄 알고, 깨달을 줄 알아야 한다. 귀를 기울여서 하나님의 진정한 음성을 듣고자 온몸과 마음과 정성을 다 던져야 한다.

하나님을 찾는다고 하지만

3에브라임은 내가 알고 이스라엘은 내게 숨기지 못하나니 에브라임아 이제 네가 음행하였고 이스라엘이 더러워졌느니라 4그들의 행위가 그들로 자기 하나님에게 돌아가지 못하게 하나니 이는 음란한 마음이 그 속에 있어 여호와를 알지 못하는 까닭이라 (호 5:3~4)

하나님께로 온전히 돌아가지 않는 이유가 또 있다. 모든 사람의 죄와 악한 마음을 아시는 하나님께 숨길 수 없다. 그런데 우리는 미련하리만큼 이에 대해 무심하고 무디다. 하나님 보실 때 분명히 음란한데, 자신이 음란한 줄 몰라 돌이키지 못한다. 아니, 어느 정도 알아차린다고 해도 돌아가지 못한다. 변명하기 바쁘다. 하나님이 어떤 분인지 몰라서 그런 건 아니라고 하고, 먹고 사는 일이 다 그렇지 않냐며 되묻는다.

하나님을 아는 지식이 없어서 살아갈수록 하나님을 더욱 모를 수밖에 없다. 보통 음란한 상태가 아니기 때문이다. 우리는 수시로 음란에 미혹되기 일쑤다. 맛있는 게 넘치고, 즐거운 것이 넘치는 세상이 아닌가. 하나님의 일을 하는 중에도 나의 자랑이 되길 기대하고, 어느덧 나의 바알이 되어 버린다. 5~7절에서 이런 자들의 죄가 절정에 이른다.

> 5이스라엘의 교만이 그 얼굴에 드러났나니 그 죄악으로 말미암아 이스라엘과 에브라임이 넘어지고 유다도 그들과 함께 넘어지리라 6그들이 양 떼와 소 떼를 끌고 여호와를 찾으러 갈지라도 만나지 못할 것은 이미 그들에게서 떠나셨음이라 7그들이 여호와께 정조를 지키지 아니하고 사생아를 낳았으니 그러므로 새 달이 그들과 그 기업을 함께 삼키리로다

양 떼와 소 떼를 끌고 간다는 것은 제물을 가지고 가는 모습이다. 제물이 양이 적지 않다. 그러나 하나님을 만날 수 없다. 이미 그들을 떠나셨기 때문이다. 하나님이 떠난 교회가 한둘인가? 하나님이 떠난 그곳은 더 이상 교회가 아니다. 그들 나름대로 하나님을 추구하고 정성을 다해 예배했을 테지만 말이다. 그들은 북왕국에서 누리던 부귀영화가 자신들의 신앙 덕분이라고 생각했고, 교만했다. 그들의 풍요에 은근히 자신감

을 가졌다. 남왕국 유다도 마찬가지였다.

성경 역사는 어느 시대를 막론하고 적용 가능하다. 지금 우리에게도 마찬가지일 것이다. 하나님은 자신의 욕심을 따라 제물을 드린다고 해서 만날 수 있는 분이 아니시다. 바알은 그렇게 만날 수 있다지만 하나님이 찾으시는 예배자는 그런 예배자가 아니다. 이런 예배는 그저 음란한 마음의 변형일 뿐이다. 음란하게 하나님을 섬기고 음란하게 신앙생활하고 음란하게 예배하는 그곳이 과연 교회일까.

하나님을 찾는다고 하지만 실제 이들이 찾는 것은 하나님이 아니라 자신들의 번영과 풍요, 안전이다. 즉 부부의 정조를 지키지 않고 사생아를 낳는 자들이라는 말씀이다. 사생아란 이스라엘이 하나님이 아닌 다른 것을 구하면서 얻은 결과를 비유한다. 실수인가? 아니다.

하나님은 새 달이 되면 그들과 그 기업을 다 삼켜 버리신다고 하셨다. 새 달은 월삭, 즉 절기이다. 하나님께 예배드리고 기뻐해야 할 날이다. 그런데 그날이 사라져서 예배드릴 수 없다.

우리 일상에서 가장 은혜롭고 영광스러운 시간은 함께 예배드리는 때이다. 그 기쁨을 잊어버린다면, 그런 시간을 다 삼켜 버리겠다고 하신다. 예배 시간에 다른 곳에 있게 하신다는 말씀이다. 하나님의 은혜가 떠나가고 있다는 뜻이다.

5절에서 '얼굴의 교만이 그 증거'라고 했다. 자기는 잘했다면서, 잘못이 없다면서 하나님이 끝까지 지켜 주시고 있다고 마냥 허무맹랑한 소리를 내뱉는다. 교만한 나머지 돌이킬 수가 없다. 왜곡된 믿음이나 열정은 오히려 하나님과 더 멀어지게 한다는 것을 잊으면 안 된다. 하나님을 아는 것이 많은 제사보다 중요하고, 정성스런 제물보다 중요하다.

소예언서를 묵상하면서 성경을 아는 지식이 부족함을 깨달았다. 이 말은 하나님을 알기에 부족하다는 고백이다. 잘 안다고 믿어서 알려고 하지 않았는지도 모른다. 하나님이 우리에게 원하시는 것은 말씀대로 사는 것이다. 말씀을 배우고 실천하는 것이 가장 중요한 가치이고, 라이프스타일이어야 한다.

우리에게 가장 무서운 것이 있다면 전쟁이다. 발빠른 전쟁 뉴스를 들으면서도 남의 나라라고 무감각하고, 한국 전쟁을 겪지 않은 세대들 역시 남의 역사를 보듯 무디다. 전쟁을 겪지 않고는 얼마나 무서운지 모른다. 그 실상을 모른다. 이스라엘도 마찬가지였다. 8~9절이다.

> [8]너희가 기브아에서 뿔나팔을 불며 라마에서 나팔을 불며 벧아웬에서 외치기를 베냐민아 네 뒤를 쫓는다 할지어다 [9]벌하는 날에 에브라임이 황폐할 것이라 내가 이스라엘 지파 중에서 반드시 있을 일을 보였노라

여기 나오는 기브아나 라마는 이스라엘에서 전쟁의 피해가 가장 적은 곳이었다. 안전한 지역이었다. 그러나 하나님 말씀을 버린 이곳에 전쟁 나팔 소리가 들리고, 곧 황폐해진다. 유다와 이스라엘 사이의 전쟁, 내전이 일어난다. 동족 간의 전쟁이었다.

좀 슬듯이, 썩히시려듯이

호세아서에서 당시 위기에 빠진 것은 북이스라엘이다. 남유다가 쳐들어온 것이다. 역사적으로는 북이스라엘이 먼저 아람과 연합해서 남유다를 공격했다. 그러자 분노한 남유다가 앗수르와 동맹을 맺고 쳐들어온다. 하나님을 의지하고 소망하라는 선지자들의 말을 다 무시하고 아

람이나 앗수르를 의지하여 서로 전쟁을 하고 말았다. 하나님의 백성이 무기를 겨누고 서로 땅을 빼앗고 빼앗기는 싸움질이었다. 그 땅은 하나님의 것이지 않는가. 10절이다.

> 유다 지도자들은 경계표를 옮기는 자 같으니 내가 나의 진노를 그들에게 물 같이 부으리라

하나님이 경계 지은 땅을 자기들 맘대로 옮기려 했다. 북이나 남이나 황폐해져 갔다. 북만 황폐해지는 게 아니라 남도 황폐해진다. 하나님이 주신 기업을 자기 마음대로 했을 때 일어나는 멸망이다. 탐욕과 욕망에 사로잡혀 하나님의 언약을 어기고, 하나님만을 섬기며 살아야 한다는 표시인 경계표마저 옮기고 말았기 때문이다.

하나님은 정치나 사회 문제를 해결하는 수단 정도가 아니라 우리를 백성 삼고, 우리와 부부 되기를 원하시는 분이다. 그런 하나님이 무엇을 원하시는지 모른다면 그 관계는 깨질 수밖에 없다. 우리 존재와 인생, 모든 고난보다 하나님의 사랑이 더 크다는 것을 이해하지 못하면 끊임없이 하나님이 아닌 다른 무언가를 구하게 되는 것이 죄의 본성이다.

> [11]에브라임은 사람의 명령 뒤따르기를 좋아하므로 학대를 받고 재판의 압제를 받는도다 [12]그러므로 내가 에브라임에게는 좀 같으며 유다 족속에게는 썩이는 것 같도다 (호 5:11~12)

사람의 명령을 따랐다는 것은 말씀대로 살지 않았다는 말이다. 하나님 말씀대로 사는 것이 유일한 살 길인데, 세상의 가치를 따랐다. 하나

님은 이를 두고 자신은 좀 슬게 할 수 있고 썩게 할 수 있다고 비유하신다. 말씀 그대로 눈에 보이지 않게 썩게 만든다는 의미이다. 좀 벌레처럼 말이다. 친히 이 땅의 공동체를 그렇게 무너뜨리시겠다는 말씀이다. 하나님이 이리 정하셨다면 아무리 기도한들 기성 교회는 좀 슬듯이, 썩혀 가듯이 무너질 수밖에 없다. 우리가 깨닫지 못하는 사이 좀 슬듯이 무너져 내려 결국 우리는 징계받는 줄도 모를 수 있다. 그러므로 안정되었다고, 즐겁다고 그 삶을 믿지 마시라. 비록 거짓된 안정이나 헛된 즐거움에 있을지라도 전쟁 나팔 소리를 들을 수 있어야 한다.

이스라엘이 해결책이라면서 생각해낸 것이 또한 가관이다. 일단 좀이 슬었다는 것을 깨닫기는 했다. 그나마 다행이다. 지금 상태가 온전치 않다는 것을 알았으니까. 그러나 그 상태를 고치는 방법이 최악이었다. 앗수르를 찾아갔고, 신하의 나라가 되기를 자처한다. 또 조금 지나서는 물정 모르는 북이스라엘 왕이 자기를 왕위에 앉혀 준 앗수르를 배반하고 애굽으로 간다. 분노한 앗수르 왕이 북이스라엘을 완전히 무너뜨린다.

말씀에 실제적인 순종이 없으면 서서히 힘을 잃어 가서 드러나게 표시나지 않는다. 좀이 슬었다는 것도 시간이 흘러서야 알아차리듯이. 하나님을 의지하는 훈련이 되어 있지 않으면 말씀보다 다른 것에 쉽게 현혹되어 의지한다. 믿음 생활의 실제이다.

하나님 말씀이 우리에게 주어졌다는 사실이 얼마나 위대한 일인가. 그런데 왜 이방인이 되려고 하는가? 좀 슬은 교인, 썩혀진 교인이고 싶은가? 그러지 않으려면 하나님을 아는 지식으로 충만해야 한다. 은밀히 탐닉하든 대놓고 탐욕스럽든 부디 집어 던지고, 하나님께 성실해야 한다.

²³여호와께서 이와 같이 말씀하시되 지혜로운 자는 그의 지혜를 자랑하

지 말라 용사는 그의 용맹을 자랑하지 말라 부자는 그의 부함을 자랑하지 말라 ²⁴자랑하는 자는 이것으로 자랑할지니 곧 명철하여 나를 아는 것과 나 여호와는 사랑과 정의와 공의를 땅에 행하는 자인 줄 깨닫는 것이라 나는 이 일을 기뻐하노라 여호와의 말씀이니라 (렘 9:23~24)

무엇을 자랑하라고 하시는가? '곧 명철하여 하나님을 아는 것'이다. 하나님을 아는 것은 관계의 문제이다. 이스라엘의 패망 원인은 국력 약화가 아니다. 하나님마저 음란하게 섬기는 이스라엘을 향해, 하나님 자신이 좀 슬게 하고 썩히게 해서 무너뜨렸기 때문이다.

죄를 뉘우치는 것이 우리의 할 일이다. 사람의 말을 따르는 것이 아니라, 권력과 명예를 좇아가는 것이 아니라 하나님과의 관계를 소중히 여기자. 하나님의 얼굴을 바라보며, 전쟁의 나팔 소리를 들을 수 있기를 간구하자. 고난받을 때 구하라고 했는데, 고난받기 전에 구할 줄 아는 하나님의 자녀여야 한다.

> 　나눔 질문

1. 하나님을 음란하게 섬길 수 있다는 사실을 인정하시나요? 교회마저 음란함이 가득할 수 있다는 사실을 어떻게 생각하시나요?

2. 하나님이 좀 슬게 하는 것 같이, 썩히는 것 같이 우리를 심판하신다는 점에 대해서 나누어 봅시다.

신실하게 사랑하라

회개의 언어는 아름답다

5장에서 참 마음 아픈 하나님의 선언을 들었다. 하나님께서 친히 좀 슬게 하고 썩히게 하신다는 것은 우리로부터 모든 영광을 조금씩 아주 서서히 사라지게 하신다는 의미이다. 이미 한국 교회사에서 이를 경험하고 있다. 과거 하나님이 아니면 의지할 게 없었던 초기 교회에서 이어진 영적 부흥의 역사가 보이게 또는 보이지 않게 사라지고 있다.

그러나 하나님의 얼굴을 구하고, 간절히 찾으면 다시 돌아오신다는 희망의 말씀으로 5장이 끝났다. 포기할 수 없는 희망이다. 6장에서는 다시 회개를 촉구하고 있다. 우리의 진정한 회개를 요청하는 것이다. 1절에 여호와께로 돌아가자고 부르짖는 애타는 호소가 등장한다.

> 오라 우리가 여호와께로 돌아가자 여호와께서 우리를 찢으셨으나 도로 낫게 하실 것이요 우리를 치셨으나 싸매어 주실 것임이라

결과부터 이야기하자면 이들은 회개조차 성실하지 못했고, 하나님을 돌아오시게 하지 못했다. 만약 이들의 회개가 신실했고, 진실로 하나님께 돌아가려고 했다면 어떠했을까? 엄청난 은혜가 임했을 것이다. 하지만 찢어질 대로 찢어졌는데도 아직 살아가는 데 심각한 어려움이 있는 건 아니어서 그랬는지, 온전히 하나님께 돌아가지 못했다. 답답하다. 여호와께 돌아간다는 것은 그분의 방식으로 살겠다는 결단이다. 나는 나대로 바알의 세상에서 살지 않겠다는 각성의 실제여야 한다. 6장 1절에서 3절은 성경 어디보다 아름다운 회개의 언어로 이루어져 있다.

> ²여호와께서 이틀 후에 우리를 살리시며 셋째 날에 우리를 일으키시리니 우리가 그의 앞에서 살리라 ³그러므로 우리가 여호와를 알자 힘써 여호와를 알자 그의 나타나심은 새벽 빛 같이 어김없나니 비와 같이, 땅을 적시는 늦은 비와 같이 우리에게 임하시리라 하니라 (호 6:2~3)

하나님을 신실하게 사랑하지 않는 우리를 하나님이 찢으신다면 이런 기도를 드리지 않고는 살 수 없다. 좀 슬게 하시고, 썩히게 하시는 하나님이 이들을 찢으시자 다급하게 부랴부랴 여호와께 돌아가려고 했고, 여호와를 서둘러 알려고 하긴 했다. 호세아가 줄기차게 전한 것은 여호와를 알아야 한다는 것이었다. 이들이 고백대로 진실로 여호와께 돌아가고자 했다면 하나님은 이삼일 만에도 새롭게 일으키지 않으셨을까. 이 말씀은 아주 빠르게 치료하시고, 회복시키신다는 뜻이다. 우리가 정말로 돌이킨다면 하나님은 그렇게 변화시키고 고치실 테니까. 그렇지 않다면 시간이 걸린다. 불가능할 수도 있다. 치명적으로 찢긴 상황이 이삼일 만에 회복될 수 있을까? 진정한 회개를 동반했을 때 하나님만이 하실 수 있다.

예배를 드려도 하나님의 은혜가 임하지 않고, 우리 마음에도 하나님의 영이 사라지고 없어졌다. 그렇게 찢기고 찢긴 상태라면 여호와께 돌아가자고 외쳐야 한다. 지금 당장 해야 할 일이다. 죽을 각오로 하나님 말씀을 붙잡아야 한다. 하나님을 믿는다면서도 세상을 의지하고, 인간적인 계산이 앞서고, 온갖 핑계를 대고 말씀에 순종하지 않았던 것을 회개하고 돌아와야 한다. 그래야 하나님의 역사를 이루실 수 있다, 이삼일 만에! 문제는 그 회개가 얼마나 진실한가에 달려 있다.

3절에 우리가 힘써 여호와를 알자고 외친다. 우리 빨리 하나님을 제대로 배우고 하나님의 마음이 무엇인지 알아내자고 한다. 고통 가운데 힘든 것은 새벽이 오지 않는다는 사실이다. 그러나 하나님은 새벽빛 같이 임하신다. 새벽은 갑자기 임하고, 어둡다가 순식간에 밝아 온다.

하나님은 자신을 간절히 찾는 백성을 실망하도록 두지 않으시고, 부끄럽게 하지 않으시며 찾아오신다. 그 갈망이 아무리 작다고 해도 새벽빛같이 또 세상을 적시는 늦은 비처럼 오실 것이다. 우리가 흘린 눈물의 회개, 삶의 변화를 그대로 기억하시고 은혜로 채워 주시는 하나님, 이렇게 하시려고 지금도 기다리신다.

비처럼, 폭포수처럼 은혜를 내려 주시려고 기다리는 하나님, 얼마나 희망적이고 소망이 가득한 말씀인가? 그지없이 아름답다. 그런데 안타깝게도, 너무나 안타깝게도 이들의 기도는 거절당한다. 1~3절의 아름다운 부르짖음을 인정받지 못한다. 회개가 진실하지 못했다. 오늘날 우리의 기도가 진실한가, 진실하게 회개하는가?

⁴에브라임아 내가 네게 어떻게 하랴 유다야 내가 네게 어떻게 하랴 너희의 인애가 아침 구름이나 쉬 없어지는 이슬 같도다 ⁵그러므로 내가 선지자들로 그들을 치고 내 입의 말로 그들을 죽였노니 내 심판은 빛처럼 나오느니라 (호 6:4~5)

"내가 너희에게 어떻게 하랴." 기도를 도무지 들어줄 수 없다는 선언이다. 왜 이렇게 안타까운 거절을 하셔야 했을까? 그 이유를 분명히 말씀하신다. "너희의 인애가 쉬 없어지는 아침 구름이나 이슬 같구나." 인애로 번역된 '헤세드'는 약속의 충실함, 신실함을 의미하기도 한다. 아침 구름은 해가 떠오르면 사라지고, 이슬은 삽시간에 없어진다.

에브라임과 유다의 회개가 참으로 덧없고 삽시간에 사라져 버리는 것임을 책망하시는 말씀이다. 회개의 흉내만 내고, 회개한 것을 행하며 살지 않는 현실을 고발하는 말씀이다. 우리가 신실하지 않다는 것이다. 1~3절의 부르짖음과 기도가 정말 간절해 보이긴 하지만 이것이 너무 쉽게 사라진다.

교회에서 간절히 회개하고 다짐하지만 예배가 끝나고 나면 그 회개가 자신의 삶과 상관없어진다. 공허한 회개와 기도가 되고 만다. 예배드리며 정말 무슨 일이 일어날 것처럼 간절하다가도 그것으로 끝이다. 마구 외치면서 간절히 기도했는데, 회개했는데, 정작 일상생활에서는 다시 바알을 찾는다. 얼마나 불성실한가. 결국 그런 회개는 그럴듯한 종교적 표현으로 가득한 말뿐이고, 회개라고 볼 수 없다. 너무도 우리의 모습을 적나라하게 묘사하고 있다.

때로는 눈물로 기도하기도 했으나 그 역시 잠시뿐이고, 기도를 멈추는 순간 복음과 무관한 삶을 살아간다. 정말 지긋지긋하다. 어려울 때는 하나님 앞에 간절했다가도 조금만 나아지면 매혹적인 바알에게 기웃거린다. 은혜의 감동이 이슬처럼 쉽게 사라진다.

> 나는 인애를 원하고 제사를 원하지 아니하며 번제보다 하나님을 아는 것을 원하노라 (호 6:6)

하나님은 우리가 하나님이 무엇을 좋아하는지 알기를 원하신다. 호세아서는 하나님이 제사보다 더 중요하게 여기시는 것이 무엇인지 자주 말한다. 특히 순종이나 인애를 제사보다 언제나 중요시 한다고 말씀하셨다. 순종이나 인애의 삶 없는 제사는 원하지 않으신다. 이것은 예배를 기뻐하지 않는다는 것이 아니고, 예배와 삶에서 신실한 모습을 원하신다는 뜻이다. 인애가 무엇인가, 신실한 사랑 아닌가. 하나님이 원하시는 것은 우리의 신실한 사랑이다.

"나는 너희들이 신실했으면 좋겠다. 제발 나를 좀 알아다오. 너희들이 정말 나를 존귀하게 여긴다는 것을 보여다오."

이렇듯 하나님은 우리의 꾸준함을 원하신다. 우리의 전부를 원하신다. 더 자주 모이는 것, 더 자주 예배하는 것보다 중요한 것은 인애이고, 그 인애가 하나님을 아는 것의 핵심이다. 이스라엘의 회개는 그저 지금 당장 처한 위기와 난국을 해결하려는 시도였지, 진실로 변하는 회개는 아니었던 게 확실하다. 우리도 그렇지 않은가? 순간의 어려움을 모면하려는 기도가 얼마나 많은가? 그렇게 신앙생활 해 오지 않았는가?

이 구절은 마태복음 9장과 12장에서 예수님에 의해 두 번 인용된다.

예수님은 이 말씀을 통해 예배보다 하나님에 대한 인애의 사랑과 사람에 대한 인애의 자비를 강조하신다. 하나님을 진실하게 섬기는 우리의 삶을 강조하신다. 삶과 분리된 회개는 진정하다고 볼 수 없다는 말씀이다. 삶의 자리까지 연결되지 않는 신앙은 거짓일 뿐이다.

백성은 어떠했는가

> 그들은 아담처럼 언약을 어기고 거기에서 나를 반역하였느니라 (호 6:7)

우리의 신앙은 우리의 하나님에 대한 인식과 맞닿아 있다. '코람데오(하나님 앞에서)'라는 말을 쓰지만 정말 코람데오가 삶의 중심에서 작용하는지는 의문이다. 에브라임과 유다도 눈에 보이는 재앙이 없으니까 겁내지 않는다. 참 안타까운 문제이다.

우리에게도 눈과 피부에 와닿는 재앙이 없으면 잘 깨닫지 못하는 미련함이 가득하다. 멸망의 길을 가면서도 모른다. 그러나 이미 재앙이 시작되면 늦은 것이다. 어떻게 생각하는가? 재앙이 이미 시작되었다고 보지 않는가?

> 8길르앗은 악을 행하는 자의 고을이라 피 발자국으로 가득 찼도다 9강도 떼가 사람을 기다림 같이 제사장의 무리가 세겜 길에서 살인하니 그들이 사악을 행하였느니라 (호 6:8~9)

여기에 나온 길르앗이나 세겜은 도피성이다. 특히 세겜은 여호수아가 이스라엘의 온 백성과 언약을 갱신한 장소이기도 하다(수 24:25). 하지만 이러한 장소가 도리어 사람을 약탈하는 공간이 되어 버렸다. 조금 난감하긴 하지만, 이렇게 이해해 볼 수 있다. 대체로 교회를 오래 다닌 이들이 특히 죄를 위장하는 능력이 뛰어나다. 아마 가장 뛰어난 사람은 나 같은 목사, 그리고 중직자들이 아닐까.

오히려 초신자들은 신앙이 순수해서 위장이 어렵다. 또 교회 청년들이 그래도 희망이 있고, 책망하면 잘 들으려고 한다. 나이를 먹을수록 책망을 듣지 않으려고 하고, 책망할 수도 없다. 이것이 제사장과 중직자들의 죄였다. 백성들은 어떠했는가?

> 내가 이스라엘 집에서 가증한 일을 보았나니 거기서 에브라임은 음행하였고 이스라엘은 더럽혀졌느니라 (호 6:10)

하나님의 인애와 동떨어진 일을 가증한 일과 음행으로 표현했다. 이스라엘 집은 성전이고, 교회인데 너무 가증하여 호세아는 성전이라고 부를 수 없었다. 예배를 드리며 풍년을 기원하는 음행을 행하였는데 이것을 죄라고 생각하는 사람이 아무도 없었다.

> 또한 유다여 내가 내 백성의 사로잡힘을 돌이킬 때에 네게도 추수할 일을 정하였느니라 (호 6:11)

죄를 진실로 회개하고 돌이키기 싫다면 사로잡혀 갈 수밖에 없다고 경고한다. 그런데 의문이 생긴다. 우리는 왜 호세아부터 말라기까지의 말씀은 군데군데 단편적으로만 다루고 넓고 깊게 안 다루는 것일까? 교회 다니면서도 이런 말씀을 잘 들어 보지 못했다. 그런데 이제 알 것 같다. 내 안의 바알을 완전히 포기하지 못해서 그럴 것이다. 이쪽인지 저쪽인지 결정이 안 된 탓이다.

이에 대해 호세아서는 살 길이 아니라고 강조한다. 반드시 하나님이 좀 슬게 하고 썩히겠다고 하셨으니까. 우리의 신앙은 장난이 아니라 인생과 목숨을 거는 문제임을 거듭 전하고 있다.

사실 너무 많이 가지려다 보면 신실하지 못할 수밖에 없다. 그럴수록 교회 안과 밖에서의 모습이 달라지고, 점점 우리 안에 감추어진 죄가 커진다. 우리는 왜 이렇게 신실하지 못할까? 왜 이렇게 인애가 없을까? 바로 이 문제를 탐구하게 하는 것이 호세아서이다.

> **나눔 질문**

1. 기도로 회개는 했으나, 삶에서는 실제로 돌이키지 못했던 경험들을 나누어 봅시다.

2. 진실한 회개를 안 하는 것인가요? 아니면 하기 싫은 것인가요? 솔직한 마음을 나눌 수 있는 부분만 나누어 봅시다.

숨겨진 악함이여!

친히 회복시키고 치료하고자

예수님이 신약에서 비유의 대가라면 구약에서 비유의 대가는 호세아이다. 호세아는 1장부터 하나님과 이스라엘을 아버지와 아들로 비유했고, 남편과 아내로 비유했다. 또 5장에서는 음란한 그들에게 하나님이 좀 슬게 하시고, 썩히게 하신다고 비유했다.

호세아 7장에는 무려 네 가지 비유가 등장한다. 이 네 가지 비유를 해석하고 이해하는 것이 이 장의 가장 중요한 핵심이다. 곧 달궈진 화덕 비유, 뒤집지 않은 전병 비유, 비둘기 비유, 속이는 활 비유이다.

¹내가 이스라엘을 치료하려 할 때에 에브라임의 죄와 사마리아의 악이 드러나도다 그들은 거짓을 행하며 안으로 들어가 도둑질하고 밖으로 떼 지어 노략질하며 ²내가 모든 악을 기억하였음을 그들이 마음에 생각하지 아니하거니와 이제 그들의 행위가 그들을 에워싸고 내 얼굴 앞에

있도다 (호 7:1~2)

지금까지 우리의 죄가 무엇인지, 얼마나 음란한지, 심지어 예배마저 음란하게 한다는 것을 보아 왔다. 그 죄가 심각하여 하나님이 친히 우리를 좀 슬게 하시고, 썩히게 해서 조금씩 무너지게 한다는 사실도 알았다. 이미 6장에서 회개마저 진실하지 않다고 지적했다. 그래서 하나님이 친히 회복시키고 치료하고자 하시지만 더 막막한 상황에 부딪힌다.

예를 들면, 위중한 환자를 수술하기 위해 검사해 보니 수술조차 할 수 없는 지경일 때가 있다. 검진할 때보다 환자 상태가 훨씬 심각해서 겉으로 드러난 것은 빙산의 일각이었다. 이렇듯 우리를 자세히 들여다보면 생각보다 더 더럽다. 죄를 얼마나 위장했던지, 하나님도 혀를 내두르실 것이다. 신앙의 이중성, 거짓된 회개가 우리 안에 가득했고, 문제의 진짜 원인은 할 수 있는 만큼 감추면서 아무렇지 않게 예배드리며 살았다. 하나님이 이를 드러내시면 견딜 수 있겠는가?

종교적 음란함, 바알 사랑, 하나님을 이용하는 위선, 이런 것들이 우리 안에 얼마나 많이 숨겨져 있는지 말도 못한다. 문제는 그조차 모르고 있다는 것, 더 심각한 사실은 알아도 변화가 없다는 것이다. 그런 불성실한 회개가 결국 하나님의 심판을 앞당긴다. 호세아 선지자는 비유를 사용해서 더 구체적으로 이들, 아니 우리의 죄를 고발한다.

불씨가 담긴 화덕처럼

³그들이 그 악으로 왕을, 그 거짓말로 지도자들을 기쁘게 하도다 ⁴그들

은 다 간음하는 자라 과자 만드는 자에 의해 달궈진 화덕과 같도다 그가 반죽을 뭉침으로 발효되기까지만 불 일으키기를 그칠 뿐이니라 5우리 왕의 날에 지도자들은 술의 뜨거움으로 병이 나며 왕은 오만한 자들과 더불어 악수하는도다 6그들이 가까이 올 때에 그들의 마음은 간교하여 화덕 같으니 그들의 분노는 밤새도록 자고 아침에 피우는 불꽃 같도다 7그들이 다 화덕 같이 뜨거워져서 그 재판장들을 삼키며 그들의 왕들을 다 엎드러지게 하며 그들 중에는 내게 부르짖는 자가 하나도 없도다

(호 7:3~7)

첫 번째 화덕의 비유이다. 호세아 7장 소제목이 '왕궁 안의 반란'인데, 당시 북왕국 이스라엘 정치 현실을 반영한 제목이다. 이 기간에 왕이 무려 여섯 차례나 바뀌었다. 한 달 만에 죽은 왕이 있는가 하면, 네 명은 쿠데타에 의해 목숨을 잃었다. 종교 지도자들을 포함한 지도자 그룹과 신하들은 오로지 권력을 탐하고, 악과 거짓으로 왕과 지도자들을 기쁘게 하는 일에 혈안이었다. 하나님을 알아 가며, 인애와 진리로 무장하기는커녕 탐욕의 화덕처럼 아부하는 자들만 가득했다. 그들을 가리켜 4절은 '간음하는 자들'이라고 했다.

화덕은 한 번 불을 꺼뜨리면 다시 지피기가 어려워 절대로 완전히 끄지 않는다. 빵 만드는 사람은 화덕의 불을 약하게 유지하다가 필요할 때 확 지펴서 사용한다. 간음하는 지도자들을 향해 본문은 화덕 같다고 말씀한다. 잠시 불씨가 꺼진 듯해도 기회만 되면 다시 활활 타오르기 때문이다. 좋은 자리에 갈 기회만 생기면 탐욕이 화덕처럼 타올라 아첨한다. 하나님을 바라봐야 할 존재이나 결코 그러지 않았다.

잠잠해서 그 성질을 버렸나 했는데, 잠시 숨기고 있었더라는 이야기

였다. 그들의 탐욕과 정욕은 기회만 찾아오면 불꽃이 확 지펴져서 맹렬하게 타오른다. 7절 말씀을 보라. 권력을 탈취하든 다시 빼앗기든 누구도 하나님께 진실되게 묻는 자들이 없었다.

이미 이들은 예배를 드리나, 종교 지도자이고 목사였으나 세속화되어 자기중심적인 삶을 살아가는 데 아무런 불편함이 없다. 자신의 필요에 따라 뜨거워졌다가, 잠잠해야 할 때는 불꽃을 낮추며 화덕처럼 간음하는 자들이다. 절대 말씀이 삶의 기준이 아니었다.

우리도 화덕과 같다. 주일에 예배하면서 다들 회개하지만, 잠시 조용히 있는 것뿐이다. 정말 여호와께 돌아간 것인지 물어야 한다. 열심히 찬양하고, 기도한다고 해도 어떤 상태인지 하나님은 아신다.

뒤집지 않은 전병처럼

⁸에브라임이 여러 민족 가운데에 혼합되니 그는 곧 뒤집지 않은 전병이로다 ⁹이방인들이 그의 힘을 삼켰으나 알지 못하고 백발이 무성할지라도 알지 못하는도다 ¹⁰이스라엘의 교만은 그 얼굴에 드러났나니 그들이 이 모든 일을 당하여도 그들의 하나님 여호와께로 돌아오지 아니하며 구하지 아니하도다 (호 7:8~9)

두 번째는 뒤집지 않은 전병 비유이다. 보통 이스라엘 사람들은 전병을 만들어 하나님의 전에 바쳤는데 그 전병이 이상해지기 시작했다. 앞뒤가 달랐다. 앞은 덜 익어서 희고, 뒤는 태워서 까맣게 되어 먹을 수 없었다. 쓸모없는 존재를 앞뒤 다른 전병에 비유했다. 특히 이 비유는

혼합되어 있는 상태를 지적하고 있다. 세상 곧 바알에 대해서는 다 탈 때까지 심취하면서도 하나님께는 익지 않은 모습 말이다.

이들은 오로지 세상을 의지했다. 군사적으로 아람, 앗수르, 애굽을 바꿔 가며 '이웃 나라'로 삼았고, 문화적으로 결혼 정책이 그랬고, 이것저것 섞여서는 안 될 예배도 혼합형이었다.

10절에 여호와를 구하지 않는다는 말은 충격이다. 제사에서 하나님을 부르짖는다고 하여 하나님을 찾는 것이 아니다. 잘 먹고 잘 사는 것을 구하는 행위에 지나지 않았다. 말로는 하나님이 지켜 주신다고 하지만 실제로는 이웃나라 '앗수르의 힘'이 지켜 줄 것처럼 살았다. 앗수르가 가진 돈이, 지위가 인생을 보장해 줄 것처럼 살았다.

교회의 힘, 신자의 힘은 조직도 아니고, 사람의 수도 아니다. 행정도 아니고, 관리력도 아니다. 물질도 아니고, 계급도 아니다. 그 힘은 오직 주님이 주신다. 다른 사람의 비위를 맞추려는 신자가 기도할 시간이 있겠는가. 9절 말씀처럼 백발이 무성해도 알지 못한다. 영적인 힘이 다 빠졌는데도 알아차릴 수가 없다는 뜻이다. 앗수르를 의지하려고 했을 때 이들은 영적으로 백발노인이 되어 버렸다.

전병을 살펴서 뒤집어야 하듯 우리를 뒤집어야 한다. 여호와께로 온전히 돌아가야 한다. 힘있는 세력을 의지하는 것이 아니라 우리의 경건이 매일 깊어져야 한다. "내가 사람의 힘으로 살려고 했구나. 사단의 힘으로 살려고 했구나. 그래서 내가 너무 지치고 힘겹구나. 영적으로 백발노인이구나." 이를 깨달으며 눈물이 흘러야 한다.

[11]에브라임은 어리석은 비둘기 같이 지혜가 없어서 애굽을 향하여 부르짖으며 앗수르로 가는도다 [12]그들이 갈 때에 내가 나의 그물을 그 위에

쳐서 공중의 새처럼 떨어뜨리고 전에 그 회중에 들려 준 대로 그들을 징계하리라 (호 7:11~12)

세 번째 비둘기 비유이다. 롯의 아내를 기억하는가? 그녀는 뒤를 돌아보다 소금 기둥이 되었다(창 19:26). 그런데 사실 롯의 아내가 우리보다 낫다. 그녀는 그래도 고개만 돌렸을 뿐인데, 우리는 그 성안에 아직 살고 있지 않는가? 그러면 그물에 걸려들 수밖에 없다.

11절은 이스라엘을 어리석고 지혜없는 비둘기라고 비유한다. 무엇에든 쉽게 유혹되고 쉽게 따라가기 때문이다. 앗수르의 강함을 보면 그것이 좋고, 애굽의 강함을 보면 좋아서 그것을 추구한다. 지혜 없는 비둘기같이 달려가면 하나님은 그물을 쳐서 그들을 떨어뜨리신다. 믿는다는 것이 무엇인가? 하나님을 주인으로 삼는 결단이고 삶이다.

속이는 활처럼

¹³화 있을진저 그들이 나를 떠나 그릇 갔음이니라 패망할진저 그들이 내게 범죄하였음이니라 내가 그들을 건져 주려 하나 그들이 나를 거슬러 거짓을 말하고 ¹⁴성심으로 나를 부르지 아니하였으며 오직 침상에서 슬피 부르짖으며 곡식과 새 포도주로 말미암아 모이며 나를 거역하는도다 ¹⁵내가 그들 팔을 연습시켜 힘 있게 하였으나 그들은 내게 대하여 악을 꾀하는도다 ¹⁶그들은 돌아오나 높으신 자에게로 돌아오지 아니하니 속이는 활과 같으며 그들의 지도자들은 그 혀의 거친 말로 말미암아 칼에 엎드러지리니 이것이 애굽 땅에서 조롱거리가 되리라 (호 7:13~16)

이제 호세아는 이들의 죄와 심판을 선포한다. 네 번째, 속이는 활 비유이다. 속이는 활은 '줄이 느슨하게 매어져 있는 활'이라고 풀이된다. 아무 문제없어 보이나 막상 사용하려면 활의 힘이 없어서 화살을 멀리 날릴 수 없다는 이야기다. 목표물에 명중해야 하는데, 도저히 목표물까지 날아갈 수 없다. 우리 인생이 활이라면 하나님이 기대하시는 목표를 정확히 맞출 수 있는가? 혹시 늘어진 활처럼 제대로 목표를 맞출 수 없는 것은 아닌가?

14절을 보면 이들이 예배에서 하나님께 기대하는 것은 오로지 곡식과 새 포도주뿐이다. 욕구만 가득하다. 침상에서 울부짖은 것도 죄를 깨닫고 애통하는 것이 아니라 곡식이 없고, 새 포도주가 없어서 그러는 것이다. 다윗처럼 성령님이 떠나가실까 봐 간절히 회개하느라 침상을 적신 것이 아니었다. 회개하긴 했는데 무엇을 잘못한지 모르고 울부짖는다.

하나님이 원하시는 것은 무엇인가? 그냥 울부짖는 소리를 들으신다고 했나? 그런 예배, 그런 기도, 그런 모임은 '속이는 활'과 같다. 하나님께서 원래 계획하셨던 목표를 이루지 못한다. 하나님은 인애를 원한다고 하셨다. 신실한 마음 말이다. 그래야 하나님 한 분만 의지하는 신앙, 하나님 손에 붙잡힌 든든한 활로 거듭날 수 있다. 신앙의 기본기는 결코 내 방식대로 잘 믿는 것이 아니다. 제멋대로 믿는 믿음은 늘어진 활, 엉뚱한 곳으로 화살을 쏘는 활이다.

하나님은 우리가 그분을 믿지 않았다는 사실을 인정하라고 하신다. 그렇지 않으면 조롱거리가 되는 일만 남는다(16절). 오늘날 왜 교회가 조롱거리가 되었는가. 저 밖에 있는 문제인지 우리 안에 있는 문제인지 헤아려 보라. 하나님이 화살을 쏠 우리의 손목의 힘까지 훈련한 것은 탐욕이나 권력, 명예, 돈 등 세상 가치를 의지하려는 태도와 싸우게 하기 위함인데, 우리는 젖 먹던 힘까지 내어 세상 가치를 따르려 한다.

우리에게 맞지 않는 것은 내려놓자. 다윗은 사울의 갑옷이 자기에게 어울리지 않는다는 것을 알았다(삼상 17:39). 하나님은 호세아 7장을 통해 우리 안에 있는 교만과 불신앙을 다 꺼내라고 하신다. 하나님께 언제든지 쓰임받는 활이어야 하고, '앗수르' 없이 '애굽' 없이 살 수 있어야 한다.

하지만 이 땅에 하나님의 목표물에 꽂힐 활 같은 교회나 신자들은 누구인가. 조롱거리가 되어도 신실하지 못하고, 바른 삶을 살지 못한다. 영적 백발노인이 되어 간다. 성령의 능력은 사라지고, 하나님이 보시기에 더 많은 죄악만이 가득하다. 더 책망받아야 할까? 더 혼나고, 더 조롱받아야 하는가. 깨닫지 못하면 그물에 걸려 다 나락으로 떨어지는 방법밖에는 없다. 그러나 아직 끝나지 않았다.

> 나눔 질문

1. 내가 온전히 변한 것이 아니라, 내 안에 언제든 터져 나올 수 있는 악함이 숨겨져 있다는 것에 대해 어떻게 생각하십니까?

2. 네 가지 비유 가운데 가장 나의 모습과 비슷한 내용을 자신에게 비추어 나누어 봅시다.

예배는 많으나
말씀은 어디에

마음과 뜻과 정성을 다해

호세아는 7장에서 우리를 책망하는 말씀 '속이는 활' 비유를 전했다. 이 흐름을 이어 8장에서는 우리를 가리켜 즐겨 쓰지 않는 그릇이며 홀로 떨어져 있는 들나귀로 비유하면서 하나님께 전혀 소용 없는 존재들이라고 책망한다. 온 사방에 제단과 제사는 많으나, 말씀을 저버리고 지키지 않는 죄를 고발한다.

하나님과 이스라엘은 언약 관계이다. 부부 사이 같다. 한쪽에게 무한한 희생이 강요될 때 그 관계는 행복한 가정을 이루기 어렵다. 신실한 하나님 앞에 우리는 신실한 삶으로 하나님과의 언약 관계를 증명할 수 있다. 서로 신실하게 사랑해야 한다.

호세아서가 줄기차게 강조하는 것은 이스라엘이 하나님을 향한 종교적 열심을 드러내긴 했으나, 하나님을 말씀대로 섬기는 것과 우상을 섬기는 것의 차이를 분별하지 못했다는 점이다. 정성스럽게 쌓은 제단에서 열심을 다해 제사를 드리나 하나님이 받으실 예배가 아니었다. 다 필요 없다고 선언하신다. 수많은 교회가 있다 해도, 하나님을 안다는 것이 무엇인지, 헌신하고 섬기는 것이 무엇인지 모르는 채 예배드리고 신앙생활을 하기 바쁘다. 호세아서의 말씀을 비추어 보면, 하나님이 받으실 예배는 찾아보기 힘들었다는 것을 알 수 있다.

> 나팔을 네 입에 댈지어다 원수가 독수리처럼 여호와의 집에 덮치리니 이는 그들이 내 언약을 어기며 내 율법을 범함이로다 (호 8:1)

나팔은 전쟁이 임박했다는 것을 알릴 때 사용된다. "원수가 독수리처럼 여호와의 집에 덮치리라." 문자적으로는 받아들이더라도 상황을 용납하기 힘든 말씀이다. 특히 이스라엘 백성들에게는 상상할 수 없는 일이다. 심판과 재앙이 닥치면 성전도 아무 쓸모가 없다는 경고 메시지이다. 인애와 하나님을 아는 지식이 없으면, 교회는 의미 없다. 교회에 피하더라도 재앙은 면할 길이 없다.

1절 말씀을 보라. 하나님을 제대로 모르면 교회가 먼저 무너진다고 분명히 말씀하시지 않는가. "언약과 율법, 하나님의 말씀을 삶에서 지키지 않고, 세상 것 좋다고 말씀을 다 범하면서 무슨 여호와의 집 운운하느냐? 말뿐인 신앙이 얼마나 엉터리인지 다 드러낼 것이다." 하나님의 언약과 율법이 무엇인가. 마음과 뜻과 정성을 다해 하나님을 사랑하고 이웃을 사랑하는 것이다.

> 그들이 장차 내게 부르짖기를 나의 하나님이여 우리 이스라엘이 주를 아나이다 하리라 (호 8:2)

이스라엘은 하나님을 안다고 했다. 종교적인 제사라면 충분하다고 생각했다. 2절은 너희들의 그 앎이 제대로 된 앎이냐고 반문하시는 하나님의 어이없는 표정이 느껴지는 것 같다.

이스라엘이 이미 선을 버렸으니 원수가 그를 따를 것이라 (호 8:3)

이스라엘은 현실에서 '선'을 버렸다. 고백들이 거짓이었다. 거짓된 회개이고, 예배만 드리면 된다고 착각했고, 교회 밖에서는 하나님의 말씀을 버렸다. 교회는 이것을 가장 두려워해야 한다. "나더러 주여 주여하는 자마다 다 천국에 들어갈 것이 아니요 다만 하늘에 계신 내 아버지의 뜻대로 행하는 자라야 들어가리라"(마 7:21)는 말씀도 이와 같은 맥락이다.

사마리아 송아지 신앙

⁴그들이 왕들을 세웠으나 내게서 난 것이 아니며 그들이 지도자들을 세웠으나 내가 모르는 바이며 그들이 또 그 은, 금으로 자기를 위하여 우상을 만들었나니 결국은 파괴되고 말리라 ⁵사마리아여 네 송아지는 버려졌느니라 내 진노가 무리를 향하여 타오르나니 그들이 어느 때에야 무죄하겠느냐 ⁶이것은 이스라엘에서 나고 장인이 만든 것이라 참 신이 아니니 사마리아의 송아지가 산산조각이 나리라 ⁷그들이 바람을 심고 광풍을 거둘 것이라 심은 것이 줄기가 없으며 이삭은 열매를 맺지 못할 것이요 혹시 맺을지라도 이방 사람이 삼키리라 (호 8:4~7)

사마리아는 금송아지를 만든 북이스라엘이고, 사마리아의 송아지는 하나님을 그저 이용하기만 하면서 제멋대로 사는 것을 비유한다. 하나님을 교회 안에서만 한정시키다가 벗어나면 송아지를 따른다. 제단과 제사를 반복하면서 충성된 줄 알고 사는 존재들이 스스로 '여호와의 집'이라고 내세우고 있다. 여호와의 집이 아닌 송아지 집이라고 해야 한다.

4절에 지도자와 왕들이 나온다. 이를테면 대통령도 뽑고, 교회에 목사님도 초빙하고, 임직자들도 세운 것이다. 당시 지도자들은 하나님이 자기를 세웠다고 주장한 듯하다. 그러나 하나님은 그들을 모르는 바라고 하셨다. 내게서 난 자들이 아니라고. 이는 오늘날 목회자들 모습에서 흔히 볼 수 있다. 내 말을 들으면 만사형통, 아무 문제없다는 종교 지도자들은 기필코 분별해야 한다. 그러니 '내 말' 말고 하나님 말씀대로 따르라.

이 송아지 신앙이 참 어리석다는 것을 안다 해도 자신에게 적용하기가 어렵고, 세상 가치에 늘 미혹되니 부인할 수 없다. 이것이 매일의 신앙 훈련이어야 한다. 송아지를 부인하는 신앙의 훈련, 그 훈련이야말로 하나님의 동행하심을 믿는 길이다.

> 이스라엘은 이미 삼켜졌은즉 이제 여러 나라 가운데에 있는 것이 즐겨 쓰지 아니하는 그릇 같도다 (호 8:8)

즐겨 쓰지 아니하는 그릇은 문자적으로 '기뻐하지 않는 그릇'이다. 마땅히 쓰임받아야 그릇인데, 그러지 못하니 속이는 활처럼 애물단지이다. 어쩌다가 이렇게 되었나? 삼켜졌다. 이방 문화, 세상 가치에 의해 삼켜졌다. 이방과 구별될 때 이스라엘의 존재 이유가 있는데, 탐욕을 위해 필요하다면 무엇이든 뒤섞어 삶의 수단으로 삼는다면, 더 이상 하나님에겐 쓸모없는 그릇이다.

예레미야 표현을 빌리자면 '좋아하지 아니하는 그릇'(렘 22:28), '마음에 들지 않는 그릇'(렘 48:38)이다. 이스라엘은 그때나 지금이나 무슨 문명의 발상지도 아니고, 군사 대국이나 미사일 보유국도 아니다. 세계 경제를 흔들 만한 산업사회도 아니다. 오직 하나님을 경외하고 하나님의 말씀을 따라 사는 민족이라고 구별되었는데, 그렇지 않다면 쓸모없는 그릇일 수밖에 없다.

만족 없는 들나귀 신앙

> 그들이 홀로 떨어진 들나귀처럼 앗수르로 갔고 에브라임이 값 주고 사랑하는 자들을 얻었도다 (호 8:9)

이스라엘은 하나님이 아닌 앗수르 힘을 의지한다. 막대한 조공을 바치면 자신들을 지켜 줄 거라고 믿었으나 그렇지 않았다. 그들은 착취하는 자들이었다. 이런 이스라엘을 향해 들나귀처럼 신앙생활을 한다고 본문이 전하고 있다. 영적 외로움을 달래려고 헐떡거리며 앗수르에게 달려가는 들나귀 같은 존재는 어디에서도 무엇으로도 만족하지 못한다. 하나님만으로 만족하지 못하는 상태의 비유이기도 하다.

창세기는 이삭의 배다른 형 이스마엘을 고집스럽게 분리되어 살아가는 들나귀로 비유한다(창 16:12). 이스라엘도 무력과 경제를 쫓아 스스로 신앙의 정체성을 팔아넘기고 말았다. 이 점을 유념해야 한다. 우리가 현실에서 신앙을 팔아넘기는 경우가 많다. 예수님을 시험한 마귀는 내게 절하면 세상을 주겠다고 유혹했다(눅 4:7). 바로 그 세상을 얻기 위해 우리가 신앙을 돈처럼 사고파는 형국이다. 이해할 수 있는가. 매일 반복되는 일상에서 믿음 주고, 마음 주고 세상을 사고파는 것이다. 그렇게 들나귀처럼 신앙생활하면서 하나님께는 즐겨 쓰이지 않는 그릇이 되어간다. 어느덧 하나님은 어디에 계신지 잊어버린다.

> 그들이 여러 나라에게 값을 주었을지라도 이제 내가 그들을 모으리니 그들은 지도자의 임금이 지워 준 짐으로 말미암아 쇠하기 시작하리라 (호 8:10)

이스라엘이 돈으로 안전한 나라를 사려고 했지만 점점 작아지고 초라해져 노예 상태로 전락할 것이라고 말씀한다. 하나님이 아닌 다른 것에서 비롯된 안정은 안정이 아니다. 이 눈이 열려야 신앙이 진보한다. 11절부터 근본적인 원인을 다시 정확하게 지적한다.

> [11]에브라임은 죄를 위하여 제단을 많이 만들더니 그 제단이 그에게 범죄하게 하는 것이 되었도다 [12]내가 그를 위하여 내 율법을 만 가지로 기록하였으나 그들은 이상한 것으로 여기도다 [13]그들이 내게 고기를 제물로 드리고 먹을지라도 여호와는 그것을 기뻐하지 아니하고 이제 그들의 죄악을 기억하여 그 죄를 벌하리니 그들은 애굽으로 다시 가리라 [14]이스라엘은 자기를 지으신 이를 잊어버리고 왕궁들을 세웠으며 유다는 견고한 성읍을 많이 쌓았으나 내가 그 성읍들에 불을 보내어 그 성들을 삼키게 하리라 (호 8:11~14)

하나님의 말씀은 이들 삶에 적용하기에는 이상한 것이다. 낯설다는 이야기이다. 말씀이 이들 삶에는 너무 동떨어져 있다. 오히려 바알이 낫다. 그러니 예배를 잘 드려도 말씀을 삶에 연관시키는 것이 왜 그렇게 낯선지 이해할 수 있을 것이다. 마치 우리 아이 시험 잘 보고, 우리 아이 성공해서 누구보다 잘 먹고, 잘 놀고, 좋은 집에서 사는 것이 중요하지, 하나님 말씀이 무슨 도움을 주느냐는 태도 같은 것이다.

아무튼, 말씀에 순종하는 것이 이들의 우선순위가 아니다. 이들은 제단을 만들고 제사를 지내기만 하면 하나님이 좋아하시고 다 용서하신 다고 믿었다. 그래서 열심히 제사드리고 예배드리는 것이다. 재물을 많이 드릴수록 죄에서 자유로운 것만 같다. 그러니 죄를 더하는 제사일 수밖에 없다. 왜 그런가? 하나님이 아니라 바알을 우선순위에 두기 때문이다. 제사만 드리면 되는 줄 알고 일상의 순종을 멀리하였다.

다시 호세아의 책망을 새기자. 하나님께 드릴 더 많은 제사가 필요한 것이 아니라 하나님께 내어놓을 인애, 신실한 사랑으로 살아가는 삶이 제사이고, 예배이어야 한다. 훌륭한 제단에서 장중한 제사를 드리는 것이 오히려 말씀을 낯설게 했다. 제단에서 선포되는 말씀은 얼마나 괴리되어 있는가. 뛰어난 설교자 말씀이 순종하는 삶을 살아가는데 어떤 영향을 주었는가? 본문이 이 사실을 지적한다.

수많은 제사를 드려도 단지 그것뿐이라면, 하나님은 기뻐 받으시지 않는다. 만일 하나님이 우리 예배도 아니라고 하신다면 어떻게 하겠는가? 종교가 타락할 때 나타나는 현상은 죄를 올바로 회개하지 않으면서 엄청난 제사와 예물만 드린다는 점이다. 온 천지가 송아지 교회와 송아지 신자들로 가득하다. 본문 말씀대로 대적이 여호와의 집을 덮치지 않겠는가.

말씀을 알면 그 말씀이 나를 주장해야 한다. 그게 예배이고, 신실이고, 인애이다. 달라져야 한다. 지난주와 이번 주의 삶이 같다면 도대체 매주 들리는 말씀은 우리에게 무엇인가? 어제와 오늘이 같다면, 여전히 송아지 신앙에 머물러 있다는 증거이다. 우리의 제단과 예배에 하나님의 말씀이 낯설다면 거기에 인격이 없고, 의도 없고, 사람을 바꿀 힘도 없다. 신앙의 핵심은 하나님을 아는 데 있다. 하나님이 무엇을 원하시고 어떻게 살기를 바라시는지 아는가. 신앙은 서로 헌신적인 관계, 인격적 사귐의 신비이다.

> **나눔 질문**

1. 하나님이 세상을 심판하실 때 교회를 먼저 심판하신다는 사실을 어떻게 생각하십니까?

2. 셀 수 없이 드리는 예배가, 셀 수 없이 짓는 죄가 될 수 있음을 심각하게 생각하고 이야기해 봅시다.

그래서 아니라고 하신 예배

9장 역시 이스라엘의 죄를 지적하고, 하나님께서 그냥 넘어가시지 않겠다는 무시무시한 선포를 담고 있다. 아마 호세아 선지자는 추수 절기 즈음 이 말씀을 선포한 것 같다. 5절에 명절날, 즉 여호와의 절기를 말하고 있는데, 포도 수확과 연관된 절기라면 초막절일 것이다. 역사를 회고하게 하는 9장은 특히 죄악의 흑역사를 떠올려 오늘날과 다름없다는 점을 깨우치고 있다. 호세아는 이스라엘 역사에서 가장 무질서했던 사사 시대, 당시 악한 모습이 지금도 일어나고 있다고 외치고 있다.

음행으로 얻은 것은

¹이스라엘아 너는 이방 사람처럼 기뻐 뛰놀지 말라 네가 음행하여 네 하나님을 떠나고 각 타작 마당에서 음행의 값을 좋아하였느니라 ²타작 마

당이나 술틀이 그들을 기르지 못할 것이며 새 포도주도 떨어질 것이요 ³그들은 여호와의 땅에 거주하지 못하며 에브라임은 애굽으로 다시 가고 앗수르에서 더러운 것을 먹을 것이니라 ⁴그들은 여호와께 포도주를 부어 드리지 못하며 여호와께서 기뻐하시는 바도 되지 못할 것이라 그들의 제물은 애곡하는 자의 떡과 같아서 그것을 먹는 자는 더러워지나니 그들의 떡은 자기의 먹기에만 소용될 뿐이라 여호와의 집에 드릴 것이 아님이니라 ⁵너희는 명절 날과 여호와의 절기의 날에 무엇을 하겠느냐 ⁶보라 그들이 멸망을 피하여 갈지라도 애굽은 그들을 모으고 놉은 그들을 장사하리니 그들의 은은 귀한 것이나 찔레가 덮을 것이요 그들의 장막 안에는 가시덩굴이 퍼지리라 (호 9:1~6)

이스라엘은 이방 사람처럼 기뻐 뛰놀았다. 하나님의 구원과 함께하심이 아니라 타작마당으로 상징되는 풍요로움과 결실을 얻었기 때문이다. 신앙을 우상에게 내어놓은 대가로 얻었다. 그것은 하나님 보실 때 음행이다. 무엇을 얻었다고 해서 기뻐할 일이 아니다. 바알의 추수를 해 놓고 기뻐하고, 음행해서 얻었는데도 기뻐한다면 어떠하겠는가.

우리의 기쁨은 구원받았다는 사실에 있고, 하나님을 닮아가는 거룩함에 있다. 그런 구별됨은 말할 수 없을 만큼 샘솟는 기쁨이다. 그러나 이방에서 얻는 재물이더라도 교회에 많이 내고 예배에서 드린다고 하나님이 기뻐하실까. 그 또한 탐욕에서 비롯된 건 아닐까. 하나님은 구원받고 거룩해지는 것보다 시각화되어 보여지는 것을 더 즐거워하는 우리를 책망하신다. 그렇게 드리는 예배를 더러운 예배라고 책망하신다.

하나님은 거룩함을 잃어버린 백성들을 어떻게 보응하실지 연달아 선포하신다. 2절에서는 타작마당의 곡식이나 술틀의 새 포도주가 없어진다고, 그런 때가 온다고 하셨다. 요즘 보면, 똑똑한 사람도 많고, 일 잘하는 사람도 많고, 능력 있는 사람도 많다. 그러나 하나님 앞에서 존귀한 사람은 다른 무엇보다 거룩한 사람이다. 거룩을 잃고 세상 것을 얻으려 한다면, 하나님은 더 이상 우리를 지키실 이유가 없다.

3절에 이들이 다시 포로로 잡혀간다고 예언한다. 이스라엘은 출애굽한 백성인데, 이제 역출애굽을 말하고 있다. 하나님이 거룩한 백성으로 구별시키려고 출애굽 하도록 하셨는데, 다시 그곳으로 돌아가야 한다. 다시 포로 상태가 된다는 뜻이다. 어처구니 없다. 하나님은 너희들이 그렇게 원하는 애굽에서 노예로 살게 하겠다고 하신다. 무엇이 귀하고, 무엇이 소중한지도 모르고 살아가겠다면, 다시 애굽으로 들어가게 하겠다는 안타까운 말씀이다.

그뿐만 아니라 4절과 5절에서 예배를 거절하겠다고 하신다. "이들이 드리는 예배는 그저 자신들의 입맛과 배를 부르게 하는 것일 뿐 나를 기쁘게 하는 것이 아니다. 제사로 모든 것을 해결해 보려는 이들에게 더 이상 제사 못 드리게 하겠다"라고 말씀하신다. 절기는 감사하는 날이나 이스라엘은 절기조차 욕심의 수단으로 삼았고, 얻어낸 것을 기뻐했으니 하나님은 그 명절과 절기를 폐하겠다고 선언하신다.

6절에는 이런 하나님의 재앙을 피해 도망친다고 해도, 결코 안전할 수 없을 것이라고 못 박는다. 이들이 마지막 보루를 마음에 두고 있었던 것이다. 놉은 북 애굽의 옛 이름인데, 애굽과 잘 연결되어 있으면 위기를 모면할 수 있다고 생각했다. 보험 잘 들어 놓고 유사시 유용하게 사용하면 해결되리라는 생각이었다. 그러나 하나님의 자녀로서 구별됨을 잃어버리면, 그 또한 찔레와 가시덩굴이 되어 자신을 찌를 것이다.

악함은 반복되고

7형벌의 날이 이르렀고 보응의 날이 온 것을 이스라엘이 알지라 선지자
가 어리석었고 신에 감동하는 자가 미쳤나니 이는 네 죄악이 많고 네 원
한이 큼이니라 8에브라임은 나의 하나님과 함께 한 파수꾼이며 선지자
는 모든 길에 친 새 잡는 자의 그물과 같고 그의 하나님의 전에는 원한
이 있도다 9그들은 기브아의 시대와 같이 심히 부패한지라 여호와께서
그 악을 기억하시고 그 죄를 벌하시리라 (호 9:7~9)

이들의 죄악으로 드디어 형벌과 보응의 날이 온다고 선지자가 선포
했다. 그런데도 이들은 안하무인으로 순종하지 않았고 이 선지자는 어
리석고 미친 사람이 되어 버린다. 이 백성들의 생각은 어떠했을까.

"잘 먹고 잘 사는데 왜 그딴 소리를 하냐. 우리의 예배가 무슨 문제가
있다고. 미친놈은 꺼져! 칭찬하는 선지자가 필요해."

이들은 오래전부터 호세아의 예언이 마음에 들지 않았다. 계속 자기
들의 죄를 폭로하고 회개를 촉구하니까, 예배가 다 거짓이라고 하니까,
또 심판과 형벌의 말씀을 퍼부으니까, 짜증이 날 수밖에 없다. 호세아뿐
아니라 아모스도 이런 말씀을 전하다가 유다로 추방됐고, 예레미야도
살인의 위협을 받았다. 예레미야 29장 26절에는 "미친놈과 선지자들의
목에 나무 고랑과 쇠 고랑을 채우자"라고 말한다.

모든 사람이 우상과 세상을 좋아할 때는 진리를 말하는 사람이 미친
사람이다. 호세아는 9절에서 이렇게 부패하고 망가진 시대를 기브아 시
대와 같다고 한다. 하나님이 그 시대의 악을 기억하셨는데, 지금도 그때
와 같다고 말씀한다. 기브아 시대에 어떤 일이 있었는가?

기브아는 베냐민 지파의 주요한 마을이었다(삿 19:14). 하루는 이곳에 레위인 한 사람이 도착했는데, 그는 에브라임 산지에 사는 사람이었다. 바람이 나서 도망간 자기 첩을 베들레헴에 가서 데려오는 길이었다. 오다가 날이 저물어 기브아에서 숙박하고 가려고 했다. 원래는 가장 가까운 여부스 사람의 성읍에서 하룻밤을 자려고 했는데 이방인의 성읍이어서 조금 더 이동하여 같은 이스라엘 백성들이 사는 기브아에 도착했던 것이다. 그런데 오히려 이곳에서 배척을 받는다. 아무도 자기 집을 내주려 하지 않았다. 기브아 사람들은 나그네를 환대하라는 하나님의 말씀을 완전 무시하는 교인들이었다.

한참 뒤 레위인과 출신이 같은 한 노인이 집을 내주어서 겨우 잠을 청할 수 있었는데, 여기서 아주 끔찍한 일이 발생한다. 한밤중에 기브아의 무뢰배들이 찾아와서 레위인을 겁탈하려고 했다. 동성애를 하는 자들이었다. 그때 이 레위인은 자기 첩을 밖으로 내어 주었고, 그들은 첩을 밤새 유린하고 마침내 죽음에 이르게 한다. 약자를 짓밟지 말라는 하나님의 말씀을 무시하고 힘없는 여인을 비참히 죽게 한 것이다.

레위인은 복수를 위해 첩의 시신을 열두 토막으로 나누어 여러 곳으로 보내는 잔인한 일을 벌이고, 이 일로 이스라엘 전 지파가 발칵 뒤집히는 사건이 일어난다. 더욱 놀라운 것은 다른 지파 사람들이 그 무뢰배들을 심판하려 하자, 베냐민 사람들이 그들을 감싸준 것이다. 베냐민 지파는 자기 지파 사람이라고 봐주고 있었다.

이 또한 심각한 악이었고, 의롭지 못한 정치였다. 같은 당이라고 해서 무조건 잘못을 덮어 주고 이기주의로 똘똘 뭉쳐 불의를 감싸고 눈감는 부패 정치였다. 궁극적으로는 하나님과 상관없이 자기 마음대로 행하는 사사 시대의 음란함이 그대로 이어지고 있었다. 결국 싸움이 벌어져 베냐민 지파의 구성원 90퍼센트 이상이 멸절하는 이스라엘 역사에서 엄청난 아픔의 사건으로 기록되고 말았다.

　호세아는 바로 기브아 시대와 같이 부패했다고 선언하고 있다. 우리가 살아가는 오늘도 기브아 시대와 다르지 않다. 어쩌다가 이렇게 되었단 말인가. 아마 그들 스스로 인식하지 못했을 것이다. 앞서 말했듯이 "지금 잘 먹고 잘 살고 있는데 그런 쓸데없는 이야기를 해"라고 하며, 부패할 대로 부패한 예배자들이었다. 슬프다. 우리도 이런 상태가 아닌가. 다음 구절은 더 슬프게 한다.

눈물을 머금은 하나님

> 옛적에 내가 이스라엘을 만나기를 광야에서 포도를 만남 같이 하였으며 너희 조상들을 보기를 무화과나무에서 처음 맺힌 첫 열매를 봄 같이 하였거늘 그들이 바알브올에 가서 부끄러운 우상에게 몸을 드림으로 저희가 사랑하는 우상 같이 가증하여졌도다 (호 9:10)

　이 구절은 마음을 아리게 한다. 하나님께서 처음 이스라엘을 만났을 때 무척이나 반가워하셨다. 마치 춥고 견디기 힘든 광야에서 길을 가다가 포도를 만난 것과 같았다. 얼마나 소중하고 귀한 존재인가. 또 무화과나무의 첫 열매를 떠올려 보라. 무화과나무는 처음에 몇 년간 열매가 없다. 그러다가 3~4년이 지나고, 길게는 6~7년 후에야 첫 열매를 맺는다. 그 첫 열매가 얼마나 감동적일까.

　하나님은 이스라엘 백성들이 당신의 말씀에 순종하며 사는 그 모습이 이와 같다고 하셨다. 처음 하나님을 만나 우리의 삶을 돌이키고, 눈물로 회개하고, 죄를 짓지 않으며 살기로 결단하는 우리를 그렇게 보시지 않았겠는가? 하나님은 이 백성들이 귀해서 그대로 가나안으로 옮겨 심으셨다. 그런데 그곳에 옮기자마자 가증해지는 안타까운 일이 벌어졌다. 하나님 마음이 어떠셨을까? 파내서 버릴 수밖에 없다고 생각하지 않으셨을까?

> [11]에브라임의 영광이 새 같이 날아 가리니 해산하는 것이나 아이 배는 것이나 임신하는 것이 없으리라 [12]혹 그들이 자식을 기를지라도 내가 그 자식을 없이하여 한 사람도 남기지 아니할 것이라 내가 그들을 떠나는 때에는 그들에게 화가 미치리로다 [13]내가 보건대 에브라임은 아름다운 곳에 심긴 두로와 같으나 그 자식들을 살인하는 자에게로 끌어내리로다 [14]여호와여 그들에게 주소서 무엇을 주시려 하나이까 아이 배지 못하는 태와 젖 없는 유방을 주시옵소서 (호 9:11~14)

심판의 주된 내용은 자녀를 잃게 되리라는 것이다. 함께하는 자녀조차 없게 하시고, 앞으로 아이를 낳아 기를 수 없는 상태가 되리라고 경고하신다. 에브라임이 두로처럼 좋은 곳에 살았지만, 자녀들을 도살자에게 끌어내게 된다는 무서운 이야기였다. 좋은 것을 주고 좋은 것을 입힌다 하여 자녀를 사랑하는 것이 아니다. 진정 다음 세대를 위한다면 인애와 진리로 하나님께 순종해야 한다.

이 말씀은 아기를 잉태하지 못한다는 문자적 의미가 아니라 자녀들을 믿음으로 키우는 거룩한 역사가 다시는 일어나지 않게 되었다는 것이다. 믿음의 어머니도 사라지고, 하나님의 영광을 위하여 살아갈 자녀들이 없다는 말씀이다.

우리 자녀 세대에 이미 하나님의 영광이 사라지고 있음을 부인할 수 없다. 요즘 하나님의 사명과 영광을 위하여 살겠다는 학생이 얼마나 있는가? 예배자로 살아간다는 부모들이 애초에 자녀가 그렇게 살기를 꿈꾸지 않는다. 삶이 풍족할수록 명성 있는 대학 입학이 목적이 되었다. 하나님의 영광이라니, 어림없는 소리다. 성적이나 공부조차 인정 욕구가 더 크다. 이 시대 많은 부모와 자녀가 바알을 향해 있다. 이미 심판과 재앙이 이 땅에 스며들었다. 16절은 차라리 자녀를 낳지 않는 것이 낫다는 것을 암시한다.

> 에브라임은 매를 맞아 그 뿌리가 말라 열매를 맺지 못하나니 비록 아이를 낳을지라도 내가 그 사랑하는 태의 열매를 죽이리라

이들이 이렇게 된 것은 끝내 듣지 않아서이다. 선지자를 미친놈이라고 하면서 끝내 듣지 않았다(17절). 그리하여 하나님은 그들을 버리셨다. 왜 이렇게 고집스럽게 듣지 않을까? 그들의 교만 때문이다.

15절은 모든 악이 길갈에 있다고 말씀한다. 길갈이 어떤 도시인가? 바로 북이스라엘 종교의 중심지 중 하나였다. 때마다 사람들이 하나님께 제사 드리기 위해서 모이던 곳이다. 적어도 예배는 드린다는 안일한 태도가 하나님으로 하여금 그 예배 자리마저 미워하도록 만들었다.

우리가 삶에서 거룩함을 잃어버리면 아무것도 아니다. 신자가 신자가 아니고, 예배가 예배가 아니다. 하나님이 처음 우리를 소중하게 보셨던 그 첫사랑으로 돌아가야 한다. 거룩해져야 한다. 잘 먹고 잘 살려는 세상의 가치를 그대로 적용하는가? 교회를 타작마당으로 만드는가? 기

브아 시대의 정신을 그대로 답습할 것인가? 말씀을 순종하며 사는 현실이 없으면, 우리도 파내어 버려질 수밖에 없다는 것을 기억하라. 자녀의 자녀들은 없다는 것을 기억하라. 우리가 살 길은 바로 말씀을 듣고 말씀대로 사는 길뿐이다. 예배하는 삶이어야 한다.

> 나눔 질문

1. 나의 삶이 정말 하나님의 영광을 위한 목적을 가지고 있습니까? 아니면, 나의 안위와 만족입니까?

2. 내가 예배드리는 사람이라는 것이 모든 것의 면죄부가 될 수 있나요? 나누어 봅시다.

묵은 땅을 기경하라

호세아는 계속해서 잘못된 종교적 열심에 대해 지적한다. 10장은 북이스라엘의 마지막 왕 호세아 때 선포되었다. 특이하게 북이스라엘 마지막 왕과 선지자의 이름이 같다.

커지고, 많아지고, 높아지고

이스라엘은 열매 맺는 무성한 포도나무라 그 열매가 많을수록 제단을 많게 하며 그 땅이 번영할수록 주상을 아름답게 하도다 (호 10:1)

1절을 보면 이스라엘이 번영과 풍요를 누릴수록 제단이 많아지고 주상을 아름답게 꾸몄다. 우리나라가 경제 발전을 이루면서 참 많은 교회가 건축되었고, 지금도 건축되고 있다. 그뿐만 아니라 크고 높고 아름답게 가꾸었다. 그런데 10장은 이를 잘못된 열심일 수 있다고 지적한다. 호세아는 이 점을 초반부터 줄기차게 고발한다. 2장에서는 농사의 풍요에 빠진 것을, 4장에서는 제사장이 많은 것을, 8장에서는 요새를 많이 두었음을, 9장에서는 갖은 보물에 빠진 것을 다루었다. 이스라엘은 무조건 많음에 사로잡혀 있었다.

더 큰 교회를 영광으로 여기고, 더 큰 건물을 욕망하고, 더 많은 연봉, 더 많은 예금 잔고 등 더 많은 것을 추구하는 우리와 다르지 않다. 하나님이 포도나무에 기대하시는 것은 열매 곧 인애와 정의와 공의이며, 많이 가지는 것이 아니다. 하나님은 더 많은 제단, 더 많은 주상을 원하지 않으셨다. 인애와 진리를 원하셨다.

요한복음 15장은 포도나무 비유이다. 예수님 안에 거한다는 것은 그분의 계명을 지키는 것이다. 그분의 계명을 사랑하는 것이다. 하나님은 열매의 삶을 기뻐하신다. 큰 교회를 짓고, 아름다운 공간에서 예배만 드리는 것이 아니다. 세계사 속에서도 나라가 번성할수록 교회가 커지고, 많아지고, 웅장해지는 것을 알 수 있다. 호세아 시대부터 지금까지 변함없이 나타나는 현상이다. 더 높은 교회 건물을 하나님이 기뻐하신다고 하는 착각은 호세아의 선포로 산산이 부서진다.

두 마음을 품었으니

그들이 두 마음을 품었으니 이제 벌을 받을 것이라 하나님이 그 제단을 쳐서 깨뜨리시며 그 주상을 허시리라 (호 10:2)

두 마음을 품은 것이 문제였다. 큰 제단을 만들면서 여호와를 진정으로 섬긴 것이 아니라 풍요와 많음을 섬겼다. 크고 대단하고 화려한 것을 추구했다. 그래 놓고 하나님을 사랑한다고 거짓말을 했다. 이스라엘은 왜 이런 것인가? 말씀을 지키며 사는 것이 어려우니까, 뭐라도 해야 하니까 그런 것이다. 그러나 하나님은 건물을 크게 만들고 주상을 더 아름답게 꾸미는 것을 원하지 않으셨다. 하나님의 말씀을 가지고 살면서 세상에 충격과 희망을 주는 것을 원하셨다. 그리하여 결국 이들의 제단과 주상을 허물어 버리겠다고 말씀하셨다.

> 그들이 이제 이르기를 우리가 여호와를 두려워하지 아니하므로 우리에게 왕이 없거니와 왕이 우리를 위하여 무엇을 하리요 하리로다 (호 10:3)

정치력이 국력이 아니라는 것을 깨닫는 날이 언젠가는 온다. 왕이 없는 나라란 더 이상 존재하지 않는 나라라는 말이다. 하나님을 올바로 경외하지 않으면 왕이 있는 국가인들, 왕이 없는 나라인들 아무런 소용이 없다. 사실 처음 이스라엘에 왕이 생길 때부터 이런 우려가 없었던 것은 아니다. 선지자 사무엘은 "너희를 다스리는 왕이 너희의 하나님 여호와를 따르면 좋겠지마는 너희가 만일 여호와의 목소리를 듣지 아니하고 여호와의 명령을 거역하면 여호와의 손이 너희의 조상들을 치신 것 같이 너희를 치실 것"(삼상 12:14~15)이라고 경고했다. 북이스라엘은 이 말씀이 현실이 되는 경험을 하고 말았다.

> 그들이 헛된 말을 내며 거짓 맹세로 언약을 세우니 그 재판이 밭이랑에 돋는 독초 같으리로다 (호 10:4)

헛된 말을 하고 거짓 맹세로 약속한다는 것인데, 이를 새번역 성경은 "그들이 빈 약속이나 일삼는다"라고 표현한다. 재판이 독초 같아서 도리어 고통이 되고, 괴로움이 된다. 오늘날 '법꾸라지'라는 말이 나올 만큼 우리의 사법 현실에서 경험하는 일이다.

> [5]사마리아 주민이 벧아웬의 송아지로 말미암아 두려워할 것이라 그 백성이 슬퍼하며 그것을 기뻐하던 제사장들도 슬퍼하리니 이는 그의 영광이 떠나감이며 [6]그 송아지는 앗수르로 옮겨다가 예물로 야렙 왕에게 드리리니 에브라임은 수치를 받을 것이요 이스라엘은 자기들의 계책을 부끄러워할 것이며 [7]사마리아 왕은 물 위에 있는 거품 같이 멸망할 것이며 [8]이스라엘의 죄 곧 아웬의 산당은 파괴되어 가시와 찔레가 그 제단 위에 날 것이니 그 때에 그들이 산더러 우리를 가리라 할 것이요 작은 산더러 우리 위에 무너지라 하리라 (호 10:5~8)

5절의 벧아웬은 벧엘이다. 북이스라엘은 벧엘에 송아지를 세우고 이곳을 우상 숭배의 장소로 삼았다. 본래 벧엘은 하나님의 집이라는 뜻이다. 그곳이 벧아웬, 곧 거짓의 집, 악함의 집이 되어 버렸다. 이들이 벧엘의 송아지를 좋아했던 이유는 자기들에게 이런저런 명령을 하지 않기 때문이다. 만사가 편한데 굳이 그런 이야기를 왜 하느냐는 것이다. 이 송아지 신앙은 앗수르의 야렙 왕에 바쳐진다.

8절을 보면, 작은 산에게 우리 위에 무너지라고 한다. 앗수르에게 끌려가느니 차라리 죽는 것이 낫다고 하소연한다. 자존심과 교만이 세니까, 죄가 들통나 끌려가느니 죽겠다고 한다. 차라리 빨리 죽고 싶다는 지경에 이른다. 설마 그날이 올까 했지만, 왔고 또 올 것이다. 이 말씀은 예수님도 하셨다.

> 그 때에 사람이 산들을 대하여 우리 위에 무너지라 하며 작은 산들을 대
> 하여 우리를 덮으라 하리라 (눅 23:30)

차라리 지진이 나고 산사태가 나서 한번에 죽는 게 낫다 싶은 그런
시대가 온다고 하셨다. 도대체 왜 이렇게까지 되었는가? 두 마음을 품은
탓이다. 잘못 믿어서 그렇고, 교만해서 그렇다. 신앙이 없는 사람들은
재수가 없다며 그냥 죽는다면, 믿었던 사람들은 하나님이 아니라 송아
지를 믿었음을 알아차리며 차라리 산이 무너져 죽기를 바란다는 이야기
이다. 나름대로 믿음 생활을 했는데, 그것이 무너져 수치스럽다면 말씀
앞에 무너져야 한다.

하나님은 우리가 짐승처럼 살다가 죽는 것을 두고 보지 않겠다고 하
신다. 우리를 만드신 목적에 맞게 하나님을 닮고, 하나님만을 한마음으
로 섬기는 자들로 만드시겠단다.

> ⁹이스라엘아 네가 기브아 시대로부터 범죄하더니 지금까지 죄를 짓는
> 구나 그러니 범죄한 자손들에 대한 전쟁이 어찌 기브아에서 일어나지
> 않겠느냐 ¹⁰내가 원하는 때에 그들을 징계하리니 그들이 두 가지 죄에
> 걸릴 때에 만민이 모여서 그들을 치리라 (호 10:9~10)

시간과 역사가 흐르면서 점점 인간의 영성과 인격도 발전해야 하는
데, 여전히 기브아의 범죄를 답습하고 있다. 10절에 두 가지 죄가 무엇
을 말하는지 정확하지 않지만 베냐민 지파의 모습을 통해 유추할 수 있

는 것이 있다. 그들은 누구에게도 자신의 인격과 자존심을 판단받고 간섭받지 않으려고 했고, 선지자의 말씀도 무시했다. 죄인들을 두둔하고, 죄를 감쌌다. 결국 하나님의 분노를 이끌고야 말았다.

멍에를 메는 신앙

> ¹¹에브라임은 마치 길들인 암소 같아서 곡식 밟기를 좋아하나 내가 그의 아름다운 목에 멍에를 메우고 에브라임 위에 사람을 태우리니 유다가 밭을 갈고 야곱이 흙덩이를 깨뜨리리라 ¹²너희가 자기를 위하여 공의를 심고 인애를 거두라 너희 묵은 땅을 기경하라 지금이 곧 여호와를 찾을 때니 마침내 여호와께서 오사 공의를 비처럼 너희에게 내리시리라 (호 10:11~12)

우선 11절에 길들인 암소가 곡식 밟기를 좋아한다고 표현했고, 배경은 타작마당이다. 거기서 소가 탈곡 작업을 한다. 길들였다는 것은 훈련을 받았다는 말이고, 그래도 이 소는 어린 소라서 멍에가 없고, 그저 놀며 장난하듯 곡식을 막 밟으면 된다. 소의 생애 중에서 그래도 행복하고 좋은 시절이지만 소도 세월이 흐르면서 근육이 붙고, 몸도 커지며 어른 소가 되어 간다. 그러면 멍에를 메어야 한다. 멍에를 메는 목을 아름답다고 표현했다. 이제 목에 멍에를 메고 평생 일해야 한다. 어린 소는 타작마당에서 탈곡을 하고, 어른 소는 씨를 뿌리기 위해서 멍에를 메고 밭을 간다. 농사의 끝과 시작을 이 소가 감당한다.

복음은 멍에를 메는 것과 같다. 우리에게 멍에가 있다면 그것은 예수님께서 지워 주신 멍에이다. 처음 신앙을 가졌을 때는 사명을 크게 느끼지 않는다. 그저 교회 다니는 것이 어린 소마냥 즐거워서 먹고, 뛰놀면서 땅을 밟으면 된다. 교회 다니는 것이 너무 좋다. 비교적 신앙도 자유로워서 하고 싶은 것만 하면 된다. 인생도 그렇게 살아가는데, 이 때는 멍에가 아직 없는 상태이다.

신앙생활이 죄와의 싸움도 없고, 별문제 없이 교회 다닌다면 그런 상태라고 보면 된다. 그러나 그리스도 안에서 성장해 가면, 예수님께서 우리의 목에 멍에를 메신다. 이제 성경 전체를 이해해야 하고, 하나님을 알아 가면서 우리의 삶도 변화해야 한다.

예전에 구역원으로 만족했다면, 구역원들을 이끌어야 하고, 예전에 말씀 듣고 인생 잘 사는 것으로 만족했다면, 삶에서 두 마음을 품지 않고 하나님을 향해야 한다. 예배 한 번으로 만족하는 삶에서 삶이 예배되는 호세아서의 말씀에 순종해야 한다.

하나님은 우리의 목을 살피신다. 언제든지 잘 성장하면 멍에를 메게 하신다. 멍에를 멨다는 건 자기 마음대로 할 수 없고, 자기 뜻대로 살지 않겠다는 의미이다. 아니, 살 수 없다. 베드로적 표현으로는 우리에게 띠를 채우신 것이다(요 21:18). 이 멍에는 재앙이 아니고, 주님이 메어 주신 멍에여서 스스로 감사하고 찬양하게 된다. 돈과 외모 명예와 쾌락 같은 멍에와는 시작도 끝도 다르다. 비교도 할 수 없는 영광이며, 주시는 멍에는 무거워 보이나 자유이고, 평안이다.

멍에를 메면 하나님의 밭을 갈기 시작하는데, 이는 씨를 심기 위해서다. 무슨 씨인가? 12절에 공의를 심고 인애를 심어 거두라고 하신다. 우리는 살던 대로, 하던 대로 밭을 갈 수 없다. 하나님의 공의와 인애를 심기 위해 살아가게 마련이다.

씨 뿌리는 삶은 때때로 아프고 눈물을 흘려야 한다. 그렇게 울며 씨 뿌리는 일이더라도 멈춰지지 않는다. 공의와 인애 없는 그 땅은 묵은 땅이다. "묵은 땅을 기경해라. 갈아엎어라. 지금이 곧 여호와를 찾을 때다"라는 말씀을 지금이 바로 예배드려야 할 때라고 오해해서 전해지기도 했는데, 그런 뜻이 아니다. 앞의 구절과 연결하면 하나님의 인애를 추구하는 삶을 살아가라는 말씀이다.

진정 하나님을 만나는 길

하나님 앞에서도 포기하지 못한 나만의 영역, 고집스럽게 주장하던 나만의 묵은 땅을 갈아엎어야 한다. 완고할수록 은혜는 고갈되고, 쓸모없는 것들이 쌓인 묵은 땅은 보이지 않는다. 막무가내 주님이 주실 거라고 믿는 부귀영화가 묵은 땅이었음을 우리가 먼저 분별해야 한다.

온갖 묵은 땅이 보여야 갈아엎을 열정이 생긴다. 그때 그 땅을 기경할 수 있고 비로소 씨를 뿌릴 수 있다. 나만의 욕망이 가득한 곳에 하나님의 임재가 이루어질 리 있겠는가. 교회를 잘 짓는다고 임재하시겠는가. 인애의 삶을 사는 백성들이 예배하는 그곳이 교회이다.

> ¹³너희는 악을 밭 갈아 죄를 거두고 거짓 열매를 먹었나니 이는 네가 네 길과 네 용사의 많음을 의뢰하였음이라 ¹⁴그러므로 너희 백성 중에 요란함이 일어나며 네 산성들이 다 무너지되 살만이 전쟁의 날에 벧아벨을 무너뜨린 것 같이 될 것이라 그 때에 어머니와 자식이 함께 부서졌도다 ¹⁵너희의 큰 악으로 말미암아 벧엘이 이같이 너희에게 행하리니 이스라엘 왕이 새벽에 정녕 망하리로다 (호 10:13~15)

12절이 우리에게 말씀하시는 마땅한 예배 모습이라면, 13절은 그들이 어떻게 안타까운 삶을 살았는지 어떤 결과를 가져왔는지 말씀하고 있다. 당신의 멍에를 메고 쓰임받는 자들이기를 바라셨던 하나님, 그러나 그렇지 못했다. 그들은 원하는 길로만 마구 가 버린 송아지였다. 마침내 어떤 일이 벌어졌는지, 그 무서운 참상이 언급된다.

이는 뜻밖의 일도 아니고, 예상을 못한 일도 아니다. 그래서 선지자를 통해, 말씀을 통해 수도 없이 책망하며 변화되어야 한다고 안타까워하셨고, 보다 못해 묵은 땅을 갈아엎어라, 기경하라고 촉구하셨다.

내 생각과 삶이 변하지 않는 제단은 거짓이다. 하나님은 다 아신다. 믿음이 있다고 하지만, 우리 안에 기어코 포기하지 못한 묵은 땅이 있다. 기경하기는커녕, 그냥 그대로 두고 싶은 땅이 너무나 많다. 그것이 기경되지 않는다면 성령의 역사는 이루어지지 않는다. 교회 제단들이 진정 아름다워지고, 가치 있게 변화되지 않는다.

> 　　나눔 질문

1.　　큰 교회는 성공한 것이고, 작은 교회는 실패한 것입니까? 나는 큰 교회와 작은 교회 중 어떤 교회를 선호합니까?

2.　　내 속의 묵은 땅은 무엇인가요? 솔직한 대답을 기대합니다.

져주시는 사랑

부르심을 잊어버리는 죄

고집스럽게도 온전히 회개하지 않는 이스라엘을 향한 하나님의 심판이 호세아서를 읽는 내내 강하게 선포된다. 더 이상 평화나 번영이 없다고 하신 말씀이 강력하게 다가온다. 사회와 경제는 곤두박질치고, 전쟁으로 참혹한 참상을 보게 되며, 가정에 더 이상 자녀를 낳는 경험을 하지 못한다고 하시고, 혹 낳을지라도 하나님 안에서 키울 수 없다고 선언하신다. 너무 무섭다. 하나님 말씀이라고 믿고 싶지도 않다. 하나님은 우리에게 사랑이시고, 어려움을 겪을 때에 위로와 평안을 주시는 분 아닌가?

그런데 저리 심각하게 심판하겠다고 선포하신다. 아무리 잘못해도 그렇지, 너무나 낯선 하나님이다. 회피하고 싶고, 당황스럽기도 하다. 그러나 분명한 것은 하나님은 우리 생각으로 가둘 수 없다. 당신 말씀대로 정확하게 사랑하시고, 정확하게 심판하신다.

하나님의 진노는 악한 자를 향한 우리의 태도와는 전혀 다르다. 그저 "잘못했으면 벌을 받아야지, 죽을 죄를 졌다면 죽어야지"라고 설명할 수 없다. 언제나 무슨 일이든지 하나님은 진노 가운데 긍휼의 사랑을 표현하셨다. 송아지 같은 우리를 너무 사랑하셔서 져주시는 분이다. 나 역시 지금까지 인생을 사는 동안 하나님께서 수없이 져주시고 한결같으셔서 살 수 있었음을 고백한다. 아이가 태어나면 존재만으로도 기쁘고 귀해서 마른자리 진자리 가려 가며 사랑한다. 바로 하나님이 그러한 부모 마음이라고 11장은 이야기한다.

죄가 무엇인지 아는가? 우리를 부르셔서 사랑으로 키우신 하나님을 외면하는 것, 그 뜻을 불순종하는 것이 죄이다.

> 이스라엘이 어렸을 때에 내가 사랑하여 내 아들을 애굽에서 불러냈거늘 (호 11:1)

하나님은 우리를 '자녀'라고 하신다. 하나님이 부르신 목적은 바로 아들로 삼고 딸로 삼기 위해서이다. 성경은 우리를 부르신 하나님 이야기로 가득 차 있다. 부모가 자녀 이름을 쉴 새 없이 부르듯이 우리를 부르고 또 부르시는 하나님, 그 음성을 들을 수 있어야 한다.

사도 바울은 우리가 "부르심을 받은 일에 합당하게 행해야 한다"(엡 4:1)고 말씀한다. 교회로 부르신 이유를 망각하고, 사역자로, 자녀로, 그리스도인으로 부르심을 수시로 또는 까맣게 잊는다면 바로 그것이 죄이다. 성경이 말하는 죄는 이렇듯 단순하게 '잘못하면 죄'라는 차원을 넘어선다. 그런데 이 죄를 짓지 않은 자가 있는가. 하나님이 이처럼 안타까워 하시고 책망하시는데 듣지 못한다. 간절히 부르시는데 고개조차 돌리는 법 없이 다른 쪽으로 바삐 달려간다. 2절을 보라.

선지자들이 그들을 부를수록 그들은 점점 멀리하고 바알들에게 제사하며 아로새긴 우상 앞에서 분향하였느니라

기를 쓰고 도망가는 이유

성경 개역개정본이 "선지자들이 그들을 부를수록"이라고 한 것은 선지자들이 하나님의 말씀을 대언한다는 의미라고 할 수 있다. 그런데 70인역(셉투아진트)은 뉘앙스가 다르다. 전 세계 공용어가 헬라어일 때 히브리어 구약을 헬라어로 처음 번역한 70인역은 학문적으로 귀중한 성경본인데, "내가 그들을 부를수록"이라고 되어 있다. 두 번역의 의미가 그리 다르진 않더라도 1절과 3절을 연결하려면 내가가 더 매끄럽다. 1절에도 "내가 사랑하여", 3절에 "내가 에브라임에게 걸음을 가르치고"라고 되어 있기 때문이다. 아무튼 여기서 '나'는 하나님이다.

이들은 하나님의 부름을 외면했다. 그렇게 부르시는데도 세상으로 가고 말았다. 우리 아이들이 그렇지 않은가. 위험하다고 가지 말라는데 거짓말해서라도 기어코 그곳을 향한다. 깁스를 할 만큼 부러지고 다친 후에도 또다시 부모로부터 도망친다. 아무리 이름을 불러도 대답도 없이 내뺀다. 그러면 어떤 부모든지 분노하고 진노할 것이다.

호세아가 이런 상황을 정확하게 전하고 있다. 하나님의 부르심을 외면하고 떠나간 이들은 바알을 선택했고, 눈에 보이는 풍요를 약속하는 우상을 선택했다. 그렇지만 하나님이 곧바로 정죄하셨는가.

그러나 내가 에브라임에게 걸음을 가르치고 내 팔로 안았음에도 내가 그들을 고치는 줄을 그들은 알지 못하였도다 (호 11:3)

하나님은 외면하는 우리에게 걸음마를 가르치시고, 고난 속에 허덕이면 안으셨다. 아이가 위험한 곳으로 달려가면 얼른 안아 평평한 곳으로 옮겨 놓듯이, 그렇게 해서라도 고치고자 하셨다. 여기 '고친다'는 말이 여호와 라파의 그 라파이다. 그렇게 이끌어 오시고, 우리가 죽을 고비마다 어려운 상황마다 안으셨다. 내 아이는 팔 아픈 줄도 모르고 안는 것처럼 우리의 무수한 외면에도 다칠까, 망가질까, 안타까운 마음으로 안으셨다. 이걸 모르는 게 죄이고, 외면하는 게 죄이다.

이스라엘 백성에게는 하나님을 닮으려는 거룩함이 없었다. 그렇게 가르치는데도 도무지 알지 못한다. 부모 마음을 헤아리지 못하는 아이 같이 하나님의 심정을 헤아리지 못했다. 나름대로 직장에서는 척척 승진하고, 여우 같은 아내와 결혼해서 토끼 같은 자녀를 낳고, 주변 사람에게 평판도 괜찮은데, 하나님은 왜 이렇게 골치 아프게 하시는가라고 생각한다. 하나님은 왜 이리저리 넘어지게 하시는가?

하나님은 우리를 고치려 하신다. 넘어지더라도 다시 안아 일으켜 갈 바를 알게 하시고, 하나님 닮은 자녀로 바로잡으려 하신다. 이 개념이 우리 안에 없다면, 아무리 교회에서 예배해도, 울부짖으며 기도하고 찬양해도 결국 아무것도 알지 못하고 바꾸지 못한다.

하나님의 눈물겨운 싸움

내가 사람의 줄 곧 사랑의 줄로 그들을 이끌었고 그들에게 대하여 그 목에서 멍에를 벗기는 자 같이 되었으며 그들 앞에 먹을 것을 두었노라

(호 11:4)

우리에게 필요한 것은 성장이다. 끊임없이 칭얼댈 게 아니라 자라야 한다. 애굽의 멍에, 바알의 멍에를 메고 있는 그들이지만 하나님이 그 목에서 멍에를 벗기신다. 이 세상의 굴레, 죄악의 굴레, 삶의 여러 굴레로 자유롭지 못한 우리의 멍에를 벗기신다.

그러나 소용없다. "사랑의 줄로 당기지 마시고, 적당히 먹여 주지 마시고, 당장 속시원하게 해결해 주세요." 그렇게 칭얼대며 다시 세상의 멍에를 맨다. 그래도 다시 멍에를 벗기시는 하나님이시다.

1~4절은 우리를 어떻게 사랑하시는지 간절하고 눈물겹게 말씀한다. "나는 하나님이다. 너희를 버리지 않는다"라고 끊임없이 표현하시지만 어쩔 수 없나 보다. 5절부터 여전히 고집스러운 우리를 향해 마침내 심판을 말씀하신다.

> ⁵그들은 애굽 땅으로 되돌아 가지 못하겠거늘 내게 돌아 오기를 싫어하니 앗수르 사람이 그 임금이 될 것이라 ⁶칼이 그들의 성읍들을 치며 빗장을 깨뜨려 없이하리니 이는 그들의 계책으로 말미암음이니라 ⁷내 백성이 끝끝내 내게서 물러가나니 비록 그들을 불러 위에 계신 이에게로 돌아오라 할지라도 일어나는 자가 하나도 없도다 (호 11:5~7)

하나님의 자녀가 되기를 외면한 그들의 부모는 앗수르인 셈이다. 애굽으로 가고 싶어도 갈 수 없고, 앗수르의 노예가 된다는 말씀이다. 그러고 보면 결국 종교 생활은 진정한 부모를 찾는 과정이 아닌가. 대개 종교는 현실의 풍요로운 삶을 좇아 부모를 찾는다.

7절에 끝끝내 부모를 떠난다. 나의 필요를 채워 주지 않는 부모를 끝끝내 떠나고 말았다. 나의 마음과 체질에 맞지 않는다며 하나님을 떠난다. 6절에 그들을 지키리라 믿었던 계책들이 부메랑이 되어 그들이 진멸되는 주원인이 되었다. 하나님 없는 우리의 계획은 결국 우리 스스로를 무너뜨린다. 참 답이 없는 인간이다. 아니, 나의 모습이다. 그럼에도 져주시고, 완전히 진노하지 않는 하나님의 사랑이 드러난다.

> 에브라임이여 내가 어찌 너를 놓겠느냐 이스라엘이여 내가 어찌 너를 버리겠느냐 내가 어찌 너를 아드마 같이 놓겠느냐 어찌 너를 스보임 같이 두겠느냐 내 마음이 내 속에서 돌이키어 나의 긍휼이 온전히 불붙듯 하도다 (호 11:8)

진노에는 긍휼이 있었다. 5~7절은 진노 속에서 불붙는 긍휼을 베푸시는 하나님을 보여 준다. 우리가 뭘 잘하고 잘못해서 긍휼을 베푸시는 것이 아니라 그저 스스로 그렇게 하신다. 만약 하나님이 아드마와 스보임같이 진멸하셨다면 이스라엘은 오늘날 존재할 수 없다.

아드마와 스보임은 소돔과 고모라가 멸망할 때 같이 멸망한 도시이다(신 29:23). 이들의 죄 역시 소돔, 고모라, 아드마와 스보임처럼 심판하셔야 한다. 유황불로 태워야 할 죄이다. 그러나 하나님 마음속에는 어떻게 해서든지 이들을 살리고 싶어 긍휼함이 불붙는 듯하다.

하나님의 고뇌이다. 아예 심판이 없는 것이 아니어서, 아드마와 스보임 같은 심판을 하지 않겠다는 것일 뿐이다. 심판이 경감되었다고 할까. 우리가 잘나서가 아니라 하나님의 자녀여서 그렇지 않겠는가.

> 내가 나의 맹렬한 진노를 나타내지 아니하며 내가 다시는 에브라임을 멸하지 아니하리니 이는 내가 하나님이요 사람이 아님이라 네 가운데

있는 거룩한 이니 진노함으로 네게 임하지 아니하리라 (호 11:9)

여기 중요한 이유가 있다. "나는 하나님이다. 사람이 아니다." 우리와는 전혀 다른 하나님의 거룩하심이다. 우리 심정이라면 마땅히 이스라엘을 멸절시키지만 하나님은 그렇게 하시지 않는다. 이스라엘이 앗수르에 의해 멸망하는 것을 보며 눈물을 흘리셨고, 예루살렘의 멸망을 보며 예수님이 눈물 흘리셨다. 어찌할 수 없는 인간의 연약함에 대한 위로와 긍휼이 담겨 있다. 누구보다 인간의 부패한 본질을 깊이 이해하시는 하나님이기 때문이다.

물론 이스라엘이 앗수르의 포로가 되지 않는다는 말은 아니다. 그러나 완전히 망하지는 않고, 용서하실 때를 기다린다. 보통 부모들은 자녀에게 최선을 다한다. 자녀 인생의 성공을 보장할 수 없지만, 온몸으로 최선을 다할 뿐이다. 내 자식이라고 해서 내가 최고로 만들 수 없다. 자식이 안타까워 희생하지만, 인생의 결과를 보장할 수는 없는 일이다. 그러나 하나님은 다르다. 인간이 아니시기 때문이다.

그 사랑에 반응하기

10그들은 사자처럼 소리를 내시는 여호와를 따를 것이라 여호와께서 소리를 내시면 자손들이 서쪽에서부터 떨며 오되 11그들은 애굽에서부터 새 같이, 앗수르에서부터 비둘기 같이 떨며 오리니 내가 그들을 그들의 집에 머물게 하리라 나 여호와의 말이니라 (호 11:10~11)

사자의 소리에 비유되는 하나님의 소리, 권능과 위엄을 상징한다. 하나님의 소리 앞에서 이스라엘은 두려움과 경외함을 품고 떨며 돌아올 것이고, 이스라엘은 이제 여호와를 뒤따라 걸을 것이다. 하나님께서 부르시는 소리가 바로 복음이다. 나에게 돌아오라는 복음의 부르심이다. 세상 멍에를 메고 더러운 말을 하며, 탐욕스러운 삶을 살라는 부르심이 아니다. 말씀을 듣고 "하늘에서 이루어진 것 같이 땅에서도" 이루어지도록 존귀하게 살라는 복음의 부르심이다. 하나님의 자녀답게 살라는 부르심이다. 예배는 이런 우리의 존귀함을 회복하는 자리이다.

> 에브라임은 나의 사랑하는 아들 기뻐하는 자식이 아니냐 내가 그를 책망하여 말할 때마다 깊이 생각하노라 그러므로 그를 위하여 내 창자가 들끓으니 내가 반드시 그를 불쌍히 여기리라 여호와의 말씀이니라 (렘 31:20)

사람이 진노와 긍휼의 하나님을 아는 것이 최우선이며, 그분을 인격적으로 만나야 한다. 이보다 더 놀랍고 신비한 일은 없다. 사람이 하나님을 만나다니. 우리가 뭐라고 거룩한 하나님을 인격적으로 만난다는 것인가? 바로 자녀로 불러 주셔서 가능하다. 현실의 어려움, 그 무게가 너무 커서 요동하고 어찌할 바를 모르지만, 그럴수록 자녀로 부르심을 기억해야 한다. 하나님의 긍휼밖에 답이 없다는 것을 알면, 실패해도 두려워하거나 낙심하지 않는다. 하나님의 져주시는 사랑으로 존귀한 우리임을 반드시 기억하라.

> **나눔 질문**

1. 하나님이 나를 부르신 이유가 무엇이라고 생각합니까? 그 부르신 이유에 지금 합당하게 살아가고 있습니까?

2. 하나님의 져주시는 사랑이 아니었다면, 인생을 지금까지 제대로 살아올 수 없었다는 사실을, 자신의 인생에 빗대어 생각하고 나누어 봅시다.

12장

고집을 버려야 하지 않겠는가

호세아서는 1~3장, 4~11장, 12~14장 이렇게 세 단락으로 나눌 수 있다. 각 단락이 하나님의 심판과 그 가운데 베푸시는 긍휼을 말씀하는 구조이다. 12장은 세 번째 단락의 시작이고, 이어지는 장들도 하나님의 심판에 긍휼함이 담긴 사랑을 말씀하는 구조로 되어 있다. 다만 12장은 11장 12절부터 그 문단이 시작된다.

> 에브라임은 거짓으로, 이스라엘 족속은 속임수로 나를 에워쌌고 유다는 하나님 곧 신실하시고 거룩하신 자에게 대하여 정함이 없도다

스스로 속이는 삶

하나님께서 진노 가운데 수차례 긍휼을 베푸시지만, 이스라엘이 돌이키거나 회개하고 새로워졌다는 기록은 없다. 기어코 멸망의 자리로

가고 말았다. 어떻게 해서든지 건지려고 하셨으나 그들은 끝까지 고집 부렸던 것이다.

12절에 에브라임은 거짓으로, 이스라엘 족속은 속임수로 신앙생활을 했다고 말씀한다. "예배에서는 하나님 사랑해요, 하나님 경배해요"라고 하면서 찬양하고 기도하지만 정작 교회 밖으로 나서는 순간 사람들을 향한 정의도 인애도 없고, 하나님이 아닌 우상을 따르고, 적당히 스스로 하나님을 속이면서 살아간다.

호세아서에서 이스라엘의 죄를 지적할 때 '거짓'이 종종 등장한다. 7장 3절에 거짓으로 지도자를 기쁘게 한다고 고발했고, 10장 13절에 인애를 거두지 않고, 악을 밭 갈아 죄를 거두고 거짓 열매를 먹는다고 했으며, 11장 12절에 그 거짓이 하나님을 상대로 자행된다고 드러낸다.

이스라엘 사람들의 삶이 거짓투성이라는 점을 지적한다. 이들은 부르심에도 실상 거짓 응답하고 있었다. 이 말씀에 우리 자신을 비춘다면, 그들과 다를 바 없이 참 거짓된 존재라는 것이 적나라하게 드러난다. 사람 앞에서나 하나님 앞에서나 그렇고 그런, 어찌 보면 거짓된 교인들이 수두룩하다. 하나님을 스스로 속이면서 살아간다. 속으시는 하나님이 아니라는 것을 잘 알면서도 그렇게 살아가겠다는 것인가. 착각하지 말자. 3절에는 야곱 이야기가 등장한다. 야곱의 이름이 '발꿈치' 또는 '속이다'라는 뜻을 지니고 있는데, 바로 그 야곱 이야기를 하고 있다.

> [1]에브라임은 바람을 먹으며 동풍을 따라가서 종일토록 거짓과 포학을 더하여 앗수르와 계약을 맺고 기름을 애굽에 보내도다 [2]여호와께서 유다와 논쟁하시고 야곱을 그 행실대로 벌하시며 그의 행위대로 그에게 보응하시리라 (호 12:1~2)

성경 인물 중에 야곱처럼 하나님을 속이고 사람을 잘 속이는 인물도 드물다. 좀처럼 하나님이 원하시는 자녀 된 모습으로 변하지 않는 고집스러운 사람이기도 하다. 그 야곱을 끝까지 포기하지 않고 하나님은 변화시키신다. 자기 고집대로 살지 말고, 하나님의 뜻대로 살라는 말씀이 호세아 12장 이야기이다.

1절에 그들은 바람을 먹고 동풍을 따라간다. 여기서 바람은 헛된 것을 말한다. 우리가 할 일을 안 하고, 쓸데없는 데 정신이 팔린 허파에 바람 든 사람 같다는 의미이다. 바로 헛바람 든 것이다.

헛바람 든 사람은 대책이 없다. 말씀이 가득해야 하는데, 헛바람 들어 있는 상태여서 그 고집이 보통을 넘는다. 동풍은 팔레스타인 지역에 부는 아주 건조한 바람을 말한다. 이 바람이 불면 온갖 농사를 망친다는 것을 알면서 우르르 그 동풍을 따라간다. 파멸의 길을 가고 있다.

이뿐만 아니라 온종일 거짓과 포학을 더하여 하나님이 싫어하시는 앗수르와 계약을 맺고 애굽에 기름을 보낸다. 앗수르나 애굽에게서 안정을 보장받으려고 한다. 그러다 보니 날마다 거짓과 폭력이 난무한다. 이들은 예배를 빠뜨리는 법이 없었지만 예배가 끝나면 세상을 향해 올인하고, 자신을 만족시키기 위해 또다시 폭력과 거짓에 빠져들었다.

세상의 풍요를 따라가면 그 누구도 폭력과 거짓에서 자유로울 수 없다. 이 땅의 재정 원리는 누군가를 착취하고, 누군가의 것을 거짓 되게 가져오는 구조일 수밖에 없다. 아무리 정직해도 그 구조에서 완전히 자유로울 수 없다. 그렇기에 겸손해야 하고, 베풀어야 하고, 인애해야 한다. 그런데도 고집스럽게 교만했던 그들이었다.

이제 호세아 12장은 야곱의 테마를 꺼낸다. 야곱 이야기가 12장의 핵심이나, 야곱이 대단하다고 말하는 건 아니다. 그의 사기꾼 근성을 이스라엘 백성이 물려받았다면서, 오늘을 사는 우리 또한 그 본성을 지녔다는 말씀이다.

벧엘에서 만나신다

> [3]야곱은 모태에서 그의 형의 발뒤꿈치를 잡았고 또 힘으로는 하나님과 겨루되 [4]천사와 겨루어 이기고 울며 그에게 간구하였으며 하나님은 벧엘에서 그를 만나셨고 거기에서 우리에게 말씀하셨나니 [5]여호와는 만군의 하나님이시라 여호와는 그를 기억하게 하는 이름이니라 (호 12:3~5)

3절에 등장한 야곱이 좋은 의미인지, 부정적인 의미인지 분명하지는 않지만, 어떻게 해서든 자기의 고집을 꺾으려 하지 않는 모습을 보았을 때 부정적인 의미라고 해야 하지 않겠나. 야곱의 어이없는 고집에 져주신 하나님이다. 야곱은 알다시피 발뒤꿈치를 잡았다는 뜻(창 25:26)이고, 약탈자, 사기꾼이라는 말이다. 자기 필요를 채우기 위해 빼앗는 성향, 심지어 모태에서 그런 성향을 가졌다면 타고난 속임수의 소유자를 말한다. 어쩌면 누구나 태생적으로 정직하지 않은지도 모른다.

3절 말씀을 개역한글판으로 보면, "야곱은 태에서 그 형의 발뒤꿈치를 잡았고 또 장년에 하나님과 힘을 겨루되"라고 되어 있다. 개역개정판에서는 '장년'이 사라졌다. 아무튼 야곱은 태어날 때부터 장년에 이르기까지 지기 싫어하고, 자기가 원하는 것은 속여서라도 얻어 내는, 고집이 세도 더럽게 센 인물이라는 이야기이다.

이런 인물을 누가 좋아하겠는가. 누구나 싫어하는 스타일이다. 야곱처럼 산다 해도 인생사 전부가 그렇지는 않을 텐데, 야곱은 사는 내내 이렇게 살았다. 야곱이 하나님의 사자와 겨루어 이겼다고 해서 긍정적인 면으로 보기도 했으나, 여기서는 고집을 꺾지 않은 욕심꾸러기, 자기 뜻대로 하기 위해 온갖 속임수를 쓰는 사기꾼이라는 의미로 소개된다.

3~4절의 배경은 얍복강 나루터이다(창 32:22). 20년 전 형에게 지은 죗값을 치러야 하는 상황, 형 에서가 군사 400명이나 이끌고 오는 상황이다. 그대로 두면 야곱은 형에게 죽게 된다. 보다 못한 하나님이 먼저 야곱에게 씨름하자셨다. 이 씨름에서 야곱이 변화되기를, 이제 어른이 되었으니 쓸데없는 고집 좀 버리고 말씀에 순종하기를 바라셨다. 이 씨름에서 누가 이겼는가? 야곱이었다. 환도뼈가 부러져도 변하지 않겠다는 대단한 의지였던 것이다. 딱 나의 고집스러움을 보는 듯하다.

이 정도라면 하나님도 그만 야곱의 부르짖음을 듣지 않겠다고 하실 법한데, 벧엘에서 다시 그를 만나신다. 고집부리고, 마음대로 살고, 거짓으로 생활하더라도 위급한 순간에 하나님께 간구하면 또 만나신다.

하나님의 집 벧엘에 있는 동안 호세아는 벧엘을 벧아웬, 죄악의 집이라고 불렀다. 벧엘은 오직 눈물로 하나님의 은혜를 구하는 자리이다. 하나님을 속이면서 뻔지르르한 예배를 드리는 장소가 아니라 울며 간구하며 하나님을 만나는 곳이다. 그래서 6절은 이렇게 말씀한다.

> 그런즉 너의 하나님께로 돌아와서 인애와 정의를 지키며 항상 너의 하
> 나님을 바랄지니라

7절 이후 야곱에 관해 또 나온다. 뒤로 갔다가 다시 6절로 돌아오겠다. 7절 이하 말씀은 앞의 말씀을 다른 표현으로 그대로 반복하고 있다.

⁷그는 상인이라 손에 거짓 저울을 가지고 속이기를 좋아하는도다 ⁸에브라임이 말하기를 나는 실로 부자라 내가 재물을 얻었는데 내가 수고한 모든 것 중에서 죄라 할 만한 불의를 내게서 찾아 낼 자 없으리라 하거니와

"그는 상인이라" 이 부분도 번역이 종종 바뀐다. '상인'은 캐나안, 즉 가나안이라는 말이다. 가나안은 상인, 무역, 혹은 '장사하다'라는 뜻도 가지고 있다. 가나안은 돈 버는 일에 최고였다. 유대인들은 지금도 장사를 잘하는 사람들이라고 정평이 나 있다.

야곱도 마찬가지, 아무것도 없이 외삼촌 집으로 도망갔다가 돌아올 때는 수많은 가축과 노비까지 거느렸다. 하나님이 축복해서 그런 것인가? 그렇지 않다. 성경을 보면 알 수 있듯이 속였다. 자신만의 속임수를 이용해 교묘하게 해냈다. 양 떼 중에 점박이와 검은 양을 택했는데, 후에 태어나는 새끼들은 전부 얼룩지고 점박이였다. 자신만 아는 방법이었고, 그렇게 외삼촌을 속였다. 법적으로 아무 문제가 없을지 몰라도 하나님이 보실 때는 분명히 거짓이고, 인애가 없는 짓이었다.

8절을 새번역으로 보면 "모두 내가 피땀을 흘려서 모은 재산이니, 누가 나더러 부정으로 재산을 모았다고 말하겠는가"라고 말씀한다. 내가 이룬 재산이고, 성공이니 누구도 뭐라 할 수 없다는 말이다. 성경이 거듭 강조하는 억압과 착취의 구조를 모르면 이렇게 함부로 말하게 된다.

⁹네가 애굽 땅에 있을 때부터 나는 네 하나님 여호와니라 내가 너로 다시 장막에 거주하게 하기를 명절날에 하던 것 같게 하리라 ¹⁰내가 여러 선지자에게 말하였고 이상을 많이 보였으며 선지자들을 통하여 비유를

베풀었노라 ¹¹길르앗은 불의한 것이냐 과연 그러하다 그들은 거짓되도다 길갈에서는 무리가 수송아지로 제사를 드리며 그 제단은 밭이랑에 쌓인 돌무더기 같도다 (호 12:9~11)

이스라엘은 해마다 초막에 7일간 거주하면서 광야 시절을 기억하고 기념했다. 초막에 거주하는 동안 이 모든 것을 주신 하나님께 감사하며, 아무것도 없는 존재였음을 되돌아본다. 이 말은 장막에 거하게 하겠다, 출발점으로 되돌리시겠다는 의미이고, 아무것도 없던 시절로 되돌리겠다는 말씀이다. 하나님이 주신 말씀을 소홀이 여겼기 때문이다.

이들은 길르앗과 길갈을 자랑스러워했다. 엄청난 성전과 제사가 여기에 있었다. "우리가 이 정도인데 망하겠는가"라는 태도였다. 그러나 그 단은 밭이랑에 쌓인 돌무더기 같다. 즉 제단이 아무리 많고 훌륭해도 돌무더기에 불과해서 쓸모가 없다는 뜻이다. 수많은 예배, 유튜브 채널의 수많은 설교, 과연 스스로 속이지 않는 바른 말씀이 얼마나 있을까? 참 두렵고 떨릴 뿐이다.

야곱과 다를 바 없다

¹²야곱이 아람의 들로 도망하였으며 이스라엘이 아내를 얻기 위하여 사람을 섬기며 아내를 얻기 위하여 양을 쳤고 ¹³여호와께서는 한 선지자로 이스라엘을 애굽에서 인도하여 내셨고 이스라엘이 한 선지자로 보호 받았거늘 ¹⁴에브라임이 격노하게 함이 극심하였으니 그의 주께서 그의 피로 그의 위에 머물러 있게 하시며 그의 수치를 그에게 돌리시리라

야곱은 아내를 얻으려고 양을 쳤고, 아내를 얻으려고 사람을 섬겼다. 이 말은 참 의미심장하다. 이 말씀을 미리 연구했다면 창세기의 야곱 이야기가 더 정확하게 이해되었을 텐데 이제야 알았다. 하나님이 이스라엘을 왜 택하셨지를 말이다. 곧 제사장 나라로 택하신 것이다. 그런데 이스라엘은 제사장 나라가 되지 않고 장사꾼이 되었다. 가나안 나라가 되었다. 장사해서 받은 풍요를 하나님이 주셨다고 굳게 믿었다.

하나님은 돌아오라고 하신다. "원래의 부르심으로 돌아와라. 제사장 사명을 감당해라." 하나님이 우리를 부른 이유가 있다. 그 이유를 벗어나려 하는가. 그럴 수 없다. 부르신 이유대로 살아야 한다.

야곱이 라헬을 얻기 위해 7년을 하루처럼 보냈다고 창세기는 말씀한다. 얼마나 연애를 재밌게 했으면 7년이 하루 같았겠는가. 하나님이 야곱을 부르신 이유는 다른 곳에 있는데, 그는 다 잊고 연애에 빠져서 7년 동안 종이 되겠다고 약속한다.

그러나 7년이 끝이 아니다. 첫날밤을 치른 여자가 레아여서 또다시 7년을 수고해야 했다. 묻고 싶다. 아무리 어둠 속이라고 해도 7년을 사랑한 사람인지 아닌지 구분하지 못할까? 이게 가능한가? 얼굴과 몸을 마주하는데 이렇게 모를 일인가? 아내를 얻기 위해 섬기고, 아내를 얻기 위해 양을 쳤다는 것은 하나님을 위한 것이 아니었다.

삶이 바뀌지 않으면 그의 이름이 야곱에서 이스라엘로 바뀌었다고 한들 소용이 없다. 하나님께서는 고집스러운 야곱, 아니 이스라엘을 그래도 선지자를 통해 인도하고 보호해 주신다. 이스라엘은 자기를 위해, 즐기기 위해 살지만 이들을 건지고 보호해 주신다.

12장에 야곱이 언급된 것은 사실 야곱이 했던 행위들을 너희들이 그대로 한다는 이야기이다. 이스라엘이 야곱에서 유래했고, 너희도 그런 인간형이라는 말씀이다. 잘 속이고, 거짓되고, 아내를 얻기 위해 일하는 인간이다.

6절로 돌아가자. 우리와의 관계에서 하나님은 왜 언제나 져주실까? 하나님이 우리를 더 사랑하시기 때문이다. 야곱에게 얍복강에서 져주셨던 것처럼 우리에게도 그렇게 하신다. 그러므로 부족한 우리가 할 수 있는 일이 무엇인가? 6절 말씀처럼 하나님께로 돌아와서 인애와 정의를 지키며 항상 하나님을 바라야 한다. 야곱의 고집을 버리고, 부르신 목적에 따라 하루하루를 살아가야 한다.

> **나눔 질문**

1. 내가 거짓된 존재이고, 하나님을 속이는 존재라는 것에 동의하십니까? 동의하신다면 어떤 면에서 그렇습니까?

2. 하나님을 위하여 일한다고 하지만, 사실은 나의 만족을 위하여 하고 있는 야곱의 모습이 나에게는 없는지 나누어 봅시다.

나도 심판의 대상

호세아 13장을 여러 번 읽어 보면 우울감이 밀려온다. 선포되는 심판이 무섭고, 노골적이고, 매우 현실적이고, 이렇게도 화가 나셨구나 하며 하나님 마음을 느낀다. 호세아서 심판 말씀의 정점이다. 너무 무서워서 성경을 덮을 수도 있다.

13장에서는 하나님을 배반한 이스라엘의 잘못 중에서 크게 두 가지 죄가 언급된다. 먼저 바알을 사랑한 죄이다. 하나님을 사랑한다고 하면서 바알을 사랑한 배신의 죄이다. 두 번째는 하나님이 아닌 왕을 요구한 죄이다. 이미 사무엘 때부터 이들은 그런 요구를 쉬지 않았다. 이것은 이스라엘만의 모습인가? 우리의 모습이다. 그 당시와 거의 변함이 없고, 어쩌면 호세아의 시대와 다름이 없다.

하나님을 배반한 이스라엘을 향한 분노와 진노를 잘 들어야 한다. 그것이 곧 우리를 향한 분노와 진노이다. 남의 이야기가 아니다. 자면서 들을 수 있는 내용이 아니다.

> 에브라임이 말을 하면 사람들이 떨었도다 그가 이스라엘 중에서 자기
> 를 높이더니 바알로 말미암아 범죄하므로 망하였거늘 (호 13:1)

호세아서에서 에브라임은 이스라엘을 말한다. 그러나 딱 한 번 13장 1절에서 만큼은 에브라임 지파를 의미한다. 사실 축복을 많이 받은 에브라임 지파는 장자 지파가 아니다. 요셉의 첫째 아들은 므낫세이고, 에브라임은 둘째이다. 더구나 에브라임의 아버지 요셉은 야곱의 열한 번째 아들이다. 그러니까 베냐민 지파를 제외하면 막내인 셈이다.

그럼에도 하나님은 에브라임 지파를 축복하셔서 장자의 역할을 하게 하셨다. 특히 모세의 뒤를 이어 이스라엘을 이끈 여호수아가 에브라임 지파였고, 그때부터 더욱 이스라엘을 대표하는 지파가 되었다. 이들이 말하면 사람들이 떨었다. 그만큼 말도 잘하고, 능력도 있었다.

그러나 이들은 자기를 높이는 죄를 범했다. 자기를 높이더니 바알을 사랑하게 되었다. 자기의 삶에 바알을 접목시켰고, 바알이 주는 것들을 하나님이 주신 축복이라고 하고 다녔다. 하나님이 주신 것들로 자기를 높이는 데 이용했다. 왜 망했는지 명확하게 알 수 있다.

하나님께서 우리나라를 얼마나 축복하셨는가? 세계 많은 나라가 신앙을 잃어갈 때 이 나라에 뜨거운 믿음의 진보를 허락하셨다. 우리가 그 덕을 보면서 자랐다. 선교사도 많이 보내고, 전 세계에 복음이 들어가지 않은 곳으로 달려가 예수 그리스도를 전했다. 하나님이 높여 주셨다. 그런데 그만 한국 교회와 신자들이 바알을 사랑하게 되었다. 하나님이 아닌 자기가 높아졌다. 너무 크다 보니 말씀만으로는 부족하다고 느꼈고,

세상과 더 동화되어 외세의 화려함, 물질, 불의한 정치와 연합, 비본질적인 것들에 시간을 투자하기 시작했다.

> ²이제도 그들은 더욱 범죄하여 그 은으로 자기를 위하여 우상을 부어 만들되 자기의 정교함을 따라 우상을 만들었으며 그것은 다 은장색이 만든 것이거늘 그들은 그것에 대하여 말하기를 제사를 드리는 자는 송아지와 입을 맞출 것이라 하도다 ³이러므로 그들은 아침 구름 같으며 쉬사라지는 이슬 같으며 타작 마당에서 광풍에 날리는 쭉정이 같으며 굴뚝에서 나가는 연기 같으리라 (호 13:2~3)

이렇게 망해가면서 이스라엘은 하나님께 돌이키기는커녕 더 죄를 짓는다. 말씀과 관계없는 우상을 만들기 위해 재물을 아끼지 않고 자기의 달란트도 다 동원한다. 그것을 위해 돈을 모으고, 말씀에 바알을 혼합하여 송아지를 만들고, 그 송아지에게 입을 맞춘다. 하나님께서 축복하셨다고, 우리를 지키실 거라고 굳게 믿는다.

> 내가 증언하노니 그들이 하나님께 열심이 있으나 올바른 지식을 따른 것이 아니니라 (롬 10:2)

바울의 이야기를 들어 보자. 말씀의 지식 없는 열심은 반드시 멸망하게 한다. 제사 즉 예배가 송아지에게 입을 맞추고 무당에게 굿하는 형태로 이루어지고 있음을 알아야 한다. 다 우리 허물이다. 말씀을 잘못 가르쳤고, 잘못 배웠다. 아예 신앙이 없는 사람보다 잘못된 신앙을 가진 것이 훨씬 더 큰 문제이고 골칫거리이다.

신앙이 없으면 말을 안 하겠는데, 송아지 신앙을 가진 사람은 자기가 죽어도 잘못하고 있다고 생각조차 안 하기에 망하는 길을 돌이킬 수가 없다. 거기에 거룩함이 없고 종교적인 송아지 감성만 있을 뿐이다. 그 결과는 허무한 멸망이 따르고, 아침 구름이나 이슬처럼 사라질 것이다. 바람에 날리는 쭉정이 같고, 굴뚝에서 나는 연기처럼 없어지고 만다.

그렇게 송아지를 세워 온 시간보다 훨씬 빠르게 망한다. 열심히 하는 것이 중요한 게 아니고 방향을 바로 잡고 말씀을 제대로 배우고 실천해야 한다.

잘못된 방향의 결과

> [4]그러나 애굽 땅에 있을 때부터 나는 네 하나님 여호와라 나 밖에 네가 다른 신을 알지 말 것이라 나 외에는 구원자가 없느니라 [5]내가 광야 마른 땅에서 너를 알았거늘 [6]그들이 먹여 준 대로 배가 불렀고 배가 부르니 그들의 마음이 교만하여 이로 말미암아 나를 잊었느니라 (호 13:4~6)

하나님이 마른 땅을 걸어가는 이들의 필요를 아셨고, 그래서 그들은 그 광야에서도 굶주린 적이 없다. 하지만 배가 부르면 마음이 높아지고, 바알을 사랑하는 것이 사람의 악질적인 죄성이고 본성이다. 이제 눈에 보이는 모든 것이 불평거리이다.

풍요하지 않았던 어린 시절을 돌이켜 보면, 놀다가도 교회에 갔고, 부모님들도 틈만 나면 교회에서 기도했다. 여기저기 예배란 예배는 다 좇아다녔다. 그러나 이제 가진 것도 있고, 할 것도 많아졌다. 하루를 살아도 하나님을 잊고 사는 그런 시대이다. 아무것도 없던 시절을 그리워하는 역설적인 모습을 가지게 되었다. 호세아서 말씀은 배부르고 교만해져서 하나님을 잊어버리면 반드시 하나님의 분노와 진노를 가져올 수밖에 없다는 점을 강조한다. 이렇게 하나님에 대한 바른 열심을 가지지 못한 죄의 결과가 무엇인가?

> 7그러므로 내가 그들에게 사자 같고 길 가에서 기다리는 표범 같으니라 8내가 새끼 잃은 곰 같이 그들을 만나 그의 염통 꺼풀을 찢고 거기서 암사자 같이 그들을 삼키리라 들짐승이 그들을 찢으리라 (호 13:7~8)

여기 나오는 짐승들은 당시에도 무시무시한 대상이다. 길을 가다가 이런 짐승들에게 공격받고 위협당하는 일이 흔하게 있었을 것이다. 잠언 17장을 보면 새끼 잃은 곰을 미련한 사람에 비유하기도 한다. 얼마나 앞뒤 가리지 않고 사나우면 그렇게 비유했겠는가? 또 사자는 암컷이 주로 사냥한다. 들짐승은 들개가 아닐까? 무리 지어 공격한다.

하나님이 얼마나 화가 나셨으면 이렇게 묘사되었을까? 특히 "길 가에서 기다린다"는 표현이 섬뜩하다. 이스라엘이 아직 적의 침공을 받지 않았지만, 곧 때가 되면 잡아먹힌다고, 이미 잡아먹힌 것과 다를 바 없다고 하시는 것 같다. 그 때가 다 됐다. 하나님이 기다리시다가 때가 되면 진노하고 분노하신다. 얼마나 적군이 잔인했을지 짐작할 수 있다.

> 이스라엘아 네가 패망하였나니 이는 너를 도와 주는 나를 대적함이니라 (호 13:9)

이 구절은 다르게 번역될 수도 있다. "너를 도와주는 존재인 나를 대적했다. 과연 누가 너를 도와줄 수 있느냐?" 이런 번역본도 많다. 하나님은 이미 너희가 패망했다고 선언하신다. 아직 진노를 기다리고 있는데, 실상은 패망 상태임을 선언한다. 그때가 이르면 누가 너를 도울 수 있겠냐는 의미이다. 정말 도울 수 있는 하나님을 대적한다.

> ¹⁰전에 네가 이르기를 내게 왕과 지도자들을 주소서 하였느니라 네 모든 성읍에서 너를 구원할 자 곧 네 왕이 이제 어디 있으며 네 재판장들이 어디 있느냐 ¹¹내가 분노하므로 네게 왕을 주고 진노하므로 폐하였노라 (호 13:10~11)

왕을 요구한다는 것은 확실한 것을 보여 달라는 요구이다. 말씀만으로는 안 된다는 것이다. 사무엘상을 보면 하나님께서 왕을 달라는 이스라엘의 요구를 기쁨으로 들어주시지 않았다(삼상 8:7). 11절처럼 분노하며 왕을 주셨다. "그래 그럼 어디 한 번 왕을 섬겨 봐라." 이들의 두 번째 죄는 계속 말씀 외에 카리스마 있는 왕을 달라고 한 것이다.

하나님이 기뻐하지 않으실 것을 알면서도 바알을 끌어들여 인생의 계획을 세운다. 팬데믹이 무엇을 말했는가? 왕 되신 하나님의 선언이지 않겠는가? 무엇이 너희를 구원할 수 있겠냐고 묻는 것이 아니겠는가? 고난은 하나님이 유일한 왕이라고 고백하게 하시는 통로이다. 모든 기도가 응답되지 않더라도 기뻐하고, 감사할 수 있어야 한다. 이들의 요구대로 왕을 세운 것이 어찌 하나님이 기뻐서 하신 일이겠는가? 분노하며 하신 일이었다. 그리고 진노함으로 폐하셨다. 달라고 하니 분노로 주시고, 죄를 지으니 진노로 폐하셨다. 이들이 구한 왕은 심판의 수단이 되었다. 불완전해 보여도 하나님의 말씀이 주인이어야 우리에게 복이다.

너의 승리가 어디에 있느냐

> [12]에브라임의 불의가 봉합되었고 그 죄가 저장되었나니 [13]해산하는 여인의 어려움이 그에게 임하리라 그는 지혜 없는 자식이로다 해산할 때가 되어도 그가 나오지 못하느니라 [14]내가 그들을 스올의 권세에서 속량하며 사망에서 구속하리니 사망아 네 재앙이 어디 있느냐 스올아 네 멸망이 어디 있느냐 뉘우침이 내 눈 앞에서 숨으리라 (호 13:12~14)

죄가 말 그대로 저장되었다(12절). 사라지지 않는다. 이들이 말씀을 제대로 모르고 엉뚱한 열정으로 구한 왕, 송아지를 사랑한 예배, 이 모든 것이 다 저장되었다. 그래서 여인이 해산하는 어려움을 겪는다(13절).

이는 극심한 고통을 말하는데, 전쟁의 참혹한 결과를 말하는 것과 같다. 해산하면 아기가 나와야 하는데 안 나온다면 결국 산모와 아기 둘다 죽는다. 위급한 상태이지만 이스라엘은 지금 평온하니 교만해지고, 자기를 높이고, 왕을 구하고, 송아지 예배를 드리는 그런 죄에서 도무지 못 빠져나온다.

이게 왜 안타까운 묘사일까. 성경에 해산의 고통은 기쁨을 가져다주기에 견딜 수 있는 고통이라고 말씀하기도 한다. 주 안에서 고난은 주님을 만나는 통로이다. 고난을 통해 믿음이 깊어져서 그 고난은 낭비가 아니고 축복이다. 그러나 해산하는 고통은 있는데, 해산을 못 한다면 그야말로 비극이다. 고난 중에 깨닫고, 고난 중에 하나님 만나는 일이 없는 고난뿐이다. 이 얼마나 고통스러운 선언인가.

> ¹⁵그가 비록 형제 중에서 결실하나 동풍이 오리니 곧 광야에서 일어나는 여호와의 바람이라 그의 근원이 마르며 그의 샘이 마르고 그 쌓아 둔 바 모든 보배의 그릇이 약탈되리로다 ¹⁶사마리아가 그들의 하나님을 배반하였으므로 형벌을 당하여 칼에 엎드러질 것이요 그 어린 아이는 부서뜨려지며 아이 밴 여인은 배가 갈라지리라 (호 13:15~16)

여호와의 바람으로 표현되는 앗수르가 굉장히 잔인할 것을 예측할 수 있다. 하나님의 심판은 결코 가볍지 않다. 이들의 죄가 너무나 고질적이어서 이 정도는 되어야 돌이킨다는 것이다. 그래서 누가 어떤 말을 해도 바른 말씀에 헌신과 열정을 쏟아야 한다. 말씀에서 벗어나면 송아지가 되고, 왕을 구하는 바알 숭배자가 되고, 그런 자의 미래는 없다. 아이 밴 여인의 배가 갈라진다는 것은 어떤 가능성도 다 산산이 부서진다는 뜻이다.

호세아 13장은 어떤 다른 심판 메시지보다 가장 섬뜩하고 무서운 미래를 선언한다. 그나마 위안은 사도 바울이 이 말씀을 인용하며 새로운 비전을 제시한다.

> 사망아 너의 승리가 어디 있느냐 사망아 네가 쏘는 것이 어디 있느냐
> (고전 15:55)

이 세상 최고 권세는 죽음이다. 죽으면 어떤 의지도, 선택도, 열정도, 힘도 없다. 아무것도 할 수 없다. 그런 스올에서 건지는 분은 하나님뿐

이다. 이스라엘이나 우리는 하나님의 진노 속에 폐하여지지만 여전히 하나님의 긍휼로 극복할 수 있다. 이미 이 시대 많은 재난이 우리에게 말을 걸었다. 하나님을 외면하면 어떤 일이 일어나는지, 이 세상이 어디로 가고 있는지 묵상하라는 선언이다.

> **나눔 질문**

1. 하나님의 일을 하면서, 방향을 망각하고 열심만 내다가 실패를 경험한 일이 있는지 이야기해 봅시다.

2. 13장이 말하는 무서운 하나님의 심판의 이야기들이 우리에게는 어떤 교훈을 주고 있습니까? 오늘날 우리에게 임하는 하나님의 심판은 무엇이라고 생각합니까? 나와는 상관없는 이야기입니까?

여호와께 돌이킨다는 의미

호세아서 마지막 장이다. 그동안 선지자의 외침을 어떻게 들었는가? 이스라엘 백성들처럼 듣긴 들었으나 예배는 예배대로 삶은 삶대로인가? 말씀에 아멘으로 응답하면서 나의 목적은 물질이나, 정치적 가치, 일신상의 평안, 세상의 화려함인가? 우리는 변화될 수 있는 존재인가? 호세아서를 읽는 동안 어떤 변화가 있었는가? 이스라엘 백성들이 호세아의 선포에도 불구하고 회개하거나 돌이킨 흔적이 없다. 우리에게는 그런 회개나 돌이킴이 일어나겠는가? 호세아의 결론이다.

> 누가 지혜가 있어 이런 일을 깨달으며 누가 총명이 있어 이런 일을 알겠느냐 여호와의 도는 정직하니 의인은 그 길로 다니거니와 그러나 죄인은 그 길에 걸려 넘어지리라 (호 14:9)

누가 이 말씀을 따르려 할까? 하나님의 말씀은 정직해서 말씀을 따르는 자는 영적인 생명이 있고, 말씀을 따르지 않는 자는 반드시 넘어진다. 여호와께 돌아온다는 것은 예배를 더 드리는 것도, 바른 방향에 대해 생각만 하는 것도, 교회를 왔다 갔다 하는 것도 아니다. 삶이 완전하게 바뀌는 일이다. 삶의 목적도, 가정생활도, 재정 생활도, 언어 행실도, 자녀 교육도, 직장 생활의 모습도, 세상을 바라보는 관점도 다 바뀌는 일이다. 이것을 제대로 하지 못해 하나님 앞에 눈물로 회개하고 가슴을 치며 간구하는 행동이다. 그때 하나님의 긍휼을 경험하게 된다.

호세아는 계속 강조한다. 내가 듣고 싶은 말씀만 좋은 말씀이 아니다. 종종 사람들이 다른 목사님 말씀을 들어 보라고 유튜브 링크를 보내준다. 정치적인 생각과 불만을 잘 끄집어내서 표현해 주고, 내 생각대로 속 시원하게 말씀한다고 강력 추천이다. 호세아 선지자 관점이라면 기가 찰 노릇이다. 하나님의 말씀은 듣고 싶을 때 듣고, 속 시원해지려고 듣는 것이 아니다. 도리어 하나님 말씀은 우리에게 몹시 거리끼는 내용이다(고전 1:23). 그럼에도 그 말씀대로 살아 내야 하고, 그럴 수 없을 때 눈물 흘려야 한다.

삶을 바꾸라고 하신다

이스라엘아 네 하나님 여호와께로 돌아오라 네가 불의함으로 말미암아 엎드러졌느니라 (호 14:1)

13장까지 강력한 심판의 말씀을 들었다. 그러니 이제 하나님 여호와께 돌아오라고, 선지자가 간절히 부르짖는다. "언제든 돌이키면 하나님이 회복하실 것이다." 이 말씀은 호세아뿐 아니라 성경에서 지속적으로 선포된다. 이 말씀이 언제 선포되었든 들린다면 아직 희망이 있다. 아무리 무서운 심판을 말씀하셨어도 돌아오라는 음성이 들린다면 살 수 있다. 인생의 고난 중에 듣는 하나님의 소리는 축복이다.

"아들아, 딸아, 돌아오라. 어려움 중에 돌아오라. 그동안 바알을 사랑하며 살았더라도 이제 돌아오라."

이 음성을 들었음에도 온전히 돌아가지 못하고 눈물만 흘리는 자신이 밉고, 화나고, 그래서 더 눈물이 난다. 그래도 감사한 것은 하나님께 돌아오라는 음성이 들린다는 사실이다. 그 음성이 들린다면, 우리 삶에 변혁이 일어날 수 있다. 소망이 있다. 돌이킴을 통해 하나님의 강력한 인도하심과 역사가 이루어질 수 있다.

어떤 상태이기에 돌아가야 한다는 말씀인가? 호세아 14장은 이미 앗수르의 포로로 잡혀간 후에 주시는 말씀이다. 1절을 다시 보면, 불의함으로 말미암아 엎드러져 있는 상태이다. 왜 넘어졌는가? 하나님의 돕는 손길을 놓아 버리고 대적했다. 하나님의 인도하심을 무시한 죄인 것이다. 호세아 8장처럼 율법을 만 가지로 기록하였으나 이 말씀에 개의치 않고, 설교는 설교대로, 말씀은 말씀대로 듣기만 할 뿐 내 식대로 살아온 그 불의를 말한다.

이런 우리를 향하여 돌아오라고 하신다. 삶을 바꾸라고 하신다. 일상을 바꾸라고 하신다. 그냥 돌아가서는 안 되는데, 어떻게 해야 하는가.

너는 말씀을 가지고 여호와께로 돌아와서 아뢰기를 모든 불의를 제거하시고 선한 바를 받으소서 우리가 수송아지를 대신하여 입술의 열매

를 주께 드리리이다 (호 14:2)

먼저 말씀에 대한 반응이다. "제가 말씀을 들었습니다. 여전히 바알과 산다는 것을 알았습니다. 포기해야 할 것을 아직도 붙들고 있습니다. 선한 줄 알았는데 그조차 잘못이었습니다. 회개조차 거짓인 줄 몰랐습니다." 이렇게 말씀으로 돌아가 하나님께 고백하라고 한다. "제 고백이 거짓이었음을 깨우치셨습니다. 회개하고, 돌이키겠습니다. 입술로 회개하고 고백한 것을 열매로 맺겠습니다."

그동안 호세아서가 줄기차게 강조한 말씀이다. 하나님이 우리의 예배를 왜 아니라고 하셨는지 알 수 있을 것이다. 진실한 돌이킴이 없는 예배를 거부하셨다. 그 예배는 수송아지 예배이다.

> 우리가 앗수르의 구원을 의지하지 아니하며 말을 타지 아니하며 다시는 우리의 손으로 만든 것을 향하여 너희는 우리의 신이라 하지 아니하오리니 이는 고아가 주로 말미암아 긍휼을 얻음이니이다 할지니라 (호 14:3)

스스로 믿는 것들을 신이라고 하지 말라고 했다. 이는 십계명의 제1계명과도 일치한다.

1계명이 무엇인가? "너는 나 외에는 다른 신들을 네게 두지 말라." 마르틴 루터가 쓴 『대교리문답』에 이를 쉽게 해설하고 있다. 그에 따르면 제1계명에서 다른 신들을 두지 말라고 할 때 그 다른 신은 불교, 유교, 이슬람을 의미하지 않는다. 우리 마음과 생각을 사로잡고, 몸과 영혼을 움직이는 것이 바로 '다른 신'이다. 나의 넘버원 관심사가 무엇인가를 묻고 있다. 돈이나 명예나 권력, 탐욕 등 주님 이상이라면 그것이 우상숭배이다. 예배드릴 때만이 아니라 모든 일상에 적용되어야 한다.

철저한 은혜

철저하게 돌아가면, 어떤 은혜가 임할까. 4절에서 8절이다.

> [4]내가 그들의 반역을 고치고 기쁘게 그들을 사랑하리니 나의 진노가 그에게서 떠났음이니라 [5]내가 이스라엘에게 이슬과 같으리니 그가 백합화 같이 피겠고 레바논 백향목 같이 뿌리가 박힐 것이라 [6]그의 가지는 퍼지며 그의 아름다움은 감람나무와 같고 그의 향기는 레바논 백향목 같으리니 [7]그 그늘 아래에 거주하는 자가 돌아올지라 그들은 곡식 같이 풍성할 것이며 포도나무 같이 꽃이 필 것이며 그 향기는 레바논의 포도주 같이 되리라 [8]에브라임의 말이 내가 다시 우상과 무슨 상관이 있으리요 할지라 내가 그를 돌아보아 대답하기를 나는 푸른 잣나무 같으니 네가 나로 말미암아 열매를 얻으리라 하리라

"반역을 고치신다"라는 말씀은 실제적이다. 반역은 우리의 일반적인 기질이고, 적당히만 믿으려는 태도이다. 적당히 예배만 드리고, 예배 때만 회개하는 그 기질, 그것이 반역이다. 철저히 회개할 때 그 반역을 바꿀 수 있다. 모든 것을 말씀 중심으로 바라보지 못하는 그 기질, 적당히 믿으려는 그 반역을 고쳐야 한다.

여기에서 '여호와 라파'가 쓰인다. 몸의 아픔을 고치는 것만이 라파가 아니라 기질을 바꾸는 것 역시 라파이다. 변함없는 욕망이 고쳐지고

하나님께 진정 돌아온 사람은 알 수 있다. "아, 이제 하나님을 바로 알았습니다. 하나님을 아는 지식이 바로잡혔습니다. 제 환도뼈를 부러뜨려서라도 기질을 고쳐 주소서. 말씀 앞에 잠자는 기질, 말씀을 적당히 실천하는 기질, 돈과 명예 앞에 말씀을 저만치 숨겨 두는 기질, 고쳐 주소서." 그래야 말씀이 읽혀지고 하나님이 내게 이슬 같은 존재가 되신다.

언제 어떻게 이슬이 내게 오는지 모르지만 생명은 그 이슬을 먹고 자란다. 하나님은 이슬처럼 우리의 생명이 되신다. 백합화는 아름답고 멋진 꽃이다. 보기에도 아름답고 멋질 뿐 아니라 백향목처럼 뿌리도 든든하다. 그렇게 겉과 속이 다 아름답고 튼튼해진다. 정말 영적인 사람이 되어 간다. 감람나무와 백향목 같이 풍성한 영광을 드러내며 산다.

그래서 8절에 이렇게 고백한다. "내가 다시 우상과 무슨 상관이 있으리요" 말씀 안 지키고, 거짓 회개하던 삶은 이제 상관없다. 그것을 사랑하지 않는다. 참 멋진 고백이다.

잣나무는 레바논의 영광을 상징하는 나무이며 하나님이 풍성하게 열매 주신다는 것을 의미한다. 각자 삶을 잘 돌이켜 보라. 열심히 신앙생활 한다고 했지만, 그래서 집사도 되고, 권사도 되고, 장로도 되고, 목사도 되었지만 쓸데없는 데 낭비하던 죄가 있다. 그렇게 열심히 한다고 해도, 말씀에서 벗어나 인애 없이 욕심으로 살았다. 잘 믿지만 열매도, 변화도, 향기도 없다. 내 만족을 추구하는 종교였고, 열매 없는 믿음이었고, 변화 없는 삶의 연속이었다. 그런 삶으로는 하나님의 심판을 지연시킬 수 없다.

호세아는 말한다. "여호와께 말씀을 가지고 돌아와라. 그러면 하나님이 너의 기질을 고치고, 열매맺게 하신다." 그러나 앞서 읽은 말씀을 다시 떠올리자.

누가 지혜가 있어 이런 일을 깨달으며 누가 총명이 있어 이런 일을 알겠느냐 여호와의 도는 정직하니 의인은 그 길로 다니거니와 그러나 죄인은 그 길에 걸려 넘어지리라 (호 14:9)

이것을 과연 누가 할 수 있는가? 여호와께 말씀을 가지고 돌아와 말씀의 열매를 맺고, 또 그런 변화가 없을 때 내가 왜 이럴까 눈물 흘리며 긍휼을 기다리는 이것을 누가 하겠는가? 이제 때가 되었다. 호세아서가 끝나가는 마당에 아직 영적 바람을 피우거나 이 말씀을 적당히 듣는 이가 있다면 다시 하나님께 돌아오라.

> 나눔 질문

1. 나는 말과 행동이, 회개와 행실이 일치하는 신앙인입니까? 하나님이 나의 예배를 기뻐 받으실까요?

2. "누가 이 말씀을 따르겠는가?" 바로 지금 나의 삶을 결단하고, 진실로 돌이키며 변화할 수 있습니까? 스스로의 다짐을 나누어 봅시다.

진정한 회개

요엘

요엘서는 브두엘의 아들인 선지자 요
엘이 기록했다. 그의 이름은 "여호와
는 하나님이다"라는 뜻인데, 그의 메
시지 또한 이스라엘의 여호와가 참
하나님이심을 드러내는 것이었다. 그
는 당시 거듭 발생했던 메뚜기 재앙
을 통해 하나님의 심판을 예고했고,
그것이 이루어질 '여호와의 날'에 오
직 하나님께 신실한 자만이 구원받음
을 강조했다.

머뭇머뭇하지 말라

요엘서를 이해하는 단서

호세아서와 다르게 요엘서의 배경이 언제인가는 학자들 사이에서 분분하다. 호세아서는 멸망하기 전 북왕국 이스라엘을 배경으로 선포된 말씀이었다면, 요엘서는 남유다를 향해 선포된 말씀인데, 그때가 포로기 전인지 후인지 논란이 있다. 포로기 전이라는 의견이 다수이다.

히브리 성경은 호세아, 아모스, 미가, 요엘의 순서이나 우리가 사용하는 개역개정판은 호세아, 요엘, 아모스 순이다. 호세아서 다음에 요엘을 배치한 것은 아마 북이스라엘에 대한 심판에 이어 남유다를 향한 심판 말씀으로 이어지는 것이 이야기 흐름상 자연스럽다고 판단한 것이 아닐까. 북이스라엘의 멸망을 예언하고, 이어서 남유다의 심판을 예언하는 선포는 우리에게 더 강력하게 전달될 것이다. 요엘서가 유명한 이유는 신약 시대에 오순절 성령 임재를 예언하고 있기 때문이다.

¹⁶이는 곧 선지자 요엘을 통하여 말씀하신 것이니 일렀으되 ¹⁷하나님이 말씀하시기를 말세에 내가 내 영을 모든 육체에 부어 주리니 너희의 자녀들은 예언할 것이요 너희의 젊은이들은 환상을 보고 너희의 늙은이들은 꿈을 꾸리라 (행 2:16~17)

이 말씀은 요엘서를 이해하는 데 중요한 단서이다. 요엘서는 약속의 땅에 들어간 언약의 백성이 반역하는 상황을 이야기하고, 이어서 앞으로 오실 메시아를 예언한다. 역사의 과거와 현재와 미래를 다 다루는 책이라고 할 수 있다. 따라서 요엘이 활동한 시기를 구체적으로 언급하지 않은 것은 인류사의 전체 그림을 담는 데 한몫했으리라 짐작한다. 단지 한 시대가 아닌 오가는 모든 시대를 향한 말씀이라는 의미이다.

브두엘의 아들 요엘에게 임한 여호와의 말씀이라 (욜 1:1)

선지자 요엘을 설명하는 구절이 이 한 절뿐이다. 브두엘의 뜻은 '하나님의 환상'이다. 요엘은 그 브두엘의 아들이었고 말씀을 전하는 선지자였다. 이것이 우리가 알 수 있는 요엘의 전부일지라도 선지자가 말씀을 전한다는 것 외에 무엇이 더 필요하겠는가.

그는 진정 선지자였다. 하나님의 말씀이 아닌 것은 전하지 않았다. 오늘날 이를 본받았으면 한다. 선지자란 말씀을 맡아 전하는 자들이다. 세상 철학, 정치 이슈, 생활 정보, 농담 같은 예화는 부차적이다. 말씀을 전해야 한다. 요엘의 '요'는 야훼를 '엘'은 하나님을 뜻한다. 즉 "여호와가 하나님이시다"라는 뜻이고, 다른 누구도 아닌 이스라엘의 여호와가 하나님이시라는 게 요엘서의 주제이다. 그렇다면 요엘은 왜 자기 존재를 걸고 이 선언을 해야 했을까? 바로 여호와가 하나님이 아니라고 말하는 자들이 있었기 때문이다. 당시 시대를 짐작할 만한 말씀이다.

> 엘리야가 모든 백성에게 가까이 나아가 이르되 너희가 어느 때까지 둘 사이에서 머뭇머뭇 하려느냐 여호와가 만일 하나님이면 그를 따르고 바알이 만일 하나님이면 그를 따를지니라 하니 백성이 말 한마디도 대답하지 아니하는지라 (왕상 18:21)

갈멜산 전투 이야기이다. 보이지 않는 하나님보다 세상의 풍요를 속삭이는 바알이 참 신인 듯이 살았다. 그래서 엘리야가 선언한다. "여호와가 하나님이시니 그 사이에서 머뭇머뭇하지 말라." 호세아서를 통해 우리 삶의 변혁을 결단할 것을 새겼으니 바알과 여호와 사이에서 머뭇머뭇해서는 안 된다. 요-엘, 그는 이름으로도 바알이 아니라 이스라엘의 여호와가 하나님이라고 이스라엘 백성에게, 또 우리에게 전하고 있다.

반드시 역사는 반복된다

> 늙은 자들아 너희는 이것을 들을지어다 땅의 모든 주민들아 너희는 귀를 기울일지어다 너희의 날에나 너희 조상들의 날에 이런 일이 있었느냐 (욜 1:2)

먼저 늙은 자들에게 들어 보라고 말씀한다. '늙은 자들'은 경험 많은 사람을 의미한다. 오래 살아온 세대, 그들은 어떤 일이 있었는지 어떻게 바뀌었는지 일상의 역사를 비교적 오랫동안 새긴 노인들이다. 그들에게 잘 들어 보라고 말씀한다. 이어서 땅의 모든 사람을 소환한다. 그들은 이웃 나라를 가보기도 했고, 여러 지역에서 일어난 사건 정보를 가지고 있다. 한 명도 예외 없이 불러 묻는다. "너희 날이나 너희 조상들의 날에 이런 일을 본 적이나 들은 적이 있느냐?" 반어법이다. 이런 일은 예전에 없었다는 것을 강조하려는 것이다. '이런 일'은 어떤 일인가. 전대미문의 메뚜기 사건이다.

> 팥중이가 남긴 것을 메뚜기가 먹고 메뚜기가 남긴 것을 느치가 먹고 느치가 남긴 것을 황충이 먹었도다 (욜 1:4)

그 땅의 노인들이나 원로들은 오래 살았으니까 많은 것을 보고 들었다. 그 땅의 사람 중에는 갖가지 소문과 이런저런 이야기를 알기도 하지 않겠는가? 그래서 묻는 것이다. "이런 적이 있느냐? 메뚜기가 계속해서 몰려와 모든 농작물을 다 작살낸 적이 있느냐? 아마 들은 적도 본 적도 없을 것이다. 그런 일이 너희들에게 일어날 것이다." 마치 전 세계에 갑작스레 찾아왔던 팬데믹 상황 같은 것이다. 어느 누가 예측할 수 있었겠나. 본문이 그와 같은 뉘앙스라고 볼 수 있다.

> 너희는 이 일을 너희 자녀에게 말하고 너희 자녀는 자기 자녀에게 말하고 그 자녀는 후세에 말할 것이니라 (욜 1:3)

여기서 '말하라'에 쓰인 히브리어 '사파르'는 매우 세심한 의미이다. 자세히 적고, 기록해서 정확하게 전하라는 말이다. 너희에게 이와 같은 심판이 있었다는 것을 반드시 후세에 알도록 전해야 한다는 것이다. 왜 후세가 알아야 하는가. 중국의 속국이었던 역사, 일제강점기 역사, 한국 전쟁 역사를 왜 후대에 정확하게 가르치고, 전해야 하는가. 왜 세심하게 적고 기록하여 알려야 하는가. 역사는 반복되기 때문이다.

호세아서에서 누누이 강조한 내용은 기브아 시대의 악이 호세아 시대에도, 지금 우리 시대에도 있다는 말씀이다. 성경의 심판 역사는 방법론만 다르지 반복되었다. 하나님을 잘 따르며 말씀대로 살겠다고 다짐하지만, 하나님을 반역하는 일은 세대를 거치면서 반복된다. 그러다 회개하고, 돌이키고, 또다시 잊어버리고 바알을 섬기고, 반복된다. 이런 반복의 고리를 끊기 위해 과거 어느 지역에서도 볼 수 없던 하나님의 심판을 보게 될 것이니 반드시 자녀와 그 후세에 전하라는 것이다.

동일본 대지진(2011년) 당시 쓰나미로 많은 사람이 생명을 잃었다. 그런데 역사를 보니 120여 년 전에도 그곳에 쓰나미가 닥쳤다고 기록되어 있었다. 당시 사람들이 어느 정도 높이에 집을 지었는지, 어느 정도 제방과 둑을 쌓았는지도 기록해 놓았다. 그 높이를 기준으로 피신한 사람들이 살기도 죽기도 했다는 이야기이다. 역사는 반복되기 때문에 기록은 중요하다. 하나님의 말씀을 자녀와 그 자녀의 후손들에게 말하고 전하고 가르치는 것에 전심을 다해야 하는 이유이다.

메뚜기 재앙

여기 나오는 팥중이, 느치, 황충이는 전부 메뚜기 종류이다. 영어 성경은 메뚜기, 큰 메뚜기, 작은 메뚜기, 그렇게 크기로 분류하거나 풀을 잘라 먹는 메뚜기, 핥아 먹는 메뚜기, 삼키는 메뚜기 등 먹는 방식에 따라 분류하기도 한다. 여기서 중요한 것은 메뚜기 떼가 반복적으로 덮쳤다는 점이다. 이날이 바로 요엘서가 말하는 여호와의 날이었다.

메뚜기가 한두 번 오는 것은 우연이지만 네 번이나 반복해서 밀려오는 것을 어떻게 우연이라고 할까? 이 땅의 우리는 메뚜기 떼의 침범이 얼마나 엄청난지 가히 상상할 수 없지만 최근 아프리카, 파키스탄, 중국까지 내려오는 메뚜기 떼 뉴스를 보면서 짐작할 수 있다. 이 메뚜기 떼가 어떻게 어디서 오는지 과학은 정확히 밝히지 못한다. 약을 살포하거나, 오리와 같은 천적을 푸는 등 여러 방법을 쓰지만 그 수많은 메뚜기 떼를 사람의 힘으로 완전히 막는 것도 불가능하다.

만약 그런 메뚜기 떼가 동중국을 거쳐 서해를 넘어 한국까지 온다면 어떤가? 기후 이변이 계속되면 그럴 가능성이 높다고 예측한다. 어찌 되었든 네 번이나 메뚜기 재앙이 반복되는 것은 결코 우연일 리 없다. 하나님의 심판이고 메시지임을 성경은 분명히 이야기한다. 일찍이 모세도 백성들이 불순종할 경우 하나님께서 메뚜기를 보내 산물을 삼키게 하신다고 했다(신 28:38). 말 그대로 모든 것을 완전히 없애는 재앙이다. 먹을 것이 싹 사라지는 재앙이다. 사스, 메르스, 신종플루, 코로나까지 무언가 계속 반복되면 거기에는 하나님의 메시지가 있지 않겠는가.

메뚜기 떼는 모든 농작물을 초토화시켰다. 한 번만 와도 초토화되는데 네 번이나 습격했다면 완전한 상실을 말한다. 사람들은 왜 바알을 좋아하고 숭배했을까? 바알이 농사의 신이기 때문이다. 하나님의 메뚜기 심판이 그 농사의 모든 작물을 완전히 멸하였다. 아무것도 남은 게 없다. 할 수 있는 것이라곤 우는 일 뿐이다.

취하는 자들아 너희는 깨어 울지어다 포도주를 마시는 자들아 너희는

울지어다 이는 단 포도주가 너희 입에서 끊어졌음이니 (욜 1:5)

백성들은 왜 취했을까? 농사가 잘 돼서 포도가 풍족하니 술을 만들어 마셨던 것이다. 그러나 그 포도주를 마실 수 없다. 호세아 4장에서 포도주는 무엇을 상징하고 있는가. 포도주와 새 포도주는 바알을 상징한다. 바알 제단에서 농사를 위해 제사 드릴 때 제물로 올린 게 풍족한 농작물이었고, 돈이었고, 술이었고, 음란한 제사이며 문란함이었다.

이것이 바알이다. 사람이 한번 바알에 빠지면 절대로 못 끊는다. 돈 좋아하고, 돈에 매이는 거 절대로 못 벗어난다. 한번 문란해지면 결코 거기서 못 나온다. 술을 좋아하기 시작하면 어떤 일이 있어도 술을 멀리 못 하는 걸 잘 아시리라. 5절 말씀처럼 깨어서 계속해 우는 것 외에는 답이 없다. 호세아서를 통해 바알을 멀리하라고 했지만, 말이 쉽지 단칼에 무 자르듯이 못 하는게 우리다. 메뚜기 재앙을 네 번이나 받아야 겨우 울며 끊을 수 있고, 하나님 앞에 울며 완전히 무너져야 그때부터 술이 미치도록 싫어지고, 바알을 쫓아가던 내 모습이 진저리 나게 된다. 그때에야 삶의 진짜 변화가 나타나는 것이다.

어지간한 것은 내 의지로 할 수 있지만, 바알과 관련된 것은 신이기에 내 의지로는 안 된다. 요엘서 2장에 등장하는 것과 같이 주의 영이 강력하게 임해야 가능하다.

> 다른 한 민족이 내 땅에 올라왔음이로다 그들은 강하고 수가 많으며 그 이빨은 사자의 이빨 같고 그 어금니는 암사자의 어금니 같도다 7그들이 내 포도나무를 멸하며 내 무화과나무를 긁어 말갛게 벗겨서 버리니 그 모든 가지가 하얗게 되었도다 (욜 1:6~7)

하나님이 주시는 축복의 상징인 포도나무와 무화과나무가 없어진다. 절망! 세상의 모든 사람은 세상적인 방법으로 아무리 성공하고, 아무리 잘 살고, 아무리 즐기면서 지내도 하나님의 백성들은 하나님이 주신 것으로 만족하고, 인애와 정의와 공의를 가지고 나누며, 죽도록 하나님의 말씀을 붙들어야 하는 게 당연하다. 바알을 버리지 못해 슬퍼하며 하나님 앞에서 미친 듯이 울어야 겨우 해결할 수 있는 문제이다. 그래야 우리의 삶이 조금이라도 변한다.

메뚜기가 네 번이나 큰 습격을 해야만 알고, 깨닫고, 삶을 바꾸는 고집스럽게 어리석은 존재들이 우리가 아닌가. 요엘서는 오고 가는 모든 세대에 주시는 말씀이다. 지금 우리도 하나님의 영이 임하여 바알을 온전히 버리지 않으면 이 세대는 가히 경험하지 못한 하나님의 진노와 분노를 경험하게 될 것이다. 우리가 어떻게 이 말세를 살아야 하는가? 요엘서를 통해 깨달으시길.

> 나눔 질문

1. 역사는 반복된다는 사실을 어떻게 생각하십니까? 그런 차원에서라도 성경을 자녀들에게 잘 알려 주고 있으신가요?

2. 끊고 싶은 것을 끊지 못해, 버리고 싶은 것을 버리지 못해 괴로워한 적이 있나요? 나누어 봅시다.

복습하면, 내가 섬기고 있는 바알은 스스로 끊을 수 없어서 우는 것 말고 답이 없다고 했다. 메뚜기가 네 번이나 습격하여 모든 것을 초토화시키는 심판이 있고 나서야 겨우 울면서 하나님의 영을 구하고, 바알을 끊어 낼 수 있다는 말씀이다. 돈이나 음주가무 같은 즐거움, 문란함은 가나안에 만연한 바알 문화여서 가장 경계하시는데, 이스라엘은 이것을 하나님보다 더 사랑했다.

사실 바알이 이스라엘에 뿌리박기 시작한 것은 솔로몬 시기로 거슬러 간다. 솔로몬 왕이 이방 여자들을 부인으로 맞으면서 이스라엘에 우상 문화가 많이 들어왔다. 이후 비교적 훌륭했던 여호사밧 왕이 아합 가문과 사돈을 맺으며 더 심각해졌다. 이런 일들이 쌓이고 쌓여 바알을 숭배하는 이들이 전 이스라엘은 물론 오늘날 교회로 이어졌다.

울지도 않고, 울지만 말고

이런 상황에서 할 수 있는 것은 우는 것 외에 없다. 하지만 울지도 않는다. 눈물도 메말랐다. 실상 교회가 총체적 난국이다. 정부 문제도 아니고, 하나님 모르는 문제도 아니고, 하나님 믿는 사람들의 문제이다. 바로 내 문제이다. 삶 가운데 깊게 뿌리박힌 바알로 인해 누구도 우는 사람이 없다. 지금은 눈물이 주르르 흘러야 하는 참담한 시대이다. 주의 영을 간절히 구하고 사모해야 하는 절박한 상황이다. 눈물이 메마른 심령을 하나님 앞에 내어놓는 심정으로 본문을 대해야 한다. 그런데 본문은 한 걸음 더 나아간다. 그냥 울어서 될 문제가 아니라는 말씀이다.

> 너희는 처녀가 어렸을 때에 약혼한 남자로 말미암아 굵은 베로 동이고
> 애곡함 같이 할지어다 (욜 1:8)

우리 문화와 다르게 이스라엘은 정혼만으로도 법적 부부가 된다. 포항에서 목회할 때 결혼 예식 없이 혼인신고를 먼저 한 군인이 있었다. 군 관사 신청을 위해서였다. 하루는 그분이 서울에 다녀오다가 교통사고를 당해 사망하고 말았다. 참담하고 가슴 아픈 일이다.

바로 그런 일이 이스라엘에 있었고, 그럴 때 정혼자는 애곡할 수밖에 없다. 애곡하는 것이 어떤 것인지 짐작하지 않겠는가. 갑자기 배우자를 잃었거나 자녀를 잃었을 때의 심정이다. 하나님은 이스라엘의 신랑이신데 그 신랑을 잃었다. 이스라엘은 그 정도의 눈물, 애곡이 필요한 상황이었다. 하나님께서는 모든 농작물, 먹을 것을 없애기까지 하셨다.

> 소제와 전제가 여호와의 성전에서 끊어졌고 여호와께 수종드는 제사장

은 슬퍼하도다 (욜 1:9)

소제는 곡식으로 드리는 제사이고, 전제는 포도주로 드리는 제사이다. 그런 소제와 전제가 끊어지고 말았다. 메뚜기가 다 초토화시켰으니 당연한 일이다. 레위기에, 소제와 전제는 그 자체만 드리는 경우가 거의 없다. 항상 번제와 함께 드리는데, 이는 번제도 끊어졌다는 것을 의미한다. 번제는 죄를 해결하는 제사인데 죄도 해결할 수 없게 되었으니 그 결과는 뻔하다. 예배가 사라지고, 죄 사함도 사라졌던 것이다.

이 상황을 보며 제사장은 슬퍼한다. 여호와께 더 이상 드릴 것이 없는 상황이 괴롭기 때문이다. 드릴 것이 있다는 건 큰 행복인데 드릴 것이 없으니 그 심정이 오죽하겠는가. 하나님과 교제를 나눌 수 없으니 슬프기 그지없다. 제사장에겐 하나님과의 교제가 사라지고, 예배가 끊어지는 상황이 너무나 슬프고 슬픈 일이다.

> [10]밭이 황무하고 토지가 마르니 곡식이 떨어지며 새 포도주가 말랐고 기름이 다하였도다 [11]농부들아 너희는 부끄러워할지어다 포도원을 가꾸는 자들아 곡할지어다 이는 밀과 보리 때문이라 밭의 소산이 다 없어졌음이로다 [12]포도나무가 시들었고 무화과나무가 말랐으며 석류나무와 대추나무와 사과나무와 밭의 모든 나무가 다 시들었으니 이러므로 사람의 즐거움이 말랐도다 (욜 1:10~12)

이스라엘이 왜 울고 애곡해야 하는지 계속 설명하고 있다. 밭이 황무지가 되었고, 토지는 말랐다. 여기서 '말랐다'로 번역된 히브리어 아발은 '슬퍼하다, 통곡하다'라는 뜻이다. 요엘은 땅이 운다고 말씀한다. 하나님의 땅인데 바알에게 온 마음이 팔려 있으니, 황무해진 땅도 하나님 앞에서 눈물을 흘릴 정도라는 것이다. 포도주도 기름도 사라졌다.

선지자는 이 일과 깊은 관계를 가진 농부들을 호출한다(11절). 그들을 향해 그동안 바알을 사랑한 것을 부끄러워하라고, 밀과 보리와 밭의 소산이 다 사라졌으니 애곡하라고 이야기한다.

밀과 보리는 이 지역 최고의 곡식이고, 주산물이다. 생활의 안정을 보장해 주는 것이고, 가장 돈을 잘 벌어다 주는 농작물이고, 하나님이 주신 선물이다. 보기만 해도 웃음이 나고, 기쁘게 해 주는 것들이다. 그 것이 다 사라지고 말았다. 간혹 태풍이 지나간 후 뉴스에서 농작물을 다 잃은 농부의 심정을 들을 때를 상상해 보라. 그 상황과 심정이 이해가 되고 공감할 것이다.

보리와 밀은 맥추절과 초막절을 대표하는 수확물이고 절기의 상징 이다. 감사 절기마저 없어졌다. 그뿐이 아니다. 포도나무와 무화과나무 도 말랐고, 대추나무와 사과나무도 말랐다. 전도자는 "사람마다 먹고 마 시는 것과 수고함으로 낙을 누리는 그것이 하나님의 선물"(전 3:13)이라 고 이야기했다. 그것을 구별하여 하나님께 드리고 이웃과 나눌 수 있는 것이 기쁨이고 즐거움이다. 나누고 함께 먹는 것이 행복이다. 12절은 이 로 인해 사람의 즐거움이 말랐다고 말씀한다.

팬데믹 상황에 대해 분석한 글을 읽었다. 한국 사람들이 가장 즐거 워하는 일은 여행가서 맛있는 거 먹고 놀고 쉬는 것이라고 한다. 해외 여행이 꽤 많은 나라라고 하는데, 순식간에 삶의 큰 즐거움이 사라졌다. 포도나무, 무화과나무는 잘 놀고, 잘 먹고, 많이 갖는 바알의 즐거움이 고 돈의 즐거움을 비유한다. 이러한 즐거움이 모두 사라진 것이다.

부수적인 것을 기쁨으로

진정한 즐거움은 하나님으로부터 온다. 요엘서는 하나님을 삶에서 기쁨과 즐거움으로 삼지 않는 우리를 향한 심판을 말씀한다. 비록 가진 것이 없고, 얻은 것이 없고, 오른 것이 없고, 강한 것이 없고, 좋은 곳에 갈 수 없고, 설령 아무것도 없어도 여호와로 인하여 기뻐하는 것이 신앙이다(합 3:18). 그럼에도 뭐든지 가져야 하고, 얻어야 하고, 올라야 하고, 있어야만 즐겁다면 반드시 언젠가 그 기쁨을 잃어버릴 때가 온다.

> [13]제사장들아 너희는 굵은 베로 동이고 슬피 울지어다 제단에 수종드는 자들아 너희는 울지어다 내 하나님께 수종드는 자들아 너희는 와서 굵은 베 옷을 입고 밤이 새도록 누울지어다 이는 소제와 전제를 너희 하나님의 성전에 드리지 못함이로다 [14]너희는 금식일을 정하고 성회를 소집하여 장로들과 이 땅의 모든 주민들을 너희 하나님 여호와의 성전으로 모으고 여호와께 부르짖을지어다 (욜 1:13~14)

"베옷을 입고, 울고, 또 울어라. 예배가 끊어진 것으로 인해 밤새 울어라." 13절은 제사장들을 향한 요엘 선지자의 촉구이다. 제사장들은 예배가 끊어지고, 심판을 기다린다는 말씀이 무엇인지 안다. 그러니 제사장들이 먼저 회개하고 우는 게 마땅하다. 육적인 질병만 조용히 오는 것이 아니라 영적인 질병도 어느 틈에 썩어 문드러졌는지도 모른다.

소제와 전제를 드릴 곡식이 사라지고, 예배가 끊어지면 그제야 잘못된 것을 알지만 늦는다. 이스라엘은 예배하는 백성인데, 하나님께 예배할 수 없다면 근본이 흔들리고, 존재 이유가 없다.

제사장들은 우는 것에서 멈추면 안 된다. 우는 것은 물론 장로들과 주민들을 불러 모아서 같이 울고 부르짖어야 한다. 금식해야 한다. 금식은 단순히 굶는 것이 아니라 자기를 괴롭게 하는 일이다. 이 상황이 자신 때문이라는 것을 통감하며 괴롭고 아파야 한다.

> 슬프다 그 날이여 여호와의 날이 가까웠나니 곧 멸망 같이 전능자에게로부터 이르리로다 (욜 1:15)

요엘은 여호와의 날을 경고하고 있다. 여호와의 날은 소예언서의 핵심 주제이다. 요엘, 아모스, 오바댜, 스바냐, 말라기에 걸쳐 등장하는 그 날은 심판의 날이지만 어떤 이들에게는 구원의 날이기도 할 것이다. 그 날을 다시 구원의 날이 되도록 예수 그리스도를 보내셨으니까.

오늘날도 울어야 할 때가 아닌가. 슬픈 나날이 아닌가. 바알을 즐거움으로 삼으며 살 수 있는 삶이 아니지 않는가. 16~20절의 참상이다.

> [16]먹을 것이 우리 눈 앞에 끊어지지 아니하였느냐 기쁨과 즐거움이 우리 하나님의 성전에서 끊어지지 아니하였느냐 [17]씨가 흙덩이 아래에서 썩어졌고 창고가 비었고 곳간이 무너졌으니 이는 곡식이 시들었음이로다 [18]가축이 울부짖고 소 떼가 소란하니 이는 꼴이 없음이라 양 떼도 피곤하도다 [19]여호와여 내가 주께 부르짖으오니 불이 목장의 풀을 살랐고 불꽃이 들의 모든 나무를 살랐음이니이다 [20]들짐승도 주를 향하여 헐떡거리오니 시내가 다 말랐고 들의 풀이 불에 탔음이니이다

요엘이 이 상황을 안다면 당연히 울라고 하지 않겠는가. 이 세상이 아프고, 망가지는 것은 환경 파괴나 자연재해 때문만이 아니다. 우리가

바알을 사랑하며 살아가기 때문이다. 세상이 타락하고, 교회가 바알에 엎드린다면 근본적으로 우리 안에 요-엘의 삶이 없다는 것이다.

유다에 더 이상 먹을 것이 없다는 것은 충격적이다. 하나님께서 그동안 엄청난 축복을 하셨으나 더 이상 누릴 자격이 없다는 이야기이다. 이제 예배할 수 없고, 받지도 않으신다. 사람만 힘든 것이 아니라 가축이 울부짖는다. 사람만 우는 게 아니다. 양 떼도 피곤하여 울 수밖에 없다.

더욱이 모든 것을 불살랐다(19절). 몇 해 전 미국 서부에서 발생한 산불은 가히 상상을 초월했다. 우리나라 면적의 몇십 배가 사라지고 말았다. 캘리포니아는 지중해 기후여서 감람나무나 유칼립투스 나무가 많은데, 기름을 품고 있어서 불이 붙기 시작하면 사람의 힘으로는 결코 끌 수 없다. 비를 내리지 않으면 끝나지 않을 불길이다. 망연자실할 수밖에 없다.

들짐승도 헐떡거릴 지경이다(20절). 그것이 하나님을 향하여 울부짖고 기도하는 것처럼 보인다. 남의 나라의 일이 아니다. 여호와의 날은 언제 어디서 어떻게 올지 아무도 알 수 없다.

그러니 회개하자. 가장 큰 즐거움을 주시는 하나님이 부수적이었음을. 우리는 바알의 기쁨으로 살려 했고, 예배하는 것도, 기도하는 것도, 섬겨야 하는 것도 잊었다. 그저 애곡하고 울어야 한다. 그 시간이다.

>   나눔 질문

1.   나의 개인적인 문제가 아니라, 이 땅의 현실을 바라보며 하나님 앞에서 눈물을 흘려야 한다는 요엘의 지적을 어떻게 생각하십니까?

2.   나에게 가장 큰 기쁨은 무엇입니까? 정말 하나님입니까? 아니면 하나님이 주신 부수적인 것들입니까?

2장
(1)

다시 뜨거워지십시다

요엘 1장 15절 말씀처럼, 여호와의 날은 언제 어떻게 올지 모른다. 이제 2장에서 그날을 풀어서 설명하고 있다. 1장과 마찬가지로 울며 애곡하고, 진정으로 돌이켜야 긍휼을 베푸시는 하나님을 만날 수 있으리라.

여호와의 날은 어두운 날?

> 시온에서 나팔을 불며 나의 거룩한 산에서 경고의 소리를 질러 이 땅 주민들로 다 떨게 할지니 이는 여호와의 날이 이르게 됨이니라 이제 임박하였으니 (욜 2:1)

나팔을 부는 것은 전쟁의 시작을 알리는 신호이다. 구부러진 양의 뿔로 된 나팔은 재앙이 다가온다는 것을 알린다. 놀라운 것은 나팔 소리가 시온에서 들리고, 거룩한 산에서 울려 퍼진다는 사실이다. 이는 전쟁이 발생한 연유가 신앙 문제라는 이야기이다.

바벨론의 침공이 운수 나쁜 일이 아니라 우리 신앙이 잘못되었기에 이 재앙이 내려진다. 거룩한 산에서 나온다는 것은 이 전쟁을 하나님이 주관하신다는 뜻이다. 네 차례의 메뚜기 습격도 우연이 아니다. 시온에서, 거룩한 산에서 울려 퍼지는 하나님의 명령이다. 그래서 그날은 여호와의 날이고, 이스라엘에게는 몹시 무서운 날이다.

> 곧 어둡고 캄캄한 날이요 짙은 구름이 덮인 날이라 새벽 빛이 산 꼭대기에 덮인 것과 같으니 이는 많고 강한 백성이 이르렀음이라 이와 같은 것이 옛날에도 없었고 이후에도 대대에 없으리로다 (욜 2:2)

어둡고, 짙은 구름이 끼고, 캄캄한 날이다. 이는 심판하시는 하나님을 상징한다. 일 년에 한두 번 이런 상황에서 비가 쏟아지는 경험을 하는데 무섭다. 구름이 시커먼 색일 때 그 자체만으로도 위협적이다. 제사장들은 빨리 나팔을 불어야 한다. 2장 1절은 1장 13절부터 연결되는 말씀이다. 13절에 "제사장들아" 하면서 제사장들을 소환하신다. "서둘러 나팔을 불어라. 그래서 다들 정신 차리고 애곡하게 해라."

요엘은 아모스 시대에 활동한 선지자이다. 그래서 아모스서 주제도 여호와의 날이다. 아모스 5장에 기가 차고, 정신 나간 이들이 등장한다.

> [18]화 있을진저 여호와의 날을 사모하는 자여 너희가 어찌하여 여호와의 날을 사모하느냐 그 날은 어둠이요 빛이 아니라 [19]마치 사람이 사자를 피하다가 곰을 만나거나 혹은 집에 들어가서 손을 벽에 대었다가 뱀에

게 물림 같도다 20여호와의 날은 빛 없는 어둠이 아니며 빛남 없는 캄캄

함이 아니냐 (암 5:18~20)

유다 백성들이 하나님을 사모한다면서 바알을 사랑하며 살았다는
말씀이다. 어리석게도 그들은 여호와의 날이 어서 오면 좋겠다고, 빨리
오라고 난리이다. 그날이 그들에게 캄캄한 날인지조차 모르고 그날을
사모한다. 이 모습을 보면 그래도 우리는 정직하지 않냐고 반문할지 모
른다. "예수님 어서 오소서." 그런 기도는 하지 않으니까. 정말 그런가?

그날은 새벽빛이 산꼭대기에 걸린 것 같을 것이다. 아침에 자다가
새벽빛이 딱 비치면 참 강렬하다. 그 빛은 산꼭대기에 걸려 모든 곳을
예외 없이 비춘다. 그 누구도 여호와의 날에서 예외가 없다. 메뚜기 떼
같은 강한 백성이 침공해 오고, 그 같은 환난은 옛날에도 없었고 이후에
도 없다. 바벨론의 강력한 침공은 그동안 유다를 괴롭혔던 모압, 암몬,
에돔, 아람 같은 군대와는 차원이 다르다.

불이 그들의 앞을 사르며 불꽃이 그들의 뒤를 태우니 그들의 예전의 땅
은 에덴 동산 같았으나 그들의 나중의 땅은 황폐한 들 같으니 그것을 피
한 자가 없도다 (욜 2:3)

이런 뉴스를 들어 본 적 있을 것이다. 아마존은 에덴동산처럼 자연
그대로인데 산불이 오랫동안 지속된다는 것 말이다. 아마존이 지구의
허파인데, 그 밀림에 불이 나서 사라지고 있고, 지구 온난화 속도를 가
속시키고 있다. 에덴동산은 하나님이 함께하시는 기쁨의 동산인데 그곳
이 황폐해졌고, 그것을 피한 자가 없다.

¹⁴여호와의 큰 날이 가깝도다 가깝고도 빠르도다 여호와의 날의 소리로 다 용사가 거기서 심히 슬피 우는도다 ¹⁵그날은 분노의 날이요 환난과 고통의 날이요 황폐와 패망의 날이요 캄캄하고 어두운 날이요 구름과 흑암의 날이요 ¹⁶나팔을 불어 경고하며 견고한 성읍들을 치며 높은 망대를 치는 날이로다 (습 1:14~16)

스바냐서의 주제도 여호와의 날이다. 이날은 환난과 고통의 날이 되리라 말씀한다. 이 여호와의 날은 빠르게 닥칠 것이다.

요엘 선지자의 선포 후, 200년이 지나서야 바벨론이 들이닥쳐 유다를 잔인하게 짓밟았다. 하나님은 그 사실이 안타까워 200년 전부터 어서 속히 나팔을 불며 울라고, 소리 지르고 외치라고 말씀하셨다. "그렇다면 내 때에는 여호와의 날이 안 오겠네. 그냥 대충 살자"라고 생각할수도 있다. 그날은 앞당겨질 수도 있다. 지금 유다는 메뚜기 떼를 통해여호와의 날을 간접 경험하고 있다. 그 떼는 몹시 무섭게 묘사되었다.

⁴그의 모양은 말 같고 그 달리는 것은 기병 같으며 ⁵그들이 산 꼭대기에서 뛰는 소리는 병거 소리와도 같고 불꽃이 검불을 사르는 소리와도 같으며 강한 군사가 줄을 벌이고 싸우는 것 같으니 ⁶그 앞에서 백성들이질리고, 무리의 낯빛이 하얘졌도다 ⁷그들이 용사 같이 달리며 무사 같이성을 기어 오르며 각기 자기의 길로 나아가되 그 줄을 이탈하지 아니하며 ⁸피차에 부딪치지 아니하고 각기 자기의 길로 나아가며 무기를 돌파하고 나아가나 상하지 아니하며 ⁹성중에 뛰어 들어가며 성 위에 달리며집에 기어 오르며 도둑 같이 창으로 들어가니 ¹⁰그 앞에서 땅이 진동하며 하늘이 떨며 해와 달이 캄캄하며 별들이 빛을 거두도다 (욜 2:4~10)

달리는 것이 말 같고, 기병 같다(4절). 큰 메뚜기가 마치 기병처럼 달려온다. 예전에 어청도 장병들을 위문한 적이 있다. 저녁에 짬이 나서 산책하는데, 그곳 메뚜기가 거의 손바닥만 했다. '이곳이 에덴동산인가' 하는 착각을 했었다. 만약 그런 메뚜기 수억 수십억 마리가 날아온다면 말 같고 기병 같을 것이다.

병거 소리, 검불을 사르는 소리도 난다(5절). 수많은 메뚜기 떼가 날개를 퍼덕거리면 그 소리가 무서울 것이고, 엄청난 소음일 것이다. 6절처럼 질리고, 낯빛이 하얗게 되어 버릴 것이다. 이 메뚜기들은 무슨 사명을 가지고 전쟁에 임하는 것처럼 줄이 딱 맞고, 서로 부딪치지도 아니하고 성안으로 뛰어 들어가며, 성 위에서 달리고, 집에도 들어가 살육하고, 때리고, 다 빼앗고, 죽인다(7절). 그들이 이렇게 일사불란한 이유는 하나, 하나님께로부터 온 군대이기 때문이리라.

이제라도 돌아오라

이스라엘은 끝까지 고집을 꺾지 않아서 이렇게 캄캄한 여호와의 날을 만나고 말았다. 바알 가운데 계속 거하고자 하는 그 삶 때문이다. 느브갓네살이 바벨론을 지휘하는 것 같지만 하나님이 지휘하셨다. 많은 신학자들이 이 여호와의 날을 앞으로 오실 메시아와 연결지어 해석한다. 예수 그리스도께서 천군 천사를 대동하고 이 땅에 오시는 사건도 이와 비슷하리라는 이야기이다. 아무도 당할 자가 없다. "나는 괜찮을 거야. 우리는, 우리 교회는 별일 없을거야. 설마." 그러면서 여전히 속수무책인 사람들도 예외 없이 여호와의 날을 맞이할 것이다.

> 여호와의 말씀에 너희는 이제라도 금식하고 울며 애통하고 마음을 다하여 내게로 돌아오라 하셨나니 (욜 2:12)

여호와의 말씀이다. "너희는 이제라도" 돌아오라고 하신다. 마음을 다하여 하나님께 돌아오라고 하신다. 지금도 늦지 않았다. 바알을 버린 척하지 말고, 버렸다고 거짓 회개하지 말고, 양쪽 사이에서 갈팡질팡하지 말고, 마음을 다해 돌아오라고 하신다.

> 너희는 옷을 찢지 말고 마음을 찢고 너희 하나님 여호와께로 돌아올지어다 그는 은혜로우시며 자비로우시며 노하기를 더디하시며 인애가 크시사 뜻을 돌이켜 재앙을 내리지 아니하시나니 (욜 2:13)

"옷을 찢지 말고 마음을 찢고" 이 말씀은 온 마음을 다해 간절하게 하나님께 돌아오라는 뜻이다. 당시 사람들은 옷이 많지 않았다. 그러므로 옷을 찢는다는 것은 비장한 결단인데, 옷을 찢는 행위조차 형식적이 되어 버렸다. 예배 때, 부흥회 때 잠깐 회개하는 것이 아니라 정말 여호와께 돌아가라는 말씀이다.

하나님의 속성을 믿는가?

우리가 바알을 버릴 수 있을까? 힘든 일이다. 바알을 버리려고 하면 마귀가 못 버리게 하고, 내 미래에 대한 두려움으로 가득 차서 초조하게 만든다. 돌아간다는 것은 고통이다. 그 고통을 감내해야 가능하다. 대부분이 죽을 때까지 돌아가지 못하는 이유이기도 하다. 옷은 찢어도 마음을 찢지 못하고, 자기 자랑하면서, 남을 비난하면서, 평생 돈만 좇다가, 하나님이 기뻐하는 일이 뭔지 모르고, 그저 돌아가는 척하기 바쁘다.

왜 그러는가? 이어지는 하나님의 속성을 믿지 못하기 때문이다. 하나님이 은혜로우시고, 자비로우시고, 노하기를 더디하시는 분인 걸 말로만 고백한다. 우리 삶을 책임지시는 은혜의 하나님을 모르는 것이다.

> 주께서 혹시 마음과 뜻을 돌이키시고 그 뒤에 복을 내리사 너희 하나님 여호와께 소제와 전제를 드리게 하지 아니하실는지 누가 알겠느냐 (욜 2:14)

하나님께서는 뜻을 정하셨더라도, 백성들이 진정 돌이키면 뜻을 바꾸실 수 있다는 말씀이다. 실제로 요나의 선포를 들은 니느웨 백성들이 왕부터 짐승에 이르기까지 굵은 베옷을 입고 힘써 하나님께 부르짖고 돌아섰더니 그 진노를 그치셨음을 우리는 알고 있다(욘 3:10). 하나님이 니느웨 사람들도 구하셨다. 하나님의 백성을 어떻게 책임지실지 믿음의 눈으로 볼 수 있어야 한다.

> [15]너희는 시온에서 나팔을 불어 거룩한 금식일을 정하고 성회를 소집하라 [16]백성을 모아 그 모임을 거룩하게 하고 장로들을 모으며 어린이와 젖 먹는 자를 모으며 신랑을 그 방에서 나오게 하며 신부도 그 신방에서 나오게 하고 (욜 2:15~16)

이제 성회를 소집하라고 말씀한다. 다 모여서 울어야 한다. 장로들이 모여야 한다. 어린이와 젖먹이들도 오라고 한다. 사실 젖먹이가 뭘 안다는 말인가? 구약에서 어린이를 소환한 내용은 없었고, 젖먹이에 대해서는 두말할 필요도 없다.

그러나 200년 후에 그들 자녀들이 그 심판을 그대로 당할 것이니 지금 다 나오라고 한다. 신랑과 신부도 나와야 한다. 신명기에, 막 결혼한 신랑은 군대에 징집할 수도 없고, 일 년은 일도 시키지 말라고 했다(신 20:7). 신혼을 즐기라는 이야기일 것이다. 그러나 지금은 다 불가능하다. 젖먹이도 부모에 의해 바알의 영향 아래 있고, 신랑 신부도 전부 바알의 세상을 꿈꾸며 살고 있으니 다 나와야 한다.

> 여호와를 섬기는 제사장들은 낭실과 제단 사이에서 울며 이르기를 여호와여 주의 백성을 불쌍히 여기소서 주의 기업을 욕되게 하여 나라들로 그들을 관할하지 못하게 하옵소서 어찌하여 이방인으로 그들의 하나님이 어디 있느냐 말하게 하겠나이까 할지어다 (욜 2:17)

현대인 성경의 17절은 하나님의 백성들이 "이방 나라의 멸시와 조롱거리"가 된다고 표현해서 이해하기 쉽다. 하루는 한 성도님이 부대 지휘관이었던 분의 집 근처에서 전화를 했더니 대뜸 "야, 너 교회 다니지? 안 만나"라고 했단다. 코로나 바이러스가 한창이던 시기, 교회 다니는 사람은 만날 수 없다는 이야기다. 이처럼 목사도 교인도 세상의 조롱거리가 되기도 했고, 교회는 시끄럽게 하는 곳, 분쟁을 일삼는 곳이라고 인식하게 하기도 했다. 이를 두고 특정한 사람들, 이단의 문제라고 애써 외면하지만 성경은 하나님의 안타까운 조치였음을 알게 한다.

[18]그 때에 여호와께서 자기의 땅을 극진히 사랑하시어 그의 백성을 불

쌓히 여기실 것이라 ¹⁹여호와께서 그들에게 응답하여 이르시기를 내가
너희에게 곡식과 새 포도주와 기름을 주리니 너희가 이로 말미암아 흡
족하리라 내가 다시는 너희가 나라들 가운데에서 욕을 당하지 않게 할
것이며 ²⁰내가 북쪽 군대를 너희에게서 멀리 떠나게 하여 메마르고 적
막한 땅으로 쫓아내리니 그 앞의 부대는 동해로, 그 뒤의 부대는 서해로
들어갈 것이라 상한 냄새가 일어나고 악취가 오르리니 이는 큰 일을 행
하였음이니라 하시리라 (욜 2:18~20)

18절을 개역한글판에서 보면 "그 때에 여호와께서 자기 땅을 위하여
중심이 뜨거우시며 그 백성을 긍휼히 여기실 것"이라고 했다. 이 번역이
더 와닿는다. 백성들이 바알로부터 돌이켜서 진정 울며 나아오니 하나
님의 마음이 다시 뜨거워지셨다. 이 말씀을 되짚으면, 우리만 바알을 사
랑하느라 하나님을 향한 중심이 식은 것이 아니라, 하나님도 우리에 대
해 그 중심이 식으셨다는 것을 알 수 있다. 얼마나 사랑하셨는데, 그 바
알 사랑이 하나님의 마음을 식게 하였다. 철저한 회개와 돌이킴만이 하
나님의 마음을 다시 사랑으로 뜨겁게 할 수 있을 것이다.

>   나눔 질문

1. 성경은 심판을 말할 때, 교회가 가장 먼저 심판받을 것임을 말씀합
니다. 나도 거기에서 예외일 수 없습니다. 어떻게 생각하십니까?

2. 다시 하나님의 마음이 뜨거워지시려면, 우리가 진정으로 돌이켜야
하는데, 나의 돌이킴은 진정성이 있습니까?

완벽하게 보상하시는 하나님

하나님의 말씀은 살아 있다(히 4:12). 그 말씀이 우리 영혼을 쪼개고 삶을 변혁시킨다. 우리는 말씀을 통해 매일매일 진보해야 한다. 철저한 회개를 통해 하나님의 말씀을 나를 향한 축복이 되게 해야 한다.

나는 회개하는 존재인가

> 땅이여 두려워하지 말고 기뻐하며 즐거워할지어다 여호와께서 큰 일을
> 행하셨음이로다 (욜 2:21)

선지자는 땅이 두려워한다고 말씀한다. 유다 백성들의 바알 사랑으로 고통받는 존재 중에 땅도 있었다. 22절에 "들짐승들아 두려워하지 말라"라고 한다. 들의 풀과 나무의 열매들도 힘을 내라고 한다. 사람과 하

나님의 관계가 망가지면 세상도 아파하고 두려워한다. 하나님의 명령에 따라 아름답게 가꾸어져야 하는데, 전쟁으로 파괴되고 자연재해로 혼란해진 나머지 땅이 망가져 버린다. 그래서 땅도 두려워했던 것이다. 온갖 거짓된 야단법석이 땅에게도 두려움으로 다가온다는 것이다.

남편과 아내 관계가 깨어지면 누가 무섭고 두려워하는가? 자녀이다. 반려견도 반려묘도 영향을 받는다. 가정에서 싸우느라 분노가 제어되지 않는다면 자녀는 두려움에 떨 수밖에 없다. 둘의 관계가 깨어지면 주변 모두가 영향을 받는 것은 당연하다. 특히 하나님과의 관계가 깨어지면 이 세상이 허물어진다. 그런데 이제 땅들은 기뻐하며 즐거워하라고 외친다.

왜 땅이 두려워하지 않으며, 왜 기뻐하고 즐거워할 수 있는가? 하나님께서 큰 일을 행하셨기 때문이다. 20절은 북쪽 군대, 즉 메뚜기 떼를 동해와 서해로 들어가게 해서 없앤다고 선언한다. 이상한 건 이 예언이 이루어졌다고 성경 어디에도 말씀하고 있지 않다. 그 말인즉 유다 백성이 진실로 돌이키지 않았다는 것을 짐작하게 한다. 바알을 끝내 버리지 못하고, 삶을 변혁하지 못했다. 철저한 회개가 없었다. 이 축복의 예언이 예언으로 끝나는 것은 아닐까? 그래서 신약에서 절망 가운데 있는 우리에게 예수님이 오신다.

회복의 은혜

> 들짐승들아 두려워하지 말지어다 들의 풀이 싹이 나며 나무가 열매를 맺으며 무화과나무와 포도나무가 다 힘을 내는도다 (욜 2:22)

메뚜기 떼, 또는 전쟁으로 폐허가 된 땅이 회복되는 데는 오랜 시간이 걸린다. 어마어마한 산불이 난 강원도도 웬만큼 회복되는 데 수십 년이 소요된다. 그러나 하나님이 관여하시면 땅도 힘을 내고, 풀과 나무도 힘을 낸다. 하나님의 역사가 그렇지 않았는가? 전혀 싹이 나지 않을 곳에서도 싹이 나고, 열매를 맺을 수 없어도 열매를 맺는다. 먹을 것이 없어 사라진 들짐승들도 힘을 내어 돌아온다.

> [23]시온의 자녀들아 너희는 너희 하나님 여호와로 말미암아 기뻐하며 즐거워할지어다 그가 너희를 위하여 비를 내리시되 이른 비를 너희에게 적당하게 주시리니 이른 비와 늦은 비가 예전과 같을 것이라 [24]마당에는 밀이 가득하고 독에는 새 포도주와 기름이 넘치리로다 (욜 2:23~24)

하나님께서 이른 비와 늦은 비를 적절하게 내려 주시니 자연이 회복되는 신비, 생각만 해도 행복하다. 1장에서 말라 버렸던 땅이 2장에서는 기뻐하며, 헐떡거리던 들짐승들이 힘을 얻고, 불살라진 풀들이 싹을 내며, 불타 버린 나무들이 풍성한 열매를 맺고, 슬피 부르짖던 시온의 자녀들이 즐거워한다. 할렐루야! 바알로 인해 기뻐하던 백성들이 이제 여호와로 인한 기쁨을 알게 된다는 말씀이다.

이른 비와 늦은 비가 적당하게 내리는 것은 축복이다. 여기서 '적당하게'라고 번역된 히브리어 쩨다카는 '공의'라는 뜻이다. 구약성경에 100번 넘게 나오며, 하나님의 뜻을 관통하는 개념이다. 그런데 유일하게 여기서만 '적당하게'로 번역되어 있다. 이 쩨다카는 올바른 관계라는 함의를 지닌다. 하나님과의 관계가 올바르게 회복되니, 자연 만물도 적당하게 질서를 잡아 간다. 일종의 언어유희이다.

밀이 가득하고, 새 포도주와 기름도 넘친다. 가득하게 하고 넘치게 주시는 분은 하나님이다. 바알은 무언가 주는 척하지만 지푸라기 같은 것이어서 가득 차지 않고 넘치지 않는다. 우리에게 넘치게 주시는 분은 하나님, 여호와이시다. 우리의 생사화복은 하나님께 달려 있다.

> ²⁵내가 전에 너희에게 보낸 큰 군대 곧 메뚜기와 느치와 황충과 팥중이 가 먹은 햇수대로 너희에게 갚아 주리니 ²⁶너희는 먹되 풍족히 먹고 너희에게 놀라운 일을 행하신 너희 하나님 여호와의 이름을 찬송할 것이라 내 백성이 영원히 수치를 당하지 아니하리로다 (욜 2:25~26)

하나님이 베푸시는 은혜의 절정이다. 메뚜기가 먹은 햇수대로 갚아 주신다. 하나님은 정말 놀랍고, 신비하고, 아름답게 우리 삶을 이끌어 가신다. 때로는 죄악으로 혼나고 심판받기도 하지만, 전심으로 돌아가면 그 햇수대로 완벽하게 보상하신다. 하나님의 심판은 파멸과 멸망이 목적이 아니라 우리를 돌이키기 위해 주어진다. 하나님의 징계가 무섭지만, 회복의 보상은 상상하는 것 이상이다. 우리 삶의 변혁을 제대로 실천할 법하지 않은가? 충분히 모험할 만하다.

우리가 속이는 것들

> 그런즉 내가 이스라엘 가운데에 있어 너희 하나님 여호와가 되고 다른 이가 없는 줄을 너희가 알 것이라 내 백성이 영원히 수치를 당하지 아니하리로다 (욜 2:27)

유다 백성들이 잘못한 것은 여호와 외에도 무엇이든 자기를 도울 수 있다고 믿었다는 점이다. 하나님을 잘 몰랐고, 그래서 바알에게서 모든 것이 비롯된다고 여겼고, 호세아는 그것을 강력하게 책망했다. 호세아는 그들이 "바알들을 섬긴 시일대로 내가 그에게 벌을 주리라"(호 2:13)라는 말씀을 선포했다. 이제 요엘은 철저하게 돌이키면 벌을 받았던 날수대로 갚아 주신다고 선포한다.

"너희가 안다"는 것은 비로소 깨닫는다는 말씀이다. 신명기를 보면 "너를 낮추시며 너를 주리게 하시며 또 너도 알지 못하며 네 조상들도 알지 못하던 만나를 네게 먹이신 것은 사람이 떡으로만 사는 것이 아니요 여호와의 입에서 나오는 모든 말씀으로 사는 줄을 네가 알게 하려 하심이니라"(신 8:3)라고 말씀한다.

알아야 한다. 하나님의 말씀으로 사는 우리에게는 교회 다니고, 예수 제대로 믿는 것이 손해처럼 보일 때도 많다. 세상에서 뒤처지는 것처럼 여겨진다. 세월을 허비하는 것 같기도 하다. 그러나 햇수대로 갚으시는 하나님을 경험하기 위한 준비이다. 이 믿음이 넘치길 소망한다.

주의 영이 임하는 축복

²⁸그 후에 내가 내 영을 만민에게 부어 주리니 너희 자녀들이 장래 일을 말할 것이며 너희 늙은이는 꿈을 꾸며 너희 젊은이는 이상을 볼 것이며 ²⁹그 때에 내가 또 내 영을 남종과 여종에게 부어 줄 것이며 (욜 2:28~29)

요엘은 물질적 은혜와는 비교할 수 없는 영적 은혜를 말씀한다. 완전히 회개하고 하나님께 돌아왔을 때, 여호와만이 유일한 왕이심을 깨닫고 삶이 변혁되었을 때, 바로 그때 하나님이 부어 주신다. 이 본문은 부흥회 때 뜨겁게 기도하면 성령을 주신다는 말씀으로 사용되는데, 사실 호세아나 요엘을 전체적으로 읽어 보면 그리 단순한 이야기가 아니다. 우리 삶 전체를 변혁해야만 주의 영이 부어지기 때문이다. 하나님께 진정으로 돌아와야 주의 영이 임한다. 여기서 만민을 직역하면 '모든 육체'이다. 어떤 사람이라도 돌이키면 예외 없이 주의 영이 부어진다.

주의 영이 임하면 어떠한가? 자녀들이 장래 일을 말하고, 늙은이는 꿈을 꾸고, 젊은이는 이상을 본다고 했다. 결국 같은 말인데, 하나님의 말씀에 대해 깨어 있는 영성을 가진다는 뜻이다.

젊은이가 이상을 본다고 할 때 영어 성경은 대부분 'vision'이라고 번역한다. 비전은 하나님이 말씀을 통해 보여 주시는 계획이고 목적이다. 그래서 아모스서로 가면 아모스가 이상을 보았다고 할 때 그 이상과 연계된다. 구약의 순서가 다 이유가 있다는 것이 신기하고 놀랍다. 말씀의 다양성을 깨닫는다. 어린이와 젊은이, 늙은이에게도 합당하게 다양한 방법으로 이루어진다. 하나님의 역사는 누구에게나 같을 수 없고, 각 세대에 따라 알맞게 하나님의 말씀을 이해하고, 하나님의 뜻을 깨닫고, 그것을 말하며, 순종하며 살아가는 역사를 28절에서 전하고 있다.

자녀들은 장래 일을 말한다. 아이들은 하고 싶은 것을 말했을 뿐인데, 하나님의 영이 임한 자녀들은 하나님의 영광과 목적을 위해 자신의 미래를 말한다. 젊은이들은 치열한 취업 현실 앞에서도 안위만이 아니라 인도하심에 따라 비전을 세운다. 할아버지 할머니들이 하나님의 꿈을 위해 기도하고, 하나님의 꿈을 이루기 위해 온 힘을 다해 그 삶을 투자한다. 철저한 돌이킴이 전제되었을 때 주어지는 영적 축복이다. 삶의 변혁에 따라 나의 판단과는 상관없이 주어지는 은혜일 수 있다.

> [30]내가 이적을 하늘과 땅에 베풀리니 곧 피와 불과 연기 기둥이라 [31]여
> 호와의 크고 두려운 날이 이르기 전에 해가 어두워지고 달이 핏빛 같이
> 변하려니와 [32]누구든지 여호와의 이름을 부르는 자는 구원을 얻으리니
> 이는 나 여호와의 말대로 시온 산과 예루살렘에서 피할 자가 있을 것임
> 이요 남은 자 중에 나 여호와의 부름을 받을 자가 있을 것임이니라 (욜
> 2:30~32)

요엘서는 말세를 상징하는 이중구조이다. 피와 불과 연기 기둥을 이
해하기 어렵지만, 하나님의 일하심에 대한 표징일 것이다. 어찌 되었든
누구든지 여호와의 이름을 부르는 자는 구원을 얻을 것이라고 말씀한
다. 이것은 단순히 주여, 주여 하는 부름이 아니라, 하나님께 철저히 돌
아서는 것임을 요엘서를 통해 깨달을 수 있다.

비밀스러운 이단이 아니라 철저히 회개한 자들이 바로 남은 자이다.
이런 신비로운 변화를 기대하며 오늘을 살아야 한다. 주를 따르는 자들
에게 완벽히 보상하시는 하나님, 우리가 그 대열에 있기를. 아멘.

> 나눔 질문

1. 교회 다니면 손해 본다는 생각을 한 적이 있습니까? 어떤 면에서 그
   렇게 생각했습니까?

2. 진정으로 돌이키고 회개할 때, 영적인 은혜와 복이 임한다고 했는
   데, 과연 우리 세대에 그런 돌이킴과 은혜를 볼 수 있을까요?

3장(1)

철저히 돌이켜라

반드시 다가올 여호와의 날

세상의 시간은 빠르게 흐른다. 어떻게 가는지 모를 지경이다. 세계 지표들이 어떻게 된다는 것인지 예측하기 어렵다. 이것이 우리의 시간이고 눈에 보이는 시간이지만, 세상의 시간에는 하나님의 시간도 있다. 그분의 뜻이 있고, 그분의 계획과 섭리가 있다. 하나님께서 정하신 날, 개인의 인생마다 그 시간이 있다. 그날을 '여호와의 날'이라고 부른다.

사실 성경에서 여호와의 날을 먼저 언급한 것은 요엘 선지자이다. 자기들의 시간에만 몰입되어 여호와의 시간과 여호와의 날을 보지 못하는 유다 백성들을 향해 간절히 외쳤다. 나의 인생과 이 세상에 있게 될 여호와의 날을 준비하라고 외쳤다. 그날은 심판의 날이기도 하고, 건짐 받는 날일 수도 있다. 무너지는 날이기도 하고, 회복의 날일 수도 있다. 죽는 날이고, 사는 날이다. 진실하게 하나님 앞으로 돌이키느냐의 여부에 달려 있다. 이것이 요엘서 말씀이고, 소예언서 주제이다.

2장 끝에 진정으로 돌이키는 자들에게 영적으로 주어지는 은혜를 선포했다. 당시 유다 백성들은 아무도 온전히 돌이키지 못해 누리지 못한 복이었다. 오늘날 신앙생활하는 우리도 유다 백성들일 확률이 99.9 퍼센트이다. 소예언서에서 계속 같은 주제로 외칠 만하다. 우리에게 기회를 연장해 주지만 반드시 끝난다. 돌이킬 수 있는 시간도 그 말미가 정해져 있듯이 결국 말라기에 다다르고, 하나님의 시간이 임할 것이다. 200년이 걸린다 해도 여호와의 날은 반드시 찾아온다.

> 보라 그 날 곧 내가 유다와 예루살렘 가운데에서 사로잡힌 자를 돌아오게 할 그 때에 (욜 3:1)

3장은 이들이 철저하게 돌이켰다고 전제하고, 여호와의 날이 어떤 날인지를 말씀한다. 유다 백성들은 사로잡힌 자들이 많았다. 훗날 바벨론에 의해 모두 사로잡히지만, 이전에도 여러 나라에 많이 사로잡혀 갔다. 그 운명이 실로 불행하다. '사로잡힌 자'는 대부분 영어 성경에서 '운명'이라고 번역했다. "내가 유다와 예루살렘의 운명을 되돌리리라."

어떤 자녀들은 태어날 때부터 사로잡힌 곳에서 태어난다. 이 아이들은 자유를 알지 못하나 하나님은 이들의 운명을 바꾸신다. 참담한 현실을 바로잡고 회복시키신다.

만약 운명을 맡긴다면, 누구에게 부탁하겠는가? 세상 권세인가? 물질인가? 입이 없어 말을 못하는 우상인가? 영원히 만족이 없는 음란인가? 우리의 운명을 돌이키고 바꾸실 분은 여호와, 바로 요-엘이다.

사실 사로잡히더라도 은혜를 허락하시는 하나님이다. 에스겔을 읽어 보면, 길바닥에 피투성이로 버려져 발버둥 치는 존재인 우리를(겔

16:6) 친히 건져 반려자로 삼고 언약을 맺으셨다. 그러나 그 언약대로 살기보다 세상 가치를 따라 하나님 곁을 떠난 그들을 사로잡히게 하시고, 철저하게 회개하고 돌이키기를 기다리는 하나님, 그 사로잡힘으로부터 돌아오자 축복하시는 하나님이다.

여호사밧 골짜기의 심판

²내가 만국을 모아 데리고 여호사밧 골짜기에 내려가서 내 백성 곧 내 기업인 이스라엘을 위하여 거기에서 그들을 심문하리니 이는 그들이 이스라엘을 나라들 가운데에 흩어 버리고 나의 땅을 나누었음이며 ³또 제비 뽑아 내 백성을 끌어 가서 소년을 기생과 바꾸며 소녀를 술과 바꾸어 마셨음이니라 (욜 3:2~3)

그때 하나님께서 만국을 모아 '여호사밧 골짜기'에서 심문하고 심판하실 예정이다. 요엘서는 당시 유다를 향한 예언이자 말세의 예언인 두 가지 구조를 가지고 있어서 염두에 두고 읽으면 좋겠다.

여호사밧은 왕의 이름이다. 그는 주전 873년에서 848년까지 유다를 통치했으며 비교적 하나님의 마음에 합한 사람이었다(대하 17:3~4). 여기서 여호사밧이 언급된 것은 그의 어떠함보다 그 이름의 뜻과 관련이 있다. 여호사밧의 사바트는 '심문하다'라는 뜻이다. 즉 "여호와께서 재판하신다"라는 의미를 가진 이름이다. 또한 골짜기는 고대에는 전쟁이 끝나면 포로들을 심판하는 장소였다. 그러니까 여호사밧 골짜기는 여호와께서 행하시는 재판, 나아가 최종 심판을 상징한다.

하나님이 심판하실 나라들의 잘못은 하나님의 땅을 마음대로 나누어 버린 일이다. 곧 하나님의 소유를 자기 것처럼 가져갔다. 하나님의 것을 도둑질했고, 파괴했다. 하나님은 전부 헤아리신다. 또 3절에 그들은 전쟁에서 이겼다고 포로들을 마구 물건처럼 취급했고, 쾌락을 위해 남의 자녀들을 소홀히 대했다. 이 일이 수천 년 전 고대에 일어났건 근대에 일어났건 오늘날 삶의 현장에서 일어났건 그런 일을 허용하시지 않는다. 더군다나 하나님의 백성이 그리한다면 어떠하실까?

> ⁴두로와 시돈과 블레셋 사방아 너희가 나와 무슨 상관이 있느냐 너희가 내게 보복하겠느냐 만일 내게 보복하면 너희가 보복하는 것을 내가 신속히 너희 머리에 돌리리니 ⁵곧 너희가 내 은과 금을 빼앗고 나의 진기한 보물을 너희 신전으로 가져갔으며 ⁶또 유다 자손과 예루살렘 자손들을 헬라 족속에게 팔아서 그들의 영토에서 멀리 떠나게 하였음이니라
>
> (욜 3:4~6)

두로는 지중해 연안 도시이다. 무역업이 발달하였으며 바알뿐만 아니라 여러 신을 섬겼다. 이사야, 예레미야, 에스겔 등 선지자들은 교만으로 멸망할 두로에 대해 수차례 예언했다. 그곳은 하나님의 것을 빼앗아 막대한 부를 축적한 도시다. 바알과 아스다롯을 주로 섬긴 시돈 왕 엣바알의 딸 이세벨이 이스라엘 왕 아합과 결혼함으로 이스라엘의 바알 숭배가 절정을 이루게 되었다(왕상 16:31). 결국 두로, 시돈, 블레셋은 이스라엘을 괴롭히고 학대한 열방의 상징으로 언급이 되고 있다.

이들은 하나님의 백성들을 헬라 족속에게 팔았다. 포로로 잡혀가도 가나안 족속의 땅에 있기만 하면 언제든지 예루살렘으로 돌아갈 수 있

는 희망이 있었지만, 헬라 땅으로 팔려 가면 다시 돌아올 희망을 품을 수 없다. 하나님 백성들에게 아예 희망조차 품지 못하도록 잔인한 짓을 한 것이다. 그곳에 팔려간 백성들은 비참하여 애곡한다. 그리고 목숨을 걸고 삶을 변혁한다. 말씀대로 살고, 믿음으로 살게 되면서 그들을 기억하신 하나님은 능력을 베푸신다.

이 또한 하나님의 인도하심이다. 고난의 축복됨이다. 하나님 앞으로 돌이켜 눈물을 흘렸다. 고난 없는 축복은 울 일이 없다. 절대 돌이키지 않는다. 절대! 고난이 있어야 하나님을 향하여 전심으로 나아가고, 그제야 비로소 애곡한다. 그렇게 삶을 돌이키면 하나님이 일하신다.

운명을 바꾸시는 역사

> ^{7}보라 내가 그들을 너희가 팔아 이르게 한 곳에서 일으켜 나오게 하고 너희가 행한 것을 너희 머리에 돌려서 ^{8}너희 자녀를 유다 자손의 손에 팔리니 그들은 다시 먼 나라 스바 사람에게 팔리라 여호와께서 말씀하셨느니라 (욜 3:7~8)

7절은 '보라'는 명령으로 시작한다. 우리의 눈을 떠 하나님의 역사를 보라는 말씀이다. 하나님께서 백성의 운명을 바꾸시는 역사를 보면, 팔려 넘어간 곳에서 다시 일으켜 나오게 하신다. 우리도 세상에 팔려서, 세상이 시키는 대로 살다가 말씀의 비전이 우리를 사로잡으니 바로 그 자리에서 말씀을 듣고 일어서게 된다. 이방인의 자녀들이 하나님을 믿는 자들의 손에 맡겨지고, 바로 거기서 예수 믿는 역사를 언급하고 있다.

왜 전도를 못하는가? 세상 사람들과 똑같이 바알을 사랑해서 그렇다. 아무런 차이가 없는데 왜 예수 믿겠는가. 똑같이 바알을 사랑하며 사는데, 예수를 알면 천국 간다는 그 말을 믿을 리가 없다. 믿는 자들이 재생산되려면 내가 달라져야 한다. 말씀을 정말 사랑해야 한다. 그런 자에게만 여호와의 날이 진정 구원의 날이 된다. 이제 요엘은 여호사밧 골짜기에서 일어나는 일에 대해 구체적으로 말씀한다.

> [9]너희는 모든 민족에게 이렇게 널리 선포할지어다 너희는 전쟁을 준비하고 용사를 격려하고 병사로 다 가까이 나아와서 올라오게 할지어다 [10]너희는 보습을 쳐서 칼을 만들지어다 낫을 쳐서 창을 만들지어다 약한 자도 이르기를 나는 강하다 할지어다 (욜 3:9~10)

하나님께서 전쟁 준비를 하라고 선언하신다. 이는 세상이 죄악으로 가득해서 이제 심판할 때가 되었고, 드디어 여호와의 날을 실행할 때가 되었다는 것이다. 궁극적인 하나님의 심판을 말한다. 재밌는 것은 10절 말씀이다. 먼저 이사야의 한 구절을 살펴보자.

> 그가 열방 사이에 판단하시며 많은 백성을 판결하시리니 무리가 그들의 칼을 쳐서 보습을 만들고 그들의 창을 쳐서 낫을 만들 것이며 이 나라와 저 나라가 다시는 칼을 들고 서로 치지 아니하며 다시는 전쟁을 연습하지 아니하리라 (사 2:4)

본문과는 어떤 차이가 있을까? 요엘은 보습을 쳐서 칼을 만들고, 낫을 쳐서 창을 만들라고 하는데, 반대로 이사야나 미가는 칼을 쳐서 보습을 만들고, 창을 쳐서 낫을 만들라고 한다. 이사야서와 미가서는 메시아를 예언하는 성경이고, 예수 그리스도께서 오시는 것을 말씀한다. 구속자로서 오신 신약의 메시야를 예언한다. 예수님이 오시면 전쟁이 필요 없어지고, 가지고 있던 무기를 농기구로 바꿔도 된다. 예수님이 십자가 사건을 통해 구속하시는데 무슨 전쟁이 필요하겠는가.

그러나 본문의 상황은 다르다. 요엘은 마지막 때에 바알을 섬긴 모든 사람은 다 농기구를 무기로 바꿔서라도 전쟁에 임해야 한다는 이야기이다. 그 전쟁이란 하나님이 심판하시는 전쟁이다. "너희들은 이제 죽은 목숨이니, 그동안 쓰던 물건이든 농기구든 다 무기로 바꿔서 자기 목숨을 부지하라"는 경고 메시지인 셈이다.

> [11]사면의 민족들아 너희는 속히 와서 모일지어다 여호와여 주의 용사들로 그리로 내려오게 하옵소서 [12]민족들은 일어나서 여호사밧 골짜기로 올라올지어다 내가 거기에 앉아서 사면의 민족들을 다 심판하리로다 [13] 너희는 낫을 쓰라 곡식이 익었도다 와서 밟을지어다 포도주 틀이 가득히 차고 포도주 독이 넘치니 그들의 악이 큼이로다 (욜 3:11~13)

하나님의 전쟁은 여호사밧 골짜기에서 이루어진다. 역대기를 보면, 여호사밧 왕과 관련된 전쟁이 있다. 모압과 암몬 연합군이 여호사밧을 치려고 쳐들어 온 그때 그는 자기 군사력으로 대항하지 않고 먼저 하나님의 얼굴을 향해 간구한다. 그러자 하나님께서 "너희는 이 큰 무리로 말미암아 두려워하거나 놀라지 말라 이 전쟁은 너희에게 속한 것이 아니요 하나님께 속한 것이니라"(대하 20:15)라고 말씀하신다.

그래서 여호사밧은 찬양하는 자들을 택하여 거룩한 예복을 입히고 군대 앞에 세워 행진하며 하나님을 찬송하는 것을 전쟁의 작전으로 결정한다. 하나님은 복병으로 암몬과 모압 군대를 치시고, 여호사밧의 이름대로 하나님이 심판하는 전쟁으로 이끄신다.

말세에는 하나님을 대적하려고, 하나님 없는 세상의 열방들이 온 힘을 모은다. 그렇게 힘을 합하여 하나님을 대적한다. 각종 악, 이단 사상, 물질주의, 포악, 더러움, 추함으로 가득하다. 이제 밟을 때가 되었다는 것이고, 사로잡혀간 백성의 운명을 돌이키시는 날에 열방을 여호사밧 골짜기에서 심판하시겠다는 선언이다. 이들도 끝까지 모든 것을 무기로 바꾸어 하나님을 대적하려고 발악하겠지만 모든 노력은 물거품이 될 것이다. 이 전쟁의 대상이 하나님이시지 않는가.

하나님의 자녀가 강한 것은 무기가 좋거나, 재물이 많거나, 권력이 높아서가 아니다. 우리가 말씀에 온전히 뛰어들 때 강하다. 하나님을 찬양하며 앞세울 때 어떤 전쟁도 이길 수 있다. 마지막 때에 무엇으로 칼을 만들고, 창을 만들겠는가? 무엇으로 보습을 만들고 낫을 만들겠는가? 우리는 다른 생각을 할 겨를이 없다. 말씀대로 철저히 돌이켜라. 여호와의 날은 생각지도 못한 날에 다가온다. 여호사밧 골짜기에서 심판당하는 대상이 아니라, 하나님의 용사가 되기를 기대하자.

> 나눔 질문

1. 온전히 돌이키지 못한 유다 백성은 하나님의 진노를 면하지 못합니다. 그럼 지금을 살아가는 나는 하나님께 신실한 백성일까요?

2. 하나님이 바꾸시는 운명도, 결국 철저한 회개와 변화를 전제합니다. 나의 변화는 현재 어떠한지 신앙생활의 여정 속에서 생각해 봅시다.

드디어 요엘서 마지막 부분이다. 요엘서는 여호와께서 시온에 거하시면서 백성들의 피 흘림 당한 것을 갚아 주신다는 약속으로 끝맺는다 (욜 3:21). 시온을 떠나셨던 하나님께서 돌아오셔서 남아 있던 백성, 바알을 버리고 하나님께 돌아온 백성, 이를 위해 고난도 기꺼이 감수한 백성에게 감당할 수 없는 만큼 복을 주시고 하나님과 영원히 함께하는 은혜를 주신다. 이 약속을 믿고 기도하면서 요엘서의 마지막을 출발한다.

하나님께서 함께하시니

사람이 많음이여, 심판의 골짜기에 사람이 많음이여, 심판의 골짜기에 여호와의 날이 가까움이로다 (욜 3:14)

174

여호사밧 골짜기(욜 3:2)의 또 다른 이름은 '심판의 골짜기'이다. 에스겔서에 하몬곡의 골짜기(겔 39:11), 스가랴서에 므깃도 골짜기(슥 12:11), 요한계시록에 아마겟돈 골짜기(계 16:16) 등이 언급되는데, 이들 모두 심판의 장소라는 공통점이 있다. 심판이 이루어질 여호와의 날은 가까워지고 있다(욜 1:15, 2:1). 1~2장 여호와의 날이 유다에 대한 심판이었다면, 3장 여호와의 날은 세상에 대한 심판을 상징한다. 그 대상이 누구이건 중요한 건 하나님께서 이 세상을 심판하신다는 사실이다.

성경의 분명한 주제 가운데 하나가 하나님의 심판 아닌가? 요즘은 심판 이야기를 잘 하지 않는다. 세상 사는 동안 그저 잘 살기를, 당장 마음에 위로가 되는 이야기를 하다가 심판하시는 하나님은 잠깐 뿐이다. 구약부터 신약에 이르기까지 묵상하면 상당히 많은 내용이 심판하시는 하나님을 말씀한다는 것을 알 수 있다.

우리가 정말 심판하시는 하나님을 믿는다면 그렇게 살 수 있을까? 삶이 변화되지 않을 수 있을까? 노하기를 더디하시고 은혜로우신 하나님이지만, 반드시 말씀대로 공의롭고 정확하게 심판하신다는 걸 믿는다면 어떻게 대충대충 신앙생활 할 수 있을까? 그렇다면 심판하시는 하나님을 믿지 않거나, 하나님을 기만하는 것이다. 아니면 "모르겠다"라는 생각으로 그저 아무 생각 없이 사는 거다. 그러나 그날이 다가오고 있다. 나에게도 여호와의 날은 가까이 와 있다.

예수님이 십자가에서 돌아가시며 이 땅의 심판을 담당하실 때에도 대부분의 사람은 구경꾼이었다. 진정 십자가를 믿고, 그 십자가를 지는 사람들이 없었다. 살아 있는 동안 잘 사는 것만 생각했지, 그래서 예수를 믿는 것이고, 정치적으로 이득을 얻으려고, 장사해서 이득을 얻으려고만 했지, 왜 저렇게 비참하게 예수님이 십자가에서 죽으셔야 했는지를 생각하지 않는다. 왜 예수님이 그리 처참하게 죽으셨는가? 내 죄는 일차적이고, 더 근본적으로 하나님의 심판이 다가오고, 그 심판을 두려워하신 예수님은 우리를 구원하시려고 그 고통을 감내하셨다.

해와 달이 캄캄하며 별들이 그 빛을 거두도다 (욜 3:15)

여호와의 날에 해와 달과 별이 그 빛을 잃을 것이라고 했다. 2장 10절에서 메뚜기 떼 습격이 일어났을 때도 유사한 말씀이 있었고, 마태복음, 요한계시록에도 같은 말씀이 있다. 이 세상의 아름다운 해와 달과 별도 영원하지 않다. 우리는 밤하늘의 달과 별을 보면서 하나님의 심판을 준비해야 한다. 이 심판의 날은 왜 어두운 날이어야 하는가? 심판받아야 할 대상이 건짐받는 대상보다 비교도 안 될 만큼 많아서 그렇다.

여호와께서 시온에서 부르짖고 예루살렘에서 목소리를 내시리니 하늘과 땅이 진동하리로다 그러나 여호와께서 그의 백성의 피난처, 이스라엘 자손의 산성이 되시리로다 (욜 3:16)

시온이라고 하면, 대부분 예루살렘 성전을 말한다. 그러나 영적 의미는 하나님이 계신 곳이 시온이고 예루살렘이다. 여호와의 날에 하나님께서 부르짖어 목소리를 내시니, 곧 말씀하시니 세상이 진동한다. 그때는 하나님만이 건짐을 받는 길이다. 하나님만이 우리가 피할 산성이시고, 요새이시다.

선지자 예레미야는 여호와만을 진실로 경외하는 자들이 악의 날에 안전한 요새를 가질 수 있다고 했다(렘 17:17, 25). 언제든지 사이렌 소리가 울리면 영구적인 피난처인 하나님께로 달려가야 한다. 그 훈련을 해야 한다. 호세아와 요엘에 의하면 그 피난처에 아무나 다 들어갈 수 있는 것은 아니다. 삶을 온전히 돌이킨 자들만 거할 수 있다. 삶을 돌이키지 않으면 여호와의 심판 날에 그곳에 있지 못할 것이다.

> 그런즉 너희가 나는 내 성산 시온에 사는 너희 하나님 여호와인 줄 알 것이라 예루살렘이 거룩하리니 다시는 이방 사람이 그 가운데로 통행하지 못하리로다 (욜 3:17)

17절은 우리가 요-엘을 경험할 것이라는 말씀이다. 여호와가 하나님인 줄 알게 된 우리는 하나님께 피하면서 "아, 여호와가 정말 하나님이시구나" 하고 깨닫는다. 만약 이를 알지 못하면 그와 반대되는 상황을 겪는다. 여호와의 날에 심판의 자리에서 "아, 여호와가 정말 하나님이시구나" 하고 후회하게 되는 것이다.

이 세상에서는 여호와를 의지하며 사는 사람들이 약해 보일 수 있다. 미미해 보이기도 한다. 시시하다. 그것이 두려워 하나님을 온전히 섬기고 따르지 않기도 한다. 그러나 무시당하면서, 얻을 것을 못 얻으면서 말씀만 따른 성도들은 여호와의 날에 하나님께서 함께하시니 그 누구도 이들을 괴롭게 하고 억누를 수 없다. 바로 역전되는 날이다.

> 그 날에 산들이 단 포도주를 떨어뜨릴 것이며 작은 산들이 젖을 흘릴 것이며 유다 모든 시내가 물을 흘릴 것이며 여호와의 성전에서 샘이 흘러 나와서 싯딤 골짜기에 대리라 (욜 3:18)

여호와께서 우리의 하나님이 되시면 어떤 일이 일어날까? 메뚜기로 인해 포도주가 끊어졌으나 산들이 단 포도주를 떨어뜨리고, 산 전체가 포도원이 된 것과 같다. 작은 산들에서는 우유가 흐르고, 산 전체가 목장이 된다. 에덴동산을 연상시키는 묘사들이다.

에덴동산이나 요엘서 3장의 하나님의 왕국은 바로 하나님이 전적으로 통치하실 때 모든 것이 온전하고 풍성하게 회복됨을 보여 준다. 산 전체가 단풍 들면 여기저기 알록달록하다. 산 전체가 포도원이면 모든 곳에서 포도를 얻고, 산 전체가 목장이면 모든 곳에서 우유가 흐른다. 그야말로 젖과 꿀이 흐르는 것이다.

그러니까 이스라엘 백성들이 결국 가고자 한 젖과 꿀이 흐르는 가나안 땅은 실제 장소의 개념이 아니라 여호와를 하나님으로 인정하는 그 자리를 말한다. 18절은 여호와의 성전에서 샘이 흘러 싯딤 골짜기까지 흐른다고 말씀한다. 싯딤 골짜기는 사해로 가는 길목인데, 죽어 있는 사해까지 흘러 물고기들이 살아나고, 하나님이 계신 성전에서 흘러가는 생수가 죽어 있는 세상과 나의 삶을 살리는 것을 상징하고 있다.

지금 여호와가 하나님임을 선언하고, 우리 안에 있는 바알의 요소들을 버리고, 하나님의 말씀대로 살기를 결단할 때 성령의 샘이 답답한 마음, 고여 있는 악함, 질병, 괴로움, 더러움, 분노, 미움, 살기, 바알을 사랑하는 마음, 이 모든 것을 씻어 내는 역사가 있지 않겠는가. 이런 회복에는 반드시 심판이 수반된다.

> 그러나 애굽은 황무지가 되겠고 에돔은 황무한 들이 되리니 이는 그들이 유다 자손에게 포악을 행하여 무죄한 피를 그 땅에서 흘렸음이니라
>
> (욜 3:19)

애굽과 에돔은 황무지가 된다. 하나님 백성의 회복과 세상이 황무지가 되는 것은 이사야도 강조한 말씀이다. 당시 애굽은 가장 풍요로운 도시였고, 학문도 발달했으나 하나님의 말씀이 없었다. 그러면 결국 교만이 남고, 교만이 황폐하게 만든다. 에돔은 유다와 가장 가까운 곳에 있다. 그 때문에 말씀의 영향을 언제든지 받을 수 있었으나 여호와가 하나님임을 인정하지 않았다. 말씀은 별 볼 일 없다고 여겼다. 그거 지켜 봐야 소용없고, 삶을 바꿔 봐야 좋을 게 뭐 있냐는 사람들은 모두 애굽이나 에돔과 같다. 애굽과 에돔은 기회만 있으면 유다 사람들을 노예로 팔았고 공격했다. 유다가 되려면 그 시간을 견뎌야 한다. 때가 되면 폭력을 행사한 애굽과 에돔은 황무지가 되며, 유다는 영원히 서게 된다.

> ²⁰유다는 영원히 있겠고 예루살렘은 대대로 있으리라 ²¹내가 전에는 그들의 피흘림 당한 것을 갚아 주지 아니하였거니와 이제는 갚아 주리니 이는 여호와께서 시온에 거하심이니라 (욜 3:20~21)

요엘의 마지막 말씀

성경에서 요셉, 다니엘 같은 인물 이야기가 사랑받는 이유는 무엇인가? 바로 반전을 가지고 있기 때문이다. 십자가에서 부활하신 예수님의 이야기도 마찬가지이다. 영화나 드라마에 엄청난 반전이 있을 때 훨씬 재미있게 몰입한다. 믿음은 이런 반전을 약속한다. 정의가 구부러지고, 억울한 외침이 해결되지 않아도 때가 되면 갚아 주시는 하나님, 반드시 불의를 심판하시고, 횡포의 원수를 친히 갚으시는 하나님임을 믿는 것이다. 그날은 여호와의 날이다.

구약에는, 하나님이 억울하게 흘려진 피를 그냥 두지 않으시며, 여호와의 날에 반드시 심판하시고 역전시키신다는 내용이 자주 나온다. 신약의 요한계시록에서도 마지막 심판 때 이루어질 성도들의 신원이 선포된다. 성도들의 눈물을 닦아 주시고, 위로하신다. 그러니 좀 억울해도 참고 기도하고, 나의 삶이 하나님 닮아가기를 바라는 것이 아닌가? 눈물을 닦아 주시는 하나님을 기대하며 살고 있는가.

호세아는 진실하고 철저하게 돌이키는 회개를 요청했으나 백성들은 하나님을 아는 지식과 하나님의 긍휼을 거절한다. 요엘 선지자는 한 걸음 더 나아가서 지금뿐 아니라 미래, 말세에 있을 일을 예언하고 심판의 골짜기를 보여 주지만 그럼에도 제대로 된 돌이킴은 일어나지 않는다. 유다 백성들은 무엇을 회개해야 하는지조차 알지 못할 정도이다.

우리도 정확히 무엇을 회개해야 하는지 모를 수 있다. 그래서 아모스서는 우리가 무엇을 회개해야 하는지 구체적으로 선언한다. 이런 이유로 호세아, 요엘, 아모스를 이어서 봐야 한다. 도대체 이스라엘과 유다가 세상에서 믿음의 모범이기라도 한가? 그렇지 않았다고 호세아, 요엘, 아모스 선지자는 선포했다. 그럼에도 불구하고 하나님이 이들에게 계속 기회를 주시는 이유가 무엇인가? 그것은 하나님의 약속, 언약 때문이다. 하나님 약속의 백성이기에 먼저 끌어안으시고, 기회를 주시고, 사랑하신다. 그러므로 요엘의 마지막 말씀을 잊지 말라.

이제는 갚아 주리니 (욜 3:21)

인생을 살다 보면 속상할 때가 많다. 억울한 오해로 괴롭고, 말씀대로 살려고 해도 방해에 부딪힐 때가 있다. 꿈꾸는 것이 보이질 않고, 자꾸 손해의 길로 갈 때도 있다. 하나님이 모른 척하시는 건 아닌지 서운할 때도 있다. 그럴 때 위로가 되는 것은 말씀이다. 변함없는 말씀, 반드시 이루시는 말씀, 여호와 하나님의 말씀이다. 다른 무엇보다 말씀에서 위로를 찾고, 말씀으로 기뻐하는 훈련을 해야 한다. 하나님은 결국 모든 것을 갚아 주신다고 하셨다. 무엇을 갚아 주시겠다는 말씀인가? 세상 부귀영화인가? 천만의 말씀이다. 여호와께서 시온에 거하는 것으로 갚아 주시고, 바로 나와 함께 하는 것으로 역전하게 하신다.

> **나눔 질문**

1. 심판의 하나님을 정말 믿으시나요? 하나님의 심판을 의식하면서 사십니까? 나누어 봅시다.

2. 내가 바라는 하나님의 역전, 하나님의 복은 무엇입니까? 최고의 복은 하나님이 우리와 함께하심이라는 사실을 어떻게 생각하십니까?

PART 3

The Book of
Amos

삶이 예배가 되는 법

아모스

아모스서는 예루살렘 근처 드고아 출신 농부인 아모스가 기록한 책이다. 그는 남유다 출신이었지만 하나님의 말씀을 받아 북이스라엘에서 활동했다. 당시 이스라엘에 만연했던 사회적 불의와 헛된 종교 의식을 집중적으로 고발했다. 그는 주전 8세기에 활동했던 호세아와 동시대에 예언했으며, 그의 책은 문서로 기록된 최초의 예언서로 알려져 있다.

사자로 비유하는 이유

1장 (1)

호세아와 요엘을 통해 예언서를 보는 눈이 넓어졌다. 예언서는 평소 우리가 자주 보는 성경의 문체와는 조금 달라서 익숙하지가 않다. 표현이 생소해서 어렵게 느끼기도 한다. 그러나 어느덧 익숙해져서 점점 다른 예언서들을 읽어 가기가 수월해진다. 특히 아모스는 호세아와 같은 시기에 같은 대상을 향한 선포여서 훨씬 수월하게 읽게 된다.

신앙의 최전방은 어디인가

호세아는 이스라엘의 종교 문제, 특히 예배의 변질과 타락을 강하게 책망했다. 온전한 삶의 회개가 없는 예배는 우상숭배와 다를 바 없고, 매번 드려지는 거짓된 예배는 아무 소용이 없다는 것이다. 호세아가 삶을 변혁하고 예배드리라고 강조했다면, 아모스는 이스라엘의 사회적인 죄악에 초점을 두었다. 빈부 격차, 부유층의 사치, 하나님의 자녀라고 하는 사람들이 가지는 사회생활의 이중적 추악함을 책망한다.

이미 호세아서가 주전 8세기 북이스라엘을 배경으로 한다는 것을 설명했다. 아모스는 당시 이스라엘 주변 나라들의 죄악에 대한 심판, 그리고 이스라엘과 유다에 대한 하나님의 심판으로 시작된다. 이스라엘의 심판 선고를 향해 주변 국가들부터 차례차례 살펴보게 된다.

아모스를 읽기 전에 한 가지 언급하면, 구약의 예언서들 가운데 가장 먼저 기록된 말씀이 아모스서이다. 예언자의 선포가 글로 기록되어 전해진 첫 책이라는 의미이다. 이후 예언자들의 기록을 특징지을 수 있는 하나님의 첫 열매인 것이다. 그런 면에서 아모스서는 매우 의미 있다.

> 유다 왕 웃시야의 시대 곧 이스라엘 왕 요아스의 아들 여로보암의 시대 지진 전 이년에 드고아 목자 중 아모스가 이스라엘에 대하여 이상으로 받은 말씀이라 (암 1:1)

먼저 시대적인 배경이다. 아모스가 활동하던 당시 유다 왕은 웃시야였고, 북왕국 이스라엘의 왕은 여로보암 2세였다.

> 여호와 보시기에 악을 행하여 이스라엘에게 범죄하게 한 느밧의 아들 여로보암의 모든 죄에서 떠나지 아니하였더라 (왕하 14:24)

여로보암 2세는 하나님 보시기에 악을 행했고, 북왕국을 시작한 여로보암 1세의 죄에서 떠나지 않았다. 하나님의 말씀을 듣고 죄에서 떠나는가 안 떠나는가는 매우 중요한 판단 기준이다. 말씀을 들었다면 떠나야 하고, 변해야 한다. 가치관이 바뀌어야 하고, 거듭나야 한다.

하나님의 말씀을 농담으로 여긴 여로보암의 죄가 지금 우리에게도 만연하다. 열왕기상 12장은 여로보암 1세의 죄가 무엇인지를 보여 준다. 정리하자면, 왕으로서의 권세를 지키기 위해 금송아지를 만들고 하나님을 업신여겼다. 개인의 욕심과 야망이 하나님보다 더 앞섰고, 그것이 여로보암 2세까지 이어진다.

열왕기하 14장 23절 이하에, 여로보암 2세는 북이스라엘 영토를 하맛 어귀에서 아라바 바다까지 확장시켰다고 나온다. 주변 강대국이 살짝 약해진 틈을 이용해 세력을 넓히고 나라를 부강하게 만든다. 거의 제2의 솔로몬 시대라고 평가하기도 한다. 덕분에 북이스라엘에 성공과 번영이 찾아온다.

그러나 안타깝게도 새롭게 형성된 부와 권력은 백성들에게 두루 분배되지 못했다. 기득권층들이 타락했고 그것이 정치, 경제, 사회, 종교 영역까지 스며들어 하나님의 미움을 받는다. 아모스는 이들이 정의와 공의를 내던지고 눈에 보기 좋은 제사에만 몰두했다고 평가했다.

아모스는 그들을 향해 '정의를 쓴 쑥으로 바꾼 놈들'(암 5:7)이라고 지적하고, 거짓된 종교적 믿음과 말씀의 기반이 없는 외식의 신앙을 폭로한다. 아모스서가 우리 기독교 신앙에 크게 기여하는 것은 참된 신앙의 출발점이 어디여야 하는지를 가르치고 있다는 점이다. 참된 신앙은 교회나 가정을 넘어 구체적인 삶의 자리에서 하나님의 자녀답게 정의롭고, 공의롭게 사는 것이라고 가르친다.

내 일이 아무리 잘 되고, 내 방식이 교회 중심이라고 해도, 사회의 약자인 이웃에 대해 관심과 나눔이 없다면, 하나님이 기뻐하시는 일이 아니다. 아모스는 권력자의 편에 선 종교를 비판한다. 그들의 예배는 자기의 실체를 감추는 도구여서 더욱 비판한다. 예배를 드리는 것으로 자신의 행위를 합당하게 보이고자 하는 것이다. 요엘서에서 언급하지 않았던 하나님의 관심사를 아모스서에서는 구체적으로 나타낸다.

우리는 아모스서를 들여다 보아야 한다. 우리 안에 사치스런 점이 얼마나 많은지, 보이지 않는 사회 구조 속에서 약탈한 것이 얼마나 많은지, 약자들에 대해 얼마나 무관심한지를 깨달아야 한다. 우리가 세상 문제를 다 짊어질 수는 없다. 하지만 적어도 내 주변과 우리 교회에 허락한 연약한 지체들은 최선을 다해 섬기고, 내가 누리는 사치 곁에 눈물 흘리는 사람이 있다는 사실을 영적 시선으로 바라봐야 한다.

다가올 심판의 예고편

1절은 시대적 배경을 설명하며 '지진 전 이년'이었다는 특이한 사건을 언급한다. 당시 이스라엘 지역을 강타한 지진이다. 이 지진이 얼마나 컸는지, 많은 시간이 흐른 후에 기록된 스가랴서에도 언급된다. 스가랴 14장 5절은 웃시야 때에 지진을 피하여 도망치는 모습을 기록했다. 아모스서 곳곳에 이러한 지진을 연상시키는 단어가 많다. 요즘 건축 기술이 없던 당시에 큰 지진이 일어났다면 거의 모든 성과 집들이 무너지고, 수많은 인명 피해가 있었으리라.

아모스는 지진이 발생하기 2년 전부터 말씀을 목 놓아 외쳤다. 아모스가 이상(상징)으로 받은 말씀이라는 것으로 보아 정확히 지진인 줄 알지 못했지만, 곧 어떤 시련이 온다고 알았던 것이다. 이 지진은 하나님의 심판이 시작되기 전 경고로써 이해할 수 있다. 어쩌면 또 한 번의 기회였을지도 모른다. 아모스는 지진이나 기근 같은 재해들을 하나님의 심판에 관한 경고라고 해석한다. 무서운 심판의 예고편이라고 할까.

안타깝게도 그 후 30여 년이 지나 북이스라엘은 앗수르에 의해 세상에서 사라지고 만다. 경고를 온전한 경고로 받아들이지 않은 것이다. 지진은 하나님의 심판을 돌아보게 하며, 지금 하나님께로 돌이켜야 한다는 메시지이다. 미리 알려 주는 고통이었다. 요엘이 메뚜기 재앙에 담긴 하나님의 뜻을 전했다면, 아모스는 지진에 담긴 하나님의 엄중한 뜻을 선포했다. 유튜브 설교에서 이재철 목사님은, 코로나 시국을 하나님의 대포 소리에 비유하셨다. 하나님께서 우리에게 대포를 발사하셨다는 것이다. 이 정도 경고는 감사할 일이다. 서울 한복판에 진도 8.0 이상의 지진이 일어난다면 어떠할까?

특히 남유다는 지진도 경험했고, 북이스라엘의 멸망도 경험했다. 그 일이 결코 남의 일이 아님을 깨닫고 온전히 돌이켜야 했다. 그러나 그들은 회개 촉구의 시간, 심판 유예의 시기를 어물쩍 넘어가 버린다. 심판을 면할 길이 없어지고 말았다. 우리 역시 지금 만나는 어려움들을 낭비하지 말아야 한다. 훗날 하나님의 메시지를 듣지 못해 눈물 흘리는 일이 없어야 한다. 말씀대로 살지 못할 때 항상 경고하시는 하나님, 다가오는 심판을 준비해야 한다.

촌놈 아모스의 사자

아모스는 호세아나 요엘과 다른 점이 있는데, 바로 아버지의 이름이 없다. 호세아는 브에리의 아들, 요엘은 브두엘의 아들이라고 소개되었지만 아모스는 그저 드고아 출신의 목자라고 한다. 베들레헴에서 남쪽으로 수 킬로미터 떨어진 곳이 드고아이다. 즉 아모스는 북이스라엘 사람이 아니라 남유다 사람이었다.

> 아모스가 아마샤에게 대답하여 이르되 나는 선지자가 아니며 선지자의
> 아들도 아니라 나는 목자요 뽕나무를 재배하는 자로서 (암 7:14)

7장은 아모스와 벧엘의 제사장 아마샤가 논쟁하는 장면이다. 아마샤는 그에게 유다 땅으로 돌아가 떡이나 먹고, 예언하며 살라고 비아냥 댄다(암 7:12~13). 그러자 아모스는 자신을 목자요 농부라고 소개한다. 이렇듯 아모스는 시골의 목자였고, 뽕나무를 재배하는 농부였다가 갑자기 하나님의 부름을 받은 듯하다. 그것도 북이스라엘로 말이다. 유다의 한 농부가 북이스라엘에서 하나님의 말씀을 선포한다는 것은 무슨 의미인가? 더 이상 이스라엘에 말씀을 바르게 전하는 선지자가 없다는 것을 의미한다. 호세아만 남았을 테니까.

우상으로 가득한 예배를 드리던 북이스라엘 사람들이 남쪽 유다의 촌놈 말을 듣겠는가? 그들은 교만했고, 말씀에 대해 무지했다. 아모스는 "짐을 진다, 짐을 들어 올린다"라는 의미를 가진 이름이다. 이름대로 아모스는 하나님이 직접 이스라엘로 들어 올려 심판의 말씀을 선포하게 한 선지자였다. 정말 무거운 짐을 진 인물이었다.

> 그가 이르되 여호와께서 시온에서부터 부르짖으시며 예루살렘에서부
> 터 소리를 내시리니 목자의 초장이 마르고 갈멜 산 꼭대기가 마르리로
> 다 (암 1:2)

이 구절은 아모스서의 주제를 종합하여 말씀한다. 머리말 같은 내용이다. 아모스서는 '사자가 부르짖는 책', '사자의 음성' 등의 표현이 있다. 왜 그런지 쉬운 성경으로 2절을 읽어 보자.

아모스가 말했습니다. "여호와께서 사자처럼 시온에서 부르짖고 예루살렘에서 큰 소리를 내시니 목자의 풀밭이 시들고 갈멜 산조차 메마른다."

하나님이 사자처럼 부르짖는다는 말씀이다. 개역개정판에는 사자라는 단어가 나오지 않는데, 여기서 '부르짖다'로 번역하는 히브리어가 '샤아그'이고, 이 단어는 사자가 으르렁거리는 소리를 뜻한다. 사자처럼 고함친다는 말이다. 아모스 3장 8절에도 "사자가 부르짖은즉 누가 두려워하지 아니하겠느냐"라고 했다.

하나님께서는 아모스를 통하여 자신을 예루살렘에서 큰소리로 으르렁거리는 사자라고 비유하신다. 그동안 사자의 소리가 들리지 않아서 초장이나 산지의 양들이 자기 편한 방식으로 살았지만 사자가 소리 지르자, 비로소 이를 인식하게 되었고 두려워 조심하게 된다. 양은 우리로 들어가고, 짐승들은 피난처로 도망간다.

여로보암 2세 때 잘 먹고, 잘 살았지만 큰 지진이 일어나 성이나 주택이 다 무너졌고, 사람들이 쌓은 것은 아무 소용이 없다는 것을 보여 주셨다. 우리의 복은 말씀 위에 집을 짓는 일이다. 그래야 창수가 나고 바람이 불어도 무너지지 않는다(마 7:25). 그런데도 하나님을 찾지 않으니 사자처럼 부르짖으셨다. 이 사자후가 바로 아모스서 말씀이다.

아모스 1장에서 이스라엘과 유다가 얼마나 주변 나라에 비해 보잘것없었는지 알게 된다. 먼저 하나님은 다메섹, 가사, 두로, 에돔, 암몬, 모압 등이 무슨 잘못을 했고, 어떻게 이 나라들을 심판하실 것인지 조목조목 언급하신다. 우리나라도 주변 강대국들에 둘러싸여 오랜 역사 내내 쉽지 않은 삶을 이어 오고 있다. 북한까지 핵으로 위협하는 상황이다. 각 나라가 하나같이 무서운 맹수들이나 아모스서의 서론은 그런 나라들이 아무리 두려워도 더 두려운 존재는 바로 하나님이라고 선언한다.

대개 하나님이 사자라고 해도 동물원에 있는 사자나, 동화책에 등장하는 사나운 동물 정도로 이해한다. 그래서 그 음성을 들어도 자기 생각대로 살아간다. 자기가 살아온 방식으로 살아간다. 하기 싫으면 하지 않고, 주기 싫으면 주지 않고, 지키기 싫으면 지키지 않는다. 이스라엘과 유다는 그렇게 신앙생활하다가 정말 살아 있는 사자를 만나게 된다.

만약 홀로 산길을 가다가 실제로 사자를 만나면 어떠할까? 몸이 굳고, 온몸에 식은땀이 흐르고, 자포자기하며 죽을 각오를 할 것이다. 그 두려움은 말도 못할 지경이다. 하나님 앞에 선다는 것은 그런 것이다. 내가 아무것도 아님을, 그저 살아서 예배하고 말씀 듣는 것만으로도 은혜이고 축복임을 느끼게 된다. 어떤 원망과 불평도 의미 없다. 하나님의 사자후 같은 아모스의 외침을 들어야 한다.

> 　　나눔 질문

1. 내 신앙의 최전방은 교회입니까? 세상입니까? 교회에서만 그리스도인입니까? 세상에서도 그리스도인입니까? 서로 이야기해 봅시다.

2. 실제 사자를 만났을 때의 두려움을 상상해 보십시오. 하나님의 경고 말씀을 듣고 그와 같은 반응을 하신 경험이 있습니까?

전 세계 모든 사람을 살피시다

1장 대부분은 우리 삶과는 무관하다고 여겨져 깊이 알려고 하지 않는데 사실 이처럼 세상 모든 나라와 모든 사람에게 보편적으로 적용되는 말씀도 없다. 성경은 상당 부분 하나님을 믿는 자들의 믿음과 그것을 제대로 지키지 못할 때 어떻게 되는지를 기록했다. 그런데 이 본문은 믿지 않는 자들이 어떤 이유로 심판을 받는지 말씀한다. 믿거나 믿지 않거나 모든 사람에게 공평하게 적용되는 하나님의 뜻이 담겨 있다. 하나님의 형상으로 창조되었다면 마땅히 하나님의 기준에 맞는 인간애와 긍휼함이 있어야 한다.

이 본문은 '열국 심판' 혹은 '열방 신탁'이라고 불린다. 개역개정판에는 '이스라엘 이웃 나라들에 내리신 벌'이라는 소제목이 달려 있다. 이 설교를 듣는 이스라엘 사람들이 있다면 마음속으로 쾌재를 불렀을 것이다. 자기들 일이 아니니 당연한 심판이라고, 그동안 자신들을 괴롭혀 왔으니 심판을 당해도 싸다고, 속 시원했을지도 모른다.

다만 이스라엘 백성들이 몰랐던 것은 열방에 대한 심판의 최종 목적지가 자신들을 향해 있다는 사실이다. 아모스서는 열방 나라들에 대해 서너 가지 죄를 언급하지만, 이스라엘에 내려진 벌은 2장 6절 이하에 열한 절이나 기록되어 있다. 이스라엘 죄의 심각성을 더 돋보이게 하려고 열방 심판부터 언급한 것이리라.

우리는 알아야 한다. 하나님께서 우리 주변을 심판하실 때, 그들의 죄의 목록을 언급하실 때, 그것을 훨씬 능가하는 나의 죄의 목록들이 기다리고 있다는 사실을 명심해야 한다. 하나님을 믿기에 훨씬 더 많은 말씀에 관여받는 우리의 죄는 셀 수도 없다. 어찌 교만할 수 있겠는가?

결국 크게 두 가지 주제이다. 하나님은 보편적인 인간 역사를 양심, 또는 기본적인 인간애에 의해 심판하신다. 믿는 자들을 말씀으로 심판하신다. 창조주 하나님은 모든 세계의 역사를 주관하시고, 정의롭게 살지 못하는 모든 사람을 주관하신다. 창조주 하나님께 도전하는 그 어떤 나라도 용납되지 않는다. 하나님과 관계를 맺지 않는 국가나 역사는 없다. 이슬람 국가도, 불교 국가도 관계되어 있다.

그러므로 본문은 굉장히 중요한 개념을 이해하도록 돕는다. 곧 믿는 사람들만 관계한다는 오해, 믿는 자들만 말씀을 적용한다는 오해, 믿지 않는 나라들은 어떤 역할도 안 맡기신다는 오해, 세상의 잔인한 역사에 관여하지 않는다는 오해를 씻어주는 본문이다.

> ³여호와께서 이와 같이 말씀하시되 다메섹의 서너 가지 죄로 말미암아 내가 그 벌을 돌이키지 아니하리니 이는 그들이 철 타작기로 타작하듯 길르앗을 압박하였음이라 ⁴내가 하사엘의 집에 불을 보내리니 벤하닷의 궁궐들을 사르리라 ⁵내가 다메섹의 빗장을 꺾으며 아웬 골짜기에서 그 주민들을 끊으며 벧에덴에서 규 잡은 자를 끊으리니 아람 백성이 사로잡혀 기르에 이르리라 여호와께서 말씀하셨느니라 (암 1:3~5)

성경에서 지명을 기억하며 읽기가 쉽지 않다. 하나로 통일되면 헷갈리지 않을 텐데, 같은 지명이 여러 언어와 이름으로 나오니 더욱 어렵다. 예를 들어 첫 번째 등장하는 다메섹은 5절에서 아람이다. 다메섹은 아람의 수도이다. 그런데 이 아람이 헬라어 번역 성경에는 시리아로 언급된다. 개역개정 성경은 수리아라고 번역했다. 이러니 헷갈리지 않을 수 없다. 다시 말하자면 수리아가 시리아이고 시리아가 아람이다.

다메섹을 위시한 아람에 대한 심판은 이사야와 예레미야도 많은 부분 다루고 있다. 서너 가지는 중요한 죄 몇몇을 언급한 관용구로 보면 된다. 아람의 대표적인 죄는 철 타작기로 타작하듯 길르앗을 압박한 죄이다. 사실 아람은 다윗에 의해 정복되었는데 솔로몬 시대에 독립하여 이스라엘과 국경을 맞대고 길르앗 지역을 주 무대로 전쟁을 했다. 비인간적이었다. 잔인했다. 결국 상대 나라를 지나치게 짓밟고 유린한 일로 하나님의 심판을 받는 것이다.

하나님은 하사엘의 집과 벤하닷의 궁을 불사르신다. 이들은 아람 나라의 왕들이다. 기원전 732년 북이스라엘이 멸망하기 10년 전 앗수르에 의해 다메섹의 성문 빗장이 깨지고 시리아의 자랑이던 멋있는 궁궐이 폐허가 된다. 하사엘의 가족들이 비참하게 처형당하고 아람 백성은 기르로 사로잡혀 간다. 아람의 역사가 철저하게 다시 무로 돌아갔다. 하나님의 주권에 반하면 이렇게 역사에서 지워진다.

기쁨의 집이란 뜻의 벧에덴, 다메섹은 사라진다. 하나님이 아닌 것을 붙잡으면 거기에는 반드시 죄가 있다. 좋고 기쁘기는 한데, 죄악이 있다. 그 죄악은 언젠가 우리를 찌른다. 다메섹은 인간애가 없는 잔인함으로, 이스라엘은 인간애가 없는 잔인함에 더해 말씀을 붙들지 않는 죄악으로 하나님께 심판을 받고 말았다.

블레셋의 죄

> 6여호와께서 이와 같이 말씀하시되 가사의 서너 가지 죄로 말미암아 내가 그 벌을 돌이키지 아니하리니 이는 그들이 모든 사로잡은 자를 끌어 에돔에 넘겼음이라 7내가 가사 성에 불을 보내리니 그 궁궐들을 사르리라 8내가 또 아스돗에서 그 주민들과 아스글론에서 규를 잡은 자를 끊고 또 손을 돌이켜 에그론을 치리니 블레셋의 남아 있는 자가 멸망하리라 주 여호와께서 말씀하셨느니라 (암 1:6~8)

두 번째 심판 대상은 블레셋이다. 블레셋은 가사, 아스돗, 아스글론, 가드, 에그론이라는 다섯 도시로 이루어져 있었다. 이 도시들 이름이 나오면 블레셋을 말하는 것이다. 블레셋과 이스라엘의 악연은 사무엘과 사울의 시대까지 거슬러 올라간다. 당시 이스라엘을 괴롭힌 가장 귀찮은 존재가 블레셋이었다. 다윗이 상대한 골리앗도 블레셋 사람이었다. 이후 다윗이 블레셋을 점령하고 나서 크게 문제가 되지는 않았다.

이들의 죄는 포로들을 노예로 팔아넘긴 것이다. 물론 죄가 이것만은 아니었으나, 우선 이스라엘과 관계된 죄 서너 가지만 말씀하신다. 사람을 팔고, 물건처럼 취급하는 것이 하나님 보시기에 올바르지 않았다. 가사를 불태우시고, 아스돗과 아스글론의 정치인들을 끊으실 것이다.

우리가 하나님을 믿는다는 것은 이렇듯 사람을 어떻게 대하는지를 보면 알 수 있다. 사람을 마음대로 팔아 버리는 행위가 얼마나 큰 죄인지 말씀하시는 하나님은 블레셋에 남아 있는 자가 하나 없이 멸망하게 될 거라고 예언하신다. 자신의 이익을 위해 사람을 도구처럼 이용하거나 남용한다면 절대 용서받을 수 없는 죄가 된다.

이는 아모스서의 대주제이다. 자신을 괴롭힌 블레셋이 망한다고 이스라엘이 좋아해서는 안 된다. 같은 잣대로 이스라엘도 심판하시기 때문이다. 다른 나라의 심판을 보여 주시는 것은 그들이 말씀으로 돌아오도록, 율법을 지키도록 경고하시기 위함이다.

두로, 에돔의 죄

⁹여호와께서 이와 같이 말씀하시되 두로의 서너 가지 죄로 말미암아 내가 그 벌을 돌이키지 아니하리니 이는 그들이 그 형제의 계약을 기억하지 아니하고 모든 사로잡은 자를 에돔에 넘겼음이라 ¹⁰내가 두로 성에 불을 보내리니 그 궁궐들을 사르리라 (암 1:9~10)

성경에서 두로는 시돈과 함께 자주 등장한다. 둘 다 페니키아 도시이다. 페니키아는 베니게로 불리기도 한다. 두로에 대한 심판은 이사야와 에스겔에도 상당히 많이 기록되어 있다. 이들의 죄는 형제 계약을 깨버린 것이다. 형제 계약이 무엇인지 확실하지는 않지만, 아마 이스라엘과 두로 사이에 존재한 약속을 말하지 않겠는가. 조약이나 협정을 맺었음에도 불구하고 필요에 따라 어이없이 약속을 깨고 사람들을 잡아 포로로 넘긴 것이다. 비인간적으로 상호 불가침 조약을 깬 것이다. 결국 그들의 성은 불타 버리게 되리라.

> ¹¹여호와께서 이와 같이 말씀하시되 에돔의 서너 가지 죄로 말미암아 내가 그 벌을 돌이키지 아니하리니 이는 그가 칼로 그의 형제를 쫓아가며 긍휼을 버리며 항상 맹렬히 화를 내며 분을 끝없이 품었음이라 ¹²내가 데만에 불을 보내리니 보스라의 궁궐들을 사르리라 (암 1:11~12)

이제 이스라엘과 가까운 에돔 차례이다. 에돔에 대한 심판은 예레미야와 에스겔도 많이 다루고 있다. 무엇보다 오바댜가 에돔에 대한 예언을 기록한 성경이다. 에돔의 죄는 다른 나라들에 비해 길게 언급된다. 원래 에돔은 이스라엘과 피를 나눈 형제 국가로 창세기의 에서와 야곱 이야기가 그 시작이다. 태어날 때부터 운명적으로 싸우는 관계였다.

에돔의 죄는 세 가지인데 먼저 칼로 형제를 쫓아갔고, 두 번째는 긍휼을 버렸고, 세 번째는 맹렬한 분노를 항상 자제하지 못하고 끝없이 품었다. 이스라엘이 형제임에도 원수처럼 대했다. 형제를 향해 품어 마땅한 인애는 없고, 자신이 얻은 상처를 몇 배나 갚아야 시원한 자들이다.

창세기 27장 40절을 보면 에서는 아버지 이삭에게 "너는 칼을 믿고 생활하리라"라는 예언을 듣는다. 사람의 마음은 본래 긍휼과 동정과 사랑이 있어야 하는데 에돔은 그런 감정은커녕 맹렬히 화내며 살았다. 후에 살펴보겠지만, 선지자 오바댜는 이런 에돔의 근본적인 문제를 마음의 교만이라고 선언한다. 자기만 옳다는 것이다. 자기만 옳은 사람은 화를 많이 낸다. 사실 자기 죄와 허물은 더 많은데, 보지 못한다.

예배드린다는 사람들이 이상할 정도로 고집스럽고, 비정하고, 지독하게 행동하는 것을 종종 보게 된다. 그러나 초대 교회 공동체가 그랬듯이 교회의 기본 시스템은 용납과 이해와 허용이다. 그리스도인이라면 마땅히 긍휼해야 한다. 내가 긍휼한 만큼 하나님도 긍휼을 베푸신다. 특히 형제에게 긍휼하길, 맹렬한 화를 씻어내길 바란다. 우리는 하나님의 자녀이다.

암몬과 모압의 죄

13여호와께서 이와 같이 말씀하시되 암몬 자손의 서너 가지 죄로 말미암아 내가 그 벌을 돌이키지 아니하리니 이는 그들이 자기 지경을 넓히고자 하여 길르앗의 아이 밴 여인의 배를 갈랐음이니라 14내가 랍바 성에 불을 놓아 그 궁궐들을 사르되 전쟁의 날에 외침과 회오리바람의 날에 폭풍으로 할 것이며 15그들의 왕은 그 지도자들과 함께 사로잡혀 가리라 여호와께서 말씀하셨느니라 (암 1:13~15)

암몬의 기원은 아브라함의 조카 롯이다. 롯의 작은딸이 아비 롯에게 술을 먹여 취하게 한 후 동침해서 낳은 아들이 암몬의 조상이다. 암몬은 여러 나라에 둘러싸여 영토를 넓히는 것 외에 살아남을 길이 없었다.

이들의 죄는 자기 지경을 넓히고자 잔인하게 길르앗의 아이 밴 여인의 배를 가른 것이다. 훗날 자기 지경을 빼앗길까 봐 아예 싹들을 미리 제거한 사건이다. 너무도 야만적인 살인 행위였다. 이런 잔인한 성품이 어찌 암몬에게만 국한되겠는가? 하나님이 허락하신 것 이상 소유하고 넓히려는 탐욕에도 이런 죄의 잔인한 성품이 내재한다.

내 지경만 넓어지면 그만이고, 내 재산만 불어나면 그만이고, 정작 우리가 살아갈 사회 환경에는 무관심하고, 은밀하게 속이고, 거짓을 일삼고, 사람을 내치는 자들은 암몬의 심판에 귀를 기울여야 한다.

예수님은 누가 겉옷을 달라고 하면 속옷까지 벗어 주라고 하셨다(눅 6:29). 우리에게는 터전이 넓어지는 것보다 더 좋고 더 큰 것이 있다. 바로 하나님의 말씀과 예수님이 함께하시는 은혜와 복이다. 그것이 선한 영향력이다. 하나님은 이 모든 것을 보고 계신다.

> ¹여호와께서 이와 같이 말씀하시되 모압의 서너 가지 죄로 말미암아 내가 그 벌을 돌이키지 아니하리니 이는 그가 에돔 왕의 **뼈**를 불살라 재를 만들었음이라 ²내가 모압에 불을 보내리니 그리욧 궁궐들을 사르리라 모압이 요란함과 외침과 나팔 소리 중에서 죽을 것이라 ³내가 그 중에서 재판장을 멸하며 지도자들을 그와 함께 죽이리라 여호와께서 말씀하시니라 (암 2:1~3)

마지막으로 모압에 대한 심판이다. 모압은 롯이 맏딸과 맺은 근친상간 관계에서 태어난 아들의 자손이다. 암몬과 모압은 형제이고, 이들 또한 이스라엘과 친족이다. 모압의 죄는 앞의 나라들과 조금 형식이 다른

데, 이스라엘에 대한 악함이 아니라 자기 형제인 에돔 왕의 뼈를 불태워 재를 만든 것이 그 죄이다.

모압과 에돔도 서로 형제지만 적대 관계가 매우 오래되었다. 믿지 않는 나라가 또 다른 믿지 않는 나라를 향해 잔인하게 대한 것도 심판하신다는 의미로 이해한다. 그야말로 모든 나라를 통치하시는 하나님을 보여 주고 있다.

여러 나라의 심판은 우리 믿는 자들에게 경각심을 고취시킨다. 이들은 교만해서 심판받았는데, 믿음의 사람들은 교만하고, 거기에 말씀을 삶 가운데 최우선으로 삼지 않고 살아가고 있다.

그래서 아모스는 다음 장에서 이스라엘을 향해 더 많은 죄를 언급한다. 사실 독도를 자기 땅이라고 주장하는 일본을 심판하고, 천안함 용사들을 죽게 한 북한을 심판한다면 우리의 속이 시원하겠지만, 그 모든 것은 결국 나의 죄를 드러내시려는 시작에 불과하다. 우리는 자신을 철저하게 돌아보아야 한다. 우리 안에 같은 죄가 얼마나 많은지 말이다.

>   나눔 질문

1.　본문이 언급하는 열국의 죄들이 내 안에는 어떻게 존재하는지 생각해 봅시다.

2.　하나님을 믿는 자들에게는 말씀을 맡은 자로서의 신실하지 못한 죄가 더 추가된다고 하는 점에 대해서 어떻게 생각하십니까?

말씀은 적용해야

이스라엘의 역사는 우리 인생에 하나님께서 어떻게 개입하시는지, 우리의 믿음을 어떻게 하나님께 표현하는지를 보여 주는 매우 중요한 단서이다. 하나님은 노예로 살던 그들을 빼내어 가나안으로 보내셨다. 그렇게 하신 이유는 하나님의 말씀만 푯대로 삼고 살아가게 하기 위함이다. 그게 모든 사람의 목적임을 이스라엘 백성을 통해 증거하셨다.

그러나 이스라엘 백성들은 가나안 땅의 화려함을 경험하고 나서 말씀이 우선순위가 아니었다. 뒤로 밀린다. 심지어 우상의 문화, 맘몬의 문화가 하나님을 사랑하는 방식에 들어온다. 이스라엘뿐 아니라 주변 나라들에도 불행한 일이었다.

이스라엘을 심판하시기 위해 주변 열국들을 하나하나 심판하시는 하나님, 세상을 창조한 사랑의 원리와 양심에 의해 각 나라를 벌하신 하나님이시다. 이스라엘이 이를 보고 깨닫고 돌이키기를 원하셨다. 아모스가 선포하는 열방 심판 설교를 거울삼아 어서 자신의 죄와 삶을 돌아보고, 말씀으로 온전하게 돌이켰어야 했다. 그러나 너무나 달콤했던 번영의 맛을 버릴 수 없고, 하나님이 주변 나라들을 정리해 주시니 좋다고 쾌재를 부르는 판국이었다. 참으로 영적으로 무지한 백성이었다.

당시는 앗수르가 세계를 지배하던 시대였다. 앗수르에 의해 아람이 약해진 덕분에 북이스라엘은 영토를 넓혔고, 풍족한 시절을 보낼 수 있었다. 그것이 다 하나님이 베푸신 복이라고 착각하며 자가당착에 빠진 게 문제였다. 점점 더 타락하고, 하나님께로 돌아가지를 못했다.

아모스는 열방에 이어 북이스라엘과 가장 가까운 유다에 대한 심판을 설교한다. 이쯤 되면 반응이 두 가지로 나타났을 것이다. 먼저 방관하는 것이다.

"이제 마지막 유다구나. 이야, 매번 자기들이 야훼 신앙의 정통성을 가지고 있다고 난리를 치더니 말이야. 개판으로 믿었네. 우하하."

더욱이 유다는 다메섹에서 시작된 서너 가지 죄의 심판 대상에서 일곱 번째였다. 성경에서 일곱은 충만한 하나님의 숫자로 상징되는 경우가 많다. 이스라엘은 유다에서 갈라져 나온 것을 참 잘했다고 생각하면서 어리석게도 하나님 말씀을 연결시키지 않는다. 나와는 상관없는 말씀인 줄 아는 것이다. 이제 곧 자기 차례인데, 자기가 얻어터질 텐데, 말씀을 지나치게 타인에게 적용한다. 혹 이런 반응도 있었을 것이다.

"어? 이거 좀 이상하다. 유다는 하나님과 더 가까운 사람들인데, 우리보다 성전 중심, 말씀 중심으로 사는 애들인데. 쟤네들도 혼난다니? 이거 불안한데. 더군다나 아모스는 저쪽 놈 아니냐."

자신들이 기대하지 않는 방향으로 흘러간다고 생각하는 사람도 있었을 것이다. 아모스가 열방과 마찬가지로 간결하지만 핵심을 담아 유다에 심판을 선포한다. 유다뿐 아니라 북이스라엘에도 해당되는 말씀이다. 아니 열방에게 하신 모든 죄가 해당된다.

유다의 죄는 거짓

> [4]여호와께서 이와 같이 말씀하시되 유다의 서너 가지 죄로 말미암아 내가 그 벌을 돌이키지 아니하리니 이는 그들이 여호와의 율법을 멸시하며 그 율례를 지키지 아니하고 그의 조상들이 따라가던 거짓 것에 미혹되었음이라 [5]내가 유다에 불을 보내리니 예루살렘의 궁궐들을 사르리라 (암 2:4~5)

유다는 다른 나라들과 달리 자신들의 특권에 의해 심판받는다. 말씀을 맡았으나 귀하게 여기지 않고, 지키지도 않은 죄이다. 아모스와 비슷한 시기에 남유다에서 활동한 이사야도 같은 이야기를 하고 있다. 그들이 하나님 말씀을 멸시했다고 지적한다(사 5:24). 그 실상이 훨씬 더 자세히 설명되어 있다. 특히 거짓으로 가득 찬 세상을 만든 그들이 하나님의 계획을 멸시했다고 설명하고 있다(사 5:18).

그러므로 우리 사회의 황폐한 모습은 반드시 교회의 타락에 연유가 있다고 보인다. 교회가 말씀을 멸시하고 거짓된 것에 미혹되었음을 부인할 수 없다. 우상이 무엇인가? 거짓 자체이고 거짓의 모든 것이다. 각종 이단도 결국 거짓에서 비롯되었다. 하나님을 올바로 알고 경배하지 않고, 그분을 흉내 내어 사람들의 욕심을 채우는 그런 거짓이다.

너희가 말하기를 우리는 사망과 언약하였고 스올과 맹약하였은즉 넘치는 재앙이 밀려올지라도 우리에게 미치지 못하리니 우리는 거짓을 우리의 피난처로 삼았고 허위 아래에 우리를 숨겼음이라 하는도다 (사 28:15)

거짓과 허위가 우리 신앙의 맹점이다. 내가 의지한 것들이 어쩌면 허위이다. 참된 말씀에 직면하면 힘드니까 회피하고, 삶을 속이면서 안전하고자 할 때 무엇이 되었든 우상숭배이고, 거짓이고, 허위이다. 이스라엘은 자신이 하나님을 떠나지 않았고, 혹 떠났다가도 돌이켰다고 하지만, 예레미야는 결국 욕심을 버리지 않은 거짓된 자들이라고 했다.

이 모든 일이 있어도 그의 반역한 자매 유다가 진심으로 내게 돌아오지 아니하고 거짓으로 할 뿐이니라 여호와의 말씀이니라 (렘 3:10)

그렇기에 하나님은 유다도 이방 나라, 열방과 마찬가지로 불태우실 것이다. 열방은 인간성 없는 잔인함 때문에 불탔지만, 유다는 말씀을 버리고 거짓되게 살아간 죄에 의해 불타게 될 것이다. 호세아서부터 계속 강조하고 있는 이야기이다. 거짓에 머무르면 예외가 없다.

이쯤 되면 나도 불의 심판을 받게 되리라는 생각을 지울 수 없다. 나에게도 거짓이 많은 것을 하나님도 알고 나도 안다.

> 여호와께서 이와 같이 말씀하시되 이스라엘의 서너 가지 죄로 말미암
> 아 내가 그 벌을 돌이키지 아니하리니 이는 그들이 은을 받고 의인을 팔
> 며 신 한 켤레를 받고 가난한 자를 팔며 (암 2:6)

하나님께서 이스라엘에 지도자를 세우신 것은 무엇보다 공의롭게
판결하고 재판하려 함이시다. 말씀에 따라 정의롭게 재판하라고 명령하
셨다. 그러나 이들은 누가 찔러주는 한 푼 동전에 관심이 있었고, 이자
놀음으로 어려운 사람들의 돈을 빼앗았다. 자신들의 이해관계를 중시하
고 공정에는 관심이 없었다. 가진 게 없는 사람에게는 신발이라도 가져
오고, 그것도 없으면 머리 핀이라도 내어놓으라고 요구했다.

사람이 물건 취급받고, 돈이라면 무슨 일이든 해대는 사회였다. 6~8
절까지 가난한 자, 힘없는 자, 연약한 자에 대한 긍휼함이 없다고 지적
한다. 하나님은 가난한 자를 일으키시고 긍휼한 자를 들어 세우시는 분
인데(시 113:7), 이스라엘은 그들을 먼지 속에서 밟는다고 하셨다.

> 힘 없는 자의 머리를 티끌 먼지 속에 발로 밟고 연약한 자의 길을 굽게
> 하며 아버지와 아들이 한 젊은 여인에게 다녀서 내 거룩한 이름을 더럽
> 히며 (암 2:7)

이런 일은 하나님의 거룩한 이름이 더럽혀지는 일이다. 돈이 세상을
지배하고, 돈으로 사람이 거래되는 참혹한 현실은 무엇보다 하나님의
이름을 더럽힌다. 아버지와 아들이 한 젊은 여자에게 가는 것은 숨겨져

있는 은밀한 부분인데, 이런 일이 만천하에 폭로되었다. 이런 일들이 얼마든지 일어날 수 있는 현실이 되고 말았다. 정치적으로는 공의가 사라졌고, 사회적으로는 죄들이 표면화되었다. 종교적으로는 어떨까?

> 모든 제단 옆에서 전당 잡은 옷 위에 누우며 그들의 신전에서 벌금으로 얻은 포도주를 마심이니라 (암 2:8)

종교적 위선이다. 몸만 교회에 있다. 자기들은 하나님도 잘 믿고, 세상에서도 잘 산다고 하는데 긍휼함이 없고, 인정사정이 없다. 마지막 하나까지 다 받아야 하고, 그것을 못 내는 사람이 있다면 인정사정없이 신발까지 빼앗는다. 법적으로는 잘못이 없다고 한다.

요즘 정치인의 발언이나, 교단 내 정치적 싸움을 들여다 보면, 이런 내용이 자주 등장한다. "법적으로는 잘못한 것이 없습니다." 그러나 이런 사람은 성경적인 크리스천으로 보기 어렵다. 하나님께 불의 중의 불의라는 것을 알아야 한다.

신자의 성공은 혼자 잘 사는 것이 아니라고 아모스가 외치고 있다. 버젓이 망해 가는 바알 신앙을 자녀에게 물려주고, 조금이라도 손해 보는 일이 있으면 가차 없이 고소와 고발과 정죄를 하는 사람들이 어찌 하나님의 백성인가? 그렇게 얻은 자리에서 복을 달라고 하면 하나님이 복을 주시겠는가? 하나님의 거룩한 이름을 더럽히는 예배가 어찌 예배인가?

신기하게도 주일 예배는 열심이면서 평일에는 하나님의 정의를 무시하고 사람을 업신여기는 이들이 있다. 하나님은 반드시 그 행동에 책임을 물으신다. 하나님을 향한 위선이든, 사람을 향한 폭력이든 상관없이 죄는 모든 예배를 무익하게 한다는 아모스의 경고를 유념해야 한다.

9내가 아모리 사람을 그들 앞에서 멸하였나니 그 키는 백향목 높이와 같고 강하기는 상수리나무 같으나 내가 그 위의 열매와 그 아래의 뿌리를 진멸하였느니라 10내가 너희를 애굽 땅에서 이끌어 내어 사십 년 동안 광야에서 인도하고 아모리 사람의 땅을 너희가 차지하게 하였고 11또 너희 아들 중에서 선지자를, 너희 청년 중에서 나실인을 일으켰나니 이스라엘 자손들아 과연 그렇지 아니하냐 이는 여호와의 말씀이니라 12그러나 너희가 나실 사람으로 포도주를 마시게 하며 또 선지자에게 명령하여 예언하지 말라 하였느니라 (암 2:9~12)

이 구절에서 원래 하나님과 이스라엘이 어떤 관계인지, 어떻게 인도하셨는지를 설명하고 있다. 가나안에 살던 아모리 족속은 잘 훈련된 군사를 보유했고, 체격도 백향목처럼 크고, 상수리나무처럼 강했다. 반면잘 훈련된 군사도 없고, 이들에 비하면 메뚜기처럼 작았던 이스라엘이 하나님의 도우심으로 승리한다. 이제 힘을 가진 이스라엘은 자기들이 원래 아모리 사람들보다 훨씬 약한 존재였다는 것을 기억하고, 지금 약한 존재들에게 하는 일이 얼마나 어리석은지 알아야 한다. 하나님은 선지자를 보내어 강력한 말씀을 주셨고, 나실인을 통해 영적 능력이 함께하는 삶을 친히 증거하셨다. 그런데도 이들은 그 은혜를 다 잊었다.

하나님이 세우신 원칙과 질서를 짓밟아 버린 이스라엘은 더 이상 특별한 존재가 아니다. 다른 나라들과 어떤 구별도 되지 않는 나라이며, 구별 없이 심판을 받게 될 것이다. 기억상실증이 신앙에서도 참 무서운 질병이다. 하나님의 은혜마저 잘 잊어버릴 때 우리 신앙이 변질된다.

보라 곡식 단을 가득히 실은 수레가 흙을 누름 같이 내가 너희를 누르리니 (암 2:13)

이제 이스라엘 심판에 대한 선포가 시작되는데, 앞의 나라들과는 사뭇 다르게 구체적이다. 여기서 '누르다'로 번역된 히브리어 '마이크'는 쓰이는 빈도가 드문 단어이다. 하나님은 어떤 식으로든 이 땅을 누르시고, 우리를 누르실 수 있다. 귀신이 누르고, 사단이 누르면 영적으로 피폐해지지만 예수 그리스도의 이름으로 회복이 가능하다. 하지만 하나님이 누르시는 것은 다르다. 뭘 해도 은혜가 안 되고, 영적으로도 메말라 간다. 하나님이 누르시면 어떤 방법을 써도 벗어날 수가 없다.

하나님이 굽게 하시고 누르시면 그 누구도 곧게 할 수 없다. 삶이 너무 곤고할 때 잘 돌아보아야 한다. 하나님이 누르고 계시는 것은 아닌지, 돌이킬 게 없는지 살펴야 한다. 하나님의 누름은 대부분 죄 때문이다. 하나님께서 이스라엘을 눌러 버리겠다고 하셨다.

14빨리 달음박질하는 자도 도망할 수 없으며 강한 자도 자기 힘을 낼 수 없으며 용사도 자기 목숨을 구할 수 없으며 15활을 가진 자도 설 수 없으며 발이 빠른 자도 피할 수 없으며 말 타는 자도 자기 목숨을 구할 수 없고 16용사 가운데 그 마음이 굳센 자도 그 날에는 벌거벗고 도망하리라 여호와의 말씀이니라 (암 2:14~16)

하나님은 어떤 민족보다 더 이스라엘에게 책임을 물으셨다. 빈손이던 이스라엘이 비옥한 나라가 되고 영적으로 특혜를 받았으나, 마침내 심판의 선언을 하신다. 하나님 한 분으로 기뻐하면서 바다를 먹물 삼아도 다 기록할 수 없는 은혜로 살았으나, 어느덧 신앙 안에 모든 것이 뒤섞여 입술로만 돌이키며 허위와 거짓을 일삼았다. 하나님은 끝끝내 심판하실 수밖에 없는 상황이었음을 아모스를 통해 말씀하신다.

그렇다면 우리는 어떤 운명을 택해야 하는가? 우리가 꿈꾸는 방향이 좋은 것 같아도 실상 멸망의 길이다. 그 길을 버리고 진리를 붙잡아야 한다. 여전히 위선과 허위와 거짓으로 포장된 신앙, 진실한 돌이킴이 없는 거짓된 인생, 그러니 주의 이름이 더럽혀지는 사태가 벌어진다. 이 모든 것을 두고 보실 수만은 없다.

하나님 없이도 충분히 살 수 있다고 믿는 우리 사회와 교회를 보며 어떤 심판을 준비하실까? 이미 이 나라를 누르고, 한국 교회를 누르고 계시지 않겠는가? 허위가 가득한 회개를 버리고, 거짓이 가득한 삶을 바꾸고, 말씀으로 만족하는 삶을 살아야 한다. 이스라엘에게 내려진 심판이 우리에게 예외일 리 없다. 하나님께서 거울같이 보여 주신다.

> **나눔 질문**

1. 나에게는 약자를 무시하고, 가볍게 대하는 모습이 없습니까? 그런 모습은 내가 인지하지 못하는 경우가 많습니다. 잘 생각해 봅시다.

2. 신앙의 맹점은 위선과 허위와 거짓에 있습니다. 예배드릴 때와 삶에서 나에게 나타나는 위선과 허위, 그리고 거짓은 무엇입니까?

잠시 에스겔서를 언급하면, 20장에서 바벨론에 포로로 잡혀 온 이스라엘 백성들이 7년쯤 지나자 대표 격인 장로들이 찾아와서 에스겔에게 질문한다. 여기서 잘 살 수 있겠는지, 포로 생활 중에도 경제가 나아지겠는지, 다른 일이 벌어지지 않겠는지 등 단순한 내용이었다. 에스겔은 하나님 말씀을 받아 백성들의 근본적인 문제를 지적한다. 처방전이나 받을 요량이었으나 대수술을 하게 된 것이다.

에스겔은 과거 출애굽 때부터 포로로 잡혀 오기까지 하나님이 어떻게 역사하시고 인도하셨는지를 설명한다. 사실 장로들이면 다 아는 이야기일 것이다. 10분 설교 들으러 왔다가 2시간이나 듣게 된 셈이다.

장로들은 '아, 괜히 물어봤다'라고 생각했겠지만, 하나님께서 출애굽부터 말씀하신 이유는 하나님과 이스라엘의 관계를 설명하지 않으면 이 상황을 이야기한다는 자체가 불가능하기 때문이다. 원래 어떤 관계에서 출발해서 어떻게 동행했는지 알아야 한다.

두 사람이 뜻이 같지 않은데 어찌 동행하겠으며 (암 3:3)

뜻이 같아야 동행할 수 있다. 출애굽 할 당시 하나님과 백성들은 뜻이 같았기에 동행했다. 한국 교회사 초기에도 교회와 교인들은 하나님과 뜻이 같았다. 너무나 순순했던 믿음을 보시고, 동행하셔서 가난과 억압의 구조에 있던 조선 시대 말기에 빛과 소망의 새 삶을 허락하셨다. 그때의 절기와 예배는 감사의 눈물로 가득했다.

나라를 빼앗긴 일제강점기에도 하나님과 뜻이 같았던 교회들은 신앙을 위해 온 힘을 다했고 하나님은 이 나라를 지켜 주셨다. 한국 전쟁으로 망하기 직전에도 하나님과 뜻을 같이하는 기도가 이 민족을 구하는 동력이 되었고, 폐허가 된 후에도 하나님이 주시는 놀라운 능력으로 교회는 세계가 놀랄 만하게 부흥했다.

그러나 지금 말씀하신다. "뜻이 같지 않은데 어찌 동행하겠느냐." 참으로 눈물 나게 하신다. 하나님께서 뜻이 같지 않으면 절기를 사라지게 한다고 하셨다. 절기는 감사 절기를 가리킨다. 왜 더 이상 하나님의 품 안에서 하나님의 특별한 사랑을 받을 수 없는 처지로 추락하게 된 것일까? 아모스의 이야기를 좀 자세히 들어 보자.

제발 좀 들어라

¹이스라엘 자손들아 여호와께서 너희에 대하여 이르시는 이 말씀을 들으라 애굽 땅에서 인도하여 올리신 모든 족속에 대하여 이르시기를 ²내가 땅의 모든 족속 가운데 너희만을 알았나니 그러므로 내가 너희 모든

죄악을 너희에게 보응하리라 하셨나니 (암 3:1~2)

아모스 3장은 "들으라"는 예언의 첫 부분이다. "너희만을 알았다"라는 뜻은 특별히 선택해서 언약 관계를 맺었고, 목적이 있다는 것이다. 『대교리문답』첫 질문이 무엇인가? 사람의 제일 되는 목적이 무엇이냐이다. 너희만 알았다는 것은 너희에게 사명이 있다는 말씀인데, 그 사명 다 잊어버리고 2장에 나오는 것처럼 죄 가운데 살고, 하나님과의 관계가 다 깨어지고, 정치 사회 종교 할 것 없이 무너져 있다.

성도가 그렇게 산다면 하나님과 동행할 수 없다. 너희만 알았던 그 목적이 다 어디로 사라졌냐고 하나님이 질문하신다. 하나님이 뜻하시는 삶이 아니라면 의미가 없다. 하나님이 우리와 긴밀한 관계를 맺으셨는데, 그분에게 매이기 싫어서 죄의 길로 간다면 목적을 잃은 것과 같다.

그렇다면 언약 관계를 유지할 이유가 없다. 예수 그리스도를 주로 고백하는 교회는 모든 인간 가운데 특별하게 선택된 하나님의 자녀들이다. 선택받은 자녀가 마땅히 걸어가야 할 의와 도를 잊는다면, 그 선택은 교회가 멸망하는 근거가 되고 심판의 근거가 된다.

우리를 누구보다 자세히 보신다. 하나님은 우리에게 관심이 아주 많으시다. 왜 그러실까? 우리를 택하신 목적이 잘사는 데 있는 것이 아니라 하나님의 뜻을 이루는 데 있기 때문이다. 그래서 우리가 하나님의 도구 되기를, 하나님과 동행하기를 원하신다. 그러나 뜻이 다르다면 어찌 동행하겠는가?

이렇게 설교하는 아모스를 북이스라엘 장로들이 내버려 두었을까? 그렇지 않다. 무시하고, 아마샤 같은 제사장을 보내 위협했다. 그래서 아모스는 3절부터 장로들의 반박에 합리적 이유를, 너무나 당연한 이유를 이야기한다. 먼저 이스라엘 백성들과 하나님이 뜻이 다르다는 것이고, 아모스는 하나님과 뜻이 같기에 이와 같은 설교를 한다는 것이다.

> [4]사자가 움킨 것이 없는데 어찌 수풀에서 부르짖겠으며 젊은 사자가 잡은 것이 없는데 어찌 굴에서 소리를 내겠느냐 [5]덫을 땅에 놓지 않았는데 새가 어찌 거기 치이겠으며 잡힌 것이 없는데 덫이 어찌 땅에서 튀겠느냐 [6]성읍에서 나팔이 울리는데 백성이 어찌 두려워하지 아니하겠으며 여호와의 행하심이 없는데 재앙이 어찌 성읍에 임하겠느냐 [7]주 여호와께서는 자기의 비밀을 그 종 선지자들에게 보이지 아니하시고는 결코 행하심이 없으시리라 [8]사자가 부르짖은즉 누가 두려워하지 아니하겠느냐 주 여호와께서 말씀하신즉 누가 예언하지 아니하겠느냐 (암 3:4~8)

아모스는 이렇게 스스로 변호해야 했다. 하나님은 이스라엘과 동행 관계였으나, 이제 사자처럼 부르짖는 분이기도 하다. 아모스서를 시작하며 하나님의 음성이 사자의 울부짖음이라고 했던 이유이다. 어린아이도 다 알 수 있는 대답이었다.

"당연한 이야기가 아니냐. 사자가 먹이를 잡았으니 부르짖는 것이고, 덫을 놓았기에 거기서 새가 치이는 것이지. 하나님이 아무 이유 없이 너희를 심판하시겠느냐?"

전쟁 공습 사이렌이 민방위 훈련 시간도 아닌데 들려온다면 두려운 일이다. 서울에 그 소리가 실제로 들리면 어떠할까. 6절 말씀을 보면 모든 재앙은 하나님이 허락하신 사건이다. 지금 북이스라엘에 전쟁 나팔 소리가 들리기 직전이니 정신 차리고 돌아오라는 말씀이다. 7절에 하나님은 왜 선지자에게 미리 보이지 않고 행하지 않는다고 하셨을까? 경고를 통해 회개를 촉구하고 돌이키려 하심이다.

세상은 광야이다. 광야 길에서 중요한 것은 누군가와 함께하는 것이다. 특히 그 길을 잘 안다면 금상첨화이다. 하나님과 동행하려면 하나님과 뜻을 같이해야 한다. 그 길을 버리고 달려가면 사자에게 먹히고, 덫에 치이고, 그물에 걸린다는 말씀이다. 하나님이 누르시면 그 어떤 것도 할 수 없다. 말씀 안에 하나님이 주실 축복이 무엇인지, 은혜가 무엇인지, 어떻게 재앙에서 피할 수 있는지 나와 있다. 이 말씀을 붙들 때 우리 인생이 원래의 목적에 따라 제대로 행해질 수 있다.

8절처럼 죽어라 말씀을 회피하면 하나님이 사자가 되셔서 부르짖으실 수밖에 없다. 그 음성을 어찌 전하지 않을 수 있겠는가? 그래서 아모스가 자기 농장을 다 내버리고, 뽕나무 밭을 포기하고, 여기 북이스라엘까지 온 것이다. "제발 좀 들으시오." 아모스의 절규이다.

드러나야 할 부패

> 아스돗의 궁궐들과 애굽 땅의 궁궐들에 선포하여 이르기를 너희는 사마리아 산들에 모여 그 성 중에서 얼마나 큰 요란함과 학대함이 있나 보라 하라 (암 3:9)

아모스의 첫 선포 대상은 사마리아 왕궁이다. 하나님께서는 스스로 택하신 자녀들의 치부를 만천하에 드러내려고 외부인을 불러들이신다. 불편한 관계를 맺고 있는 블레셋인들과 애굽 사람들에게 이스라엘의 부패와 더러운 사회상을 보여 주시려 한다는 것은 충격적이다.

하나님이 얼마나 속상하셨으면 그랬을까 싶고, 만천하에 이스라엘의 죄를 공개할 수밖에 없는 현실을 의미하기도 한다. 아스돗은 이미 하나님의 심판을 선언받은 도시였고, 애굽은 이스라엘이 절대로 잊지 못할 압제국의 대표 주자이다. 그런데 그들에게 이스라엘의 불의가 드러나다니 그들의 비아냥거림과 조롱, 비웃음이 들려오는 듯하다.

오늘날 교회의 불편한 죄악을 보며 혀를 차고, 말씀의 실천이 없는 것을 보며 손가락질을 한다. 교회가 어떤 문제로 다투는지, 교회가 욕심을 어떻게 부리는지 다 알고 있다. 교회 안의 싸움과 욕망을 뉴스에서 적나라하게 고발하기도 한다. 다 지켜보고 있다.

9절은 더욱 민망하다. 죄악 속에 있는 애굽과 아스돗이 이스라엘의 죄악을 구경하는 역설적인 장면을 다루기 때문이다. 교회를 심판할 때 있는 과정일 것이다. 우리 사회에 드러난 교회의 모습과 일맥상통한다. 드러날 건 드러나야 한다. 그래야 치유도 회복도 가능할 것이다.

> 자기 궁궐에서 포학과 겁탈을 쌓는 자들이 바른 일 행할 줄을 모르느니라 여호와의 말씀이니라 (암 3:10)

궁궐이라고 한 것은 자기 교회와 자기 집을 아주 크게 지었다는 의미이기도 하다. 크고 높게 하려고 어떤 일도 마다하지 않는다. 하나님은 그런 식으로 크게 하라고 명하신 적이 없다. 높이 쌓기만 하는 것을 하나님이 원하실 리 없다. 작아도 좋으니 말씀대로, 하나님의 자녀다운 모습을 가지라고 하셨다.

11그러므로 주 여호와께서 이와 같이 말씀하시되 이 땅 사면에 대적이

216

있어 네 힘을 쇠하게 하며 네 궁궐을 약탈하리라 ¹²여호와께서 이와 같이 말씀하시되 목자가 사자 입에서 양의 두 다리나 귀 조각을 건져냄과 같이 사마리아에서 침상 모서리에나 걸상의 방석에 앉은 이스라엘 자손도 건져냄을 입으리라 (암 3:11~12)

하나님의 심판 선포이고, 비참한 결과이다. 성도는 얼마나 가졌는지, 얼마나 이루었는지가 아니라 더 거룩해졌는지, 더 사랑하는지, 더 정의와 공의를 실천하는지를 생각하며 사는 자들이다. 하나님의 목적을 성취하는 사람들이다.

하나님은 이 목적 잃은 백성들을 심판하신다. 언젠가, 반드시. 12절을 조금 더 쉽게 해석하자면, 하나님의 심판으로 그 화려한 침대 모서리나 겨우 남을 것이고, 소파의 방석이나 겨우 건질 것이라는 뜻이다. 사자가 먹이를 다 먹고 뼈나 조각을 남기듯이 이스라엘은 대부분 사라지게 된다. 후대에 교회의 한 모서리만 남아서 과거에 교회가 있었다고 증거하겠지만 말이다.

¹³주 여호와 만군의 하나님의 말씀이니라 너희는 듣고 야곱의 족속에게 증언하라 ¹⁴내가 이스라엘의 모든 죄를 보응하는 날에 벧엘의 제단들을 벌하여 그 제단의 뿔들을 꺾어 땅에 떨어뜨리고 ¹⁵겨울 궁과 여름 궁을 치리니 상아 궁들이 파괴되며 큰 궁들이 무너지리라 여호와의 말씀이니라 (암 3:13~15)

정의와 공의와 인애를 행하며

'야곱의 족속'은 이스라엘의 정체성이다. 하나님이 보호하신다는 자기 이해이기도 한데, 이방 민족들이 이들을 향해 증언한다. 교회가 신앙인이 아닌 사람들에게 비난과 비판을 받는다면 몹시 불편할 텐데, 아모스서에서는 비판의 주체, 그 출처가 하나님이라는 것을 알 수 있다. 그러니 믿지 않는 사람들이 비판할 때 쓸데없이 저런 말을 한다고 불평할 것이 아니라 잘 들어야 한다. 교회의 모습을 드러내려는 하나님이 계시다. 그렇게 드러내어 벧엘, 즉 하나님의 집인 교회를 벌하신다.

"제단의 뿔을 다 꺾어 버려야지. 그들에게 무슨 필요가 있는가. 그들은 좋은 궁에 살 궁리만 하니 그런 궁들도 다 파괴하고 무너뜨려야겠다. 서로 뜻이 달라서 더 이상 동행할 수 없는데 어찌하겠느냐. 여호와의 말씀이다."

누구나 마음대로 살고 싶은 유혹이 있지 않겠는가. 속된 말로 왜 이 짓을 하는지 모르겠다는 생각이 들기도 한다. 신앙 없는 사람들을 들어 교회와 성도들의 불의를 고발하시고, 교회가 망하게 하시는 것을 바라보면서 마음이 무겁기만 하다. 그럼에도 여전히 교회에 희망이 있다. 하나님의 정의와 공의와 인애를 행하며 신실하게 사는 신자와 교회가 많다. 잘 드러나지 않을 뿐이다.

> **나눔 질문**

1. 요즘 교회의 민낯이 언론을 통해 자주 드러나는 사태에 대해서 어떤 생각이 드십니까?

2. 교회를 비판하는 사람들의 말들이 사실은 하나님의 주권 아래에서 이루어지고 있다는 점에 대해서 동의하십니까? 나누어 봅시다.

218

4장 바산의 암소 고기 처럼

이제 "들으라" 두 번째 말씀이다. 아모스 선지자 당시는 남성 중심의 사회여서 정치, 사회, 종교적으로 남성들만이 지위를 가질 수 있었다. 거짓 정치를 하는 자도 남자, 사회적으로 한 여인에게 가는 아버지와 아들도 남자, 교회에서 정의와 인애를 없앤 사람도 남자였다.

여인들의 행위 세 가지

사마리아의 산에 있는 바산의 암소들아 이 말을 들으라 너희는 힘 없는 자를 학대하며 가난한 자를 압제하며 가장에게 이르기를 술을 가져다가 우리로 마시게 하라 하는도다 (암 4:1)

그런데 아모스는 애굽과 아스돗 사람들에게 이스라엘의 사치와 부정과 향락을 폭로하기 위해 사마리아의 여인들을 지목한다. 당시 여인들의 역할이 제한적이었던 것을 생각하면 상당히 충격이 큰 내용이다. 바산은 요단강 동편 해발 500미터의 숲과 목초가 풍부한 평야 지대이다. 질 좋고 힘센 가축을 자유롭게 길러낼 수 있는 곳이다. 신명기에서도 바산은 비옥한 지역으로 묘사되었다(신 32:14).

1절은 이 여인들의 행위를 크게 세 가지로 말한다. 힘없는 자를 학대하고, 가난한 자를 압제하며, 남편에게 술을 가져오라고 한다. 하나님의 말씀을 모르는 남자들의 뒤에는 이러한 바산의 암소들이 있었고, 폭리를 취하며 자기들의 배만 불린 남자들의 뒤에는 술을 사 오라는 여자들이 있었고, 벧엘에서 예배드리는 남자들의 뒤에는 조종하는 여자들이 있었다. 남자들이 밖에서 말씀에 불순종하면 여자들이라도 깨어 있어야 했는데, 술이나 사 오라고 소리 질렀다.

여담이지만, 사실 한국 남자들은 사리 분별을 못할 때가 많다. 근대사 격동기에 남자들은 죽어라 일하기 바빴고, 늦은 시간까지 술 마시느라 집안일은 뒷전인 것을 당연하게 여기던 시절이 있었다. 그때 그런 남편과 가족을 위해 눈물 흘리며 기도하는 여자들이 있었다. 구역 모임을 주도하고, 교회의 허드렛일에 헌신하는 여자들이 있었다. 하나님이 교회를 벌하려 하다가도 그 눈물의 기도와 헌신을 기억하시리라.

그러나 아모스서가 경고하는 여인들은 달랐다. 그들은 바산의 암소처럼 자기 편함, 자기 사치, 자기 풍요에만 관심이 있었다. 이사야도 3장 16절 이하에서 예루살렘 여성들의 사치와 교만과 포악을 적나라하게 지적한다.

아모스가 예언한 사마리아나 이사야가 예언한 예루살렘이나 사정이 다르지 않았다. 이들은 남편의 지위, 명성, 재산, 외적인 미모, 가문에 의해 평가받기를 원했지만, 하나님의 기준은 거기에 있지 않았다. 그들은 자신의 즐거움과 소원을 이루기 위해, 남편에게 필요한 것을 뺏어서라도 가져오고, 술도 구해 내라고 다그친다. 끝없이 질 좋은 것만을 먹으려는 바산의 암소들은 사마리아 교회의 여자 성도들을 비유하고 있다.

이스라엘 백성들이 광야에 있을 때 경쟁하지 않았고 빼앗으려고 하지 않았다. 하나님이 주시는 만나로 살았기 때문이다. 그런데 가나안에 들어가더니 삶의 목적이 전혀 달라졌다. 하나님을 바라보지 않았고 만나로 만족하지 않으려 했던 것이다. 하나님은 더욱 믿음으로 사랑을 실천하는 백성들을 원하셨으나 이미 썩을 대로 썩은 사회였다.

> ²주 여호와께서 자기의 거룩함을 두고 맹세하시되 때가 너희에게 이를지라 사람이 갈고리로 너희를 끌어 가며 낚시로 너희의 남은 자들도 그리하리라 ³너희가 성 무너진 데를 통하여 각기 앞으로 바로 나가서 하르몬에 던져지리라 여호와의 말씀이니라 (암 4:2~3)

목적을 잃어버린 백성은 존재 가치가 없다는 것이 아모스의 계속된 선포이다. 2절에서 "목적을 잊어버린 바산의 암소들을 사람이 갈고리로 끌고 갈 것"이라고 말씀한다. 남은 자들도 그리하실 것이다. 이처럼 무서운 예언을 거룩한 이름을 두고 하신 것이다. 그 말은 반드시 행하시겠다는 강조의 의미였다.

하나님의 심판은 절대로 약해지지도 연기되지도 않는다. 이들은 자신들의 즐거움과 향락을 위해 기름진 음식을 먹겠지만 결국 도살의 날에 잡혀 죽을 최상품으로 자신을 가꾸는 꼴이었다. 아이러니하다. 성이 무너지고, 그 무너진 데로 잡혀가 하르몬에 던져지는 심판이 이스라엘에 임하게 된다. 목적을 잃으면 다 잃는다. 말씀을 잃으면 다 잃는 것이다. 하나님의 바른 뜻을 모르면 하나님과 동행할 수 없다.

하나님이 기뻐하시는 예배

> [4]너희는 벧엘에 가서 범죄하며 길갈에 가서 죄를 더하며 아침마다 너희 희생을, 삼일마다 너희 십일조를 드리며 [5]누룩 넣은 것을 불살라 수은제로 드리며 낙헌제를 소리내어 선포하려무나 이스라엘 자손들아 이것이 너희가 기뻐하는 바니라 주 여호와의 말씀이니라 (암 4:4~5)

아마 모든 예언서를 통틀어 이 본문보다 예배와 예물에 대해 더 냉소적으로 비난하는 곳은 없을 것이다. "아침마다 새벽 기도회에 나가라. 삼일이 되는 수요일에 예배드리러 나오라." 이 말은 목사가 교인들에게 마땅히 해야 할 신앙적인 권고들이다. 당연히 열심히 예배에 참석하라고 촉구해야 한다. 이게 왜 나쁜 말로 바뀌어 선언되고 있는가? 예배 자체를 힐난하는 것이 아니고, 그곳에서 죄를 범하는 것을 지적한다. 십일조도 삼일마다 할 만큼 당시 사마리아는 잘 살았다. 새벽마다 모이고, 특별 집회로 길갈에 모여 예배했다. 그러나 이들의 신앙 행위는 철저하게 자기를 위한 것이었다. 자기의 영적 만족, 과시욕, 하나님을 아는 지식이 없이 나오는 광적인 열심, 하나님과는 전혀 상관없는 예배였다.

말씀에 모든 것을 걸어야 한다. 그래야 하나님이 원하는 예배를 드리고, 하나님이 원하는 새벽 기도를 하고, 하나님이 원하는 십일조를 드릴 수 있다. 우리는 정성을 다해 예배를 드리고 예물을 드려야 한다고 하지만, 정성보다 하나님의 뜻이 더 중요하다. 그래서 하나님께서는 이 사야에게 "헛된 제물을 다시 가져오지 말라 분향은 내가 가증히 여기는 바요 월삭과 안식일과 대회로 모이는 것도 그러하니 성회와 아울러 악을 행하는 것을 내가 견디지 못하겠노라"(사 1:13)라고 말씀하신 것이다. 하나님 말씀이라고 받아들여지는가?

화목제에는 세 종류가 있다. 낙헌제와 수은제와 서원제이다. 수은제는 감사 예배이고, 낙헌제는 구제 헌금을 드리는 예배이다. 누룩 없는 떡은 보기가 좋지 않으니까 누룩을 넣어서 멋지게 만든 떡을 하나님께 바쳤다.

이들은 하나님이 뭐를 원하시는지 알지 못했고, 말씀을 연구하지도 않았다. 그저 보기 좋으면 되었다. 그것이 죄라고 하신다. 더구나 낙헌제를 소리 내어 선포한다는 것은 우리가 이 정도로 구제를 많이 한다는 이야기였다. 자기 자랑밖에 없는 어처구니없는 상황이었다. 수천 명이 모여 장엄한 찬양을 드리고 예배하면 저절로 압도되고 몰입된다. 그러나 그 역시 범죄를 더하는 것일지도 모른다. 죄를 추가하는 것일 수 있다.

> [6]또 내가 너희 모든 성읍에서 너희 이를 깨끗하게 하며 너희의 각 처소에서 양식이 떨어지게 하였으나 너희가 내게로 돌아오지 아니하였느니라 여호와의 말씀이니라 [7]또 추수하기 석 달 전에 내가 너희에게 비를 멈추게 하여 어떤 성읍에는 내리고 어떤 성읍에는 내리지 않게 하였더니 땅 한 부분은 비를 얻고 한 부분은 비를 얻지 못하여 말랐으매 [8]두 세 성읍 사람이 어떤 성읍으로 비틀거리며 물을 마시러 가서 만족하게 마시지 못하였으나 너희가 내게로 돌아오지 아니하였느니라 여호와의 말씀이니라 [9]내가 곡식을 마르게 하는 재앙과 깜부기 재앙으로 너희를 쳤

으며 팥중이로 너희의 많은 동산과 포도원과 무화과나무와 감람나무를 다 먹게 하였으나 너희가 내게로 돌아오지 아니하였느니라 여호와의 말씀이니라 ¹⁰내가 너희 중에 전염병 보내기를 애굽에서 한 것처럼 하였으며 칼로 너희 청년들을 죽였으며 너희 말들을 노략하게 하며 너희 진영의 악취로 코를 찌르게 하였으나 너희가 내게로 돌아오지 아니하였느니라 여호와의 말씀이니라 ¹¹내가 너희 중의 성읍 무너뜨리기를 하나님인 내가 소돔과 고모라를 무너뜨림 같이 하였으므로 너희가 불붙는 가운데서 빼낸 나무 조각 같이 되었으나 너희가 내게로 돌아오지 아니하였느니라 여호와의 말씀이니라 (암 4:6~11)

하나님께서 백성들이 돌아오도록 자극하신다. 첫 번째, 이를 깨끗하게 했다는 말씀은 양식이 떨어지고, 경제적으로 어려움을 겪는다는 것을 의미한다. 우리도 이와 같다. 어려운 시국에 인플레까지 겹쳐 교회마다 선교비를 줄인다. 해외 선교사들이 다시 돌아와도 묵을 집이 없다.

두 번째는 기근을 주셨다. 당장 마실 물이 떨어졌는데도 깨닫지 못하고 돌이키지 않는다. 세 번째는 병충해를 주셨다. 얼마나 미련한지 아무리 어려움을 당하면서도 '설마 하나님이 어떻게 해주시겠지' 하는 답답한 생각을 하며 산다.

네 번째는 전염병을 일으키셨다. 가축이고 사람이고 전염병으로 풍비박산이 났다. 통제 불능의 바이러스나 질병이 얼마나 무서운지는 오늘날 모두가 잘 아는 사실이다. 하나님께 겸손해야 한다. 다섯째 성읍들을 무너뜨리셨다. 그것이 지진이든 전쟁이든 남아나지 않았다.

11절에서 소돔과 고모라의 멸망을 언급하는 목적은 하나님의 경고를 가볍게 여긴 이스라엘의 무감각을 말하는 데 있다. 소돔과 고모라가 멸망하기 전날 밤에 찾아온 하나님의 사자는 분명하게 내일 심판이 올 것이라고 외쳤다. 그러나 그 누구도 귀담아듣지 않았다.

살아 계신 하나님의 말씀을 귀담아듣지 않으면 그 민족도, 그 가정도, 한 개인도 망한다. 거룩한 이름을 두고 하나님께서 맹세하신 일이기 때문이다. 오늘날 교회가 그저 수많은 종교의 하나로 전락하는 것은 말씀을 가볍게 여기고 말씀을 목적으로 삼지 않기 않기 때문이다.

하나님 만나기를 준비하라

> [12]그러므로 이스라엘아 내가 이와 같이 네게 행하리라 내가 이것을 네게 행하리니 이스라엘아 네 하나님 만나기를 준비하라 [13]보라 산들을 지으며 바람을 창조하며 자기 뜻을 사람에게 보이며 아침을 어둡게 하며 땅의 높은 데를 밟는 이는 그의 이름이 만군의 하나님 여호와시니라
>
> (암 4:12~13)

"하나님 만나기를 준비하라." 이는 신앙인들에게 가장 중요한 명제이다. 하나님 만날 준비를 하는가? 왜 하나님은 이 같은 재앙을 행한다고 하셨을까? 우리의 모든 것이 말씀 위가 아니라 사람의 열심과 욕심 위에 세워졌기 때문이다. 산상수훈에서 말씀하셨듯이 말씀의 반석 위에 지은 것이 아니라 모래 위에 집을 짓기 때문이다(마 7:26).

창세기 4장에 하나님이 "아벨과 그의 제물은 받으셨으나 가인과 그의 제물은 받지 아니하신지라"라는 말씀이 있다. 하나님은 제물만 받으시는 분이 아니라, 아벨을 받고 그가 드린 예배도 받으신다. 말씀을 바

로 알고 그대로 행하는 그 사람을 받고, 그의 예배와 예물을 받으신다. 그것이 진정한 예배이다. 산들을 지으신 분은 산을 땅속으로 다시 돌아가게 하시는 분이고, 바람을 만드신 분은 바람으로 모든 것을 넘어뜨릴 수 있다. 그렇게 세상만사를 통해 당신의 뜻을 보이신다. 아침을 어둡게 해서라도 말씀하신다. 그런 하나님 만날 준비를 하고 있는가.

하나님은 사람이 떡으로만 살 것이 아니라 말씀으로 산다고 하셨다. 우리는 하나님의 말씀으로 살아야 진짜 인생을 살 수 있다. 내 생각대로 살면 하나님 만날 때 두려움을 가지고 준비해야 한다. 말씀으로 지은 인생은 무너지지 않는다. 말씀이 증거하는 것이라면 전심을 다해야 한다. 순종이 없다면 수은제를 드리고 낙헌제를 드려도 자기만족 행위일 뿐이다. 받으시지 않는다. 그 사람과 그가 드리는 예배와 예물을 받으시지 않는다. 그래서 우리는 하나님 만날 준비를 하며 살아야 한다.

> **나눔 질문**

1. 나는 진정 하나님이 기뻐하시는 방법대로 예배드리고 있습니까? 이를 위해 말씀을 진중하게 공부하고 있는지 생각해 봅시다.

2. 하나님 만날 준비를 하며 사십니까? 진솔하게 나누어 봅시다.

여호와를 찾는다는 것은? (1) │ 5장 (1)

애가를 부를 수밖에

아모스 선지자가 남유다 드고아에 집과 땅, 농장을 다 두고 북이스라엘까지 올라온 것은 오직 백성들에게 말씀을 듣게 하기 위해서였다. 3장과 4장에서 이스라엘 사람들의 죄악과 하나님의 징벌에 대해 피를 토하는 심정으로 전했지만, 백성들은 듣기는커녕 쫓아내려고만 했다.

답답한 상황에서 아모스는 세 번째 "들으라"로 시작하는 설교에 애가를 지어 부른다. 애가는 장례 의식에 쓰인다. 에스겔 19장에도 에스겔이 애가를 부르는 장면이 있고, 예레미야의 애가 역시 잘 알려져 있다. 애가를 부르면 듣지 않을까, 변하지 않을까 하는 절박함이 담겨 있다.

16절에는 사람이 모든 광장에서 울겠고 모든 거리에서 '슬프다 말하는' 장면을 말씀한다. 개역한글판은 '오호라 하면서 애곡할 것'이라고 했고, 공동번역은 '아이고 하며 곡하는 소리'가 들릴 것이라고 했다. 그러니까 듣지 않는 사람들 옆에서 아모스가 울면서 노래하는 것이다. "아이고, 아이고 이스라엘이 다 죽었구나. 아이고 아이고." 아모스 5장은 실상 하나님께서 부르시는 애가이다. 이미 상황을 내다보시고 눈물 흘리시는 하나님의 애가였다. 어떤 애가도 듣지 않는 백성들에게는 마침내 실제 애가를 부를 수밖에 없는 상황이 닥칠 것이다.

> [1]이스라엘 족속아 내가 너희에게 대하여 애가로 지은 이 말을 들으라 [2]처녀 이스라엘이 엎드러졌음이여 다시 일어나지 못하리로다 자기 땅에 던지움이여 일으킬 자 없으리로다 [3]주 여호와께서 이와 같이 말씀하시되 이스라엘 중에서 천 명이 행군해 나가던 성읍에는 백 명만 남고 백 명이 행군해 나가던 성읍에는 열 명만 남으리라 하셨느니라 (암 5:1~3)

살아 있는 사람들 앞에서 애가를 부른다는 것은 충격적이다. 더군다나 지금 이스라엘은 경제적으로도 정치적으로도 군사적으로도 강국이었다. 2절은 그런 이스라엘을 처녀 이스라엘이라고 표현한다. 처녀같이 젊고 화려했기 때문이다. 처녀 총각 때 사진을 보면 어찌 다 미남이고 미녀인지, 너무 아름답고 멋지다. 사진만 봐도 서로 반할 만하다. 이스라엘이 그랬다. 최고급 포도주가 흘러넘치고, 저택들이 즐비하고, 신앙의 이름으로 모여 예배하고 축제가 끊이지 않던 시대였다.

그런데 처녀 이스라엘이 엎드러지고 다시 일어나지 못한다고 선언하신다. 자기 땅에 그대로 던져져서 아무도 일으킬 수 없다. 군인들이 다 죽고 10분의 1만 남는다고 한다. 지금 이렇게 잘 나가는데 누가 아모스의 애가를 듣겠는가. 미친놈이라고 했을 것이다. 음주운전 결과가 살인이라는 것을 안다면 음주운전을 하겠는가?

누구든지 꾸중을 듣고 싶은 사람은 없다. 칭찬을 듣고 싶고, 좋은 소리만 듣고 싶어 하나 그것은 금송아지이고, 우상이다. 하나님은 우리가 좌로나 우로나 치우치면 반드시 말씀하신다. 듣지 않으면 애가를 지어서라도 말씀하신다. 하나님은 인생의 절정기에 젊음과 패기, 재물과 명예, 학력과 권세가 미래를 보장한다고 믿는 자들에게 말씀하신다.

더 나아가 아모스의 이 선언은 축제와 절기에 선포된 말씀이다. 예배를 드리며 노래하고, 식사하고, 포도주로 교제하는 그날에 하나님 만날 준비를 하라고 했다. 그렇지 않으면 장례의 애가가 퍼지리라고 경고한다. 사도행전에서 베드로의 설교를 들은 사람들이 그에게 "우리가 어찌하면 좋을까요"라고 물었듯이(행 2:37), 이들도 아모스의 말을 들었을 때 그렇게 반응했어야 한다. 하지만 이스라엘은 엎드러지고 말았다.

하나님을 안 찾는다고요?

> ⁴여호와께서 이스라엘 족속에게 이와 같이 말씀하시기를 너희는 나를 찾으라 그리하면 살리라 ⁵벧엘을 찾지 말며 길갈로 들어가지 말며 브엘세바로도 나아가지 말라 길갈은 반드시 사로잡히겠고 벧엘은 비참하게 될 것임이라 하셨나니 ⁶너희는 여호와를 찾으라 그리하면 살리라 그렇지 않으면 그가 불 같이 요셉의 집에 임하여 멸하시리니 벧엘에서 그 불들을 끌 자가 없으리라 (암 5:4~6)

하나님을 찾는 길이 사는 길이다. 이 말에 어폐가 있는 것은 교회 성도 치고 하나님을 찾지 않는 사람은 없기 때문이다. 우리는 모두 하나님을 찾으려고 교회에 오지, 마귀를 만나러 오지는 않는다. 이스라엘 백성들도 마찬가지로 벧엘에 예배하러 갔고, 길갈에 절기 축제를 드리러 갔고, 브엘세바에 성지순례하려고 갔다. 4장 말씀처럼 매일 새벽 예배를 드렸고, 삼일마다 십일조를 드렸고, 절기마다 감사 예배를 드렸다.

이렇게 하나님을 찾는데, 하나님을 찾는 길이 사는 길이라니 이상하지 않은가? 아모스 5장은 하나님을 찾는 일과 성소를 찾는 일을 의도적으로 대비해 놓고 있다. 성소에 가면 으레 하나님의 임재가 있다고 생각하는 점을 배격한다.

브엘세바는 남유다의 성소였고, 이들은 남유다의 유명한 성지를 찾아가 예배했다. 그곳을 가려면 드고아를 거쳐야 해서 아모스는 브엘세바로 가는 북이스라엘 사람들을 심심찮게 봤을 것이다. 교회를 찾고, 집회에 가고, 성지를 순례하는 것이 하나님을 찾는 것과 전혀 관계가 없다는 사실을 알고 있었다.

호세아는 하나님을 아는 지식이 없어서 백성이 망한다고 했는데, 하나님이 무엇을 기뻐하고 무엇을 좋아하시는지 모르고 하는 행위는 의미가 없다. 우리는 이것을 아모스서를 통해 배울 수 있다. 하나님을 찾는 것은 말씀을 통해 하나님이 무엇을 기뻐하시는지 아는 것이다.

벧엘은 무너져 가는 야곱에게 하늘이 열려 주님을 보게 된 곳이고, 북이스라엘의 종교 중심지, 이를테면 중심 교회였다. 길갈은 가나안에 들어가 처음으로 진을 치고 하나님의 인도에 감사하며 돌무더기를 세운 곳이기도 하다. 브엘세바는 아브라함, 이삭, 야곱과 깊게 관련된 장소로 축복과 번성을 약속받은 장소였다.

이스라엘 백성들은 이곳을 찾아가면 은혜가 있고, 하나님이 지켜 주실 것이라고 믿었다. 거짓 목자들이 이렇게 가르쳤고, 이런 이유로 교회에 열심히 나오라고 했다. 성지순례 많이 다녀왔을 것이다. 그런데 정작 신앙이 깊어졌는가? 종교적 절기들을 잘 지키면 하나님이 기뻐하시나? 길갈은 잡혀갈 것이고, 벧엘은 비참하게 된다. 단순히 성전을 찾는 일과 여호와를 찾은 것은 구별해야 한다.

왜 벧엘이 무용하고, 예배와 절기와 예물이 헛것인가? 하나님이 원하시는 삶이 없기 때문이다. 성지순례를 다녀오지 않았다는 성서학 교수님이 계신다. 그분은 성지순례 무용론을 종종 이야기하셨는데, 대부분의 성지순례가 성도의 삶에 어떤 영향을 주지 않는다는 것이다. 아모스를 읽고 보니 정말 그 이야기에 공감이 간다. 어떤 종교 행위가 하나님을 기쁘게 하는 것은 아니라는 말씀이다. 이스라엘 백성들은 주님이 원하시는 삶을 살 마음이 없었다. 그러면 하나님을 찾는다는 것은 무엇이고 어떻게 해야 하는가?

> [7]정의를 쓴 쑥으로 바꾸며 공의를 땅에 던지는 자들아 [8]묘성과 삼성을 만드시며 사망의 그늘을 아침으로 바꾸시고 낮을 어두운 밤으로 바꾸시며 바닷물을 불러 지면에 쏟으시는 이를 찾으라 그의 이름은 여호와시니라 [9]그가 강한 자에게 갑자기 패망이 이르게 하신즉 그 패망이 산성에 미치느니라 (암 5:7~9)

하나님을 찾는 진정한 의미

열심히 예배드리거나 휴가철에 맞춰 성지순례 하는 사람들을 향해, 정의를 쓴 쑥으로 바꾸며 공의를 땅에 던지는 자들에 불과하다고 선언한다. 그 행위가 자기가 하고 싶은 것을 하는 것뿐이라면 하나님을 찾을 수 없다.

벧엘과 길갈의 자존심을 버리고, 말씀을 따라야 한다. 하나님의 법은 약한 자에게 치료를 공급하고, 어려운 이웃에게 살 길을 제공하고, 우리가 살아가는 시장에서, 장터에서, 학교에서, 학원에서, 지하철에서, 직장에서 하나님의 정의와 공의를 물 흐르듯 내려 보내는 것이다. 이스라엘 백성들은 종교성이 규칙적이고 열정적이었지만 삶에서는 공의와 정의가 부재했다. 하나님이 원하시는 삶의 모양을 살지 않았다.

사실 성경적으로 보면 정의와 공의를 물같이 흐르게 하는 사람 한 명만 있어도 그 나라는 망하지 않는다고 하신다. 그 성읍은 망하지 않고, 그 교회는 망하지 않는다. 8절은 하나님이 이런 분이시기에 제대로 된 삶 없이 종교적 열정만 있는 자들을 패망하게 하신다는 말씀이다.

일반적으로 묘성과 삼성은 별자리 중 황소자리와 오리온자리를 의미한다. 팔레스타인에서 두 별자리가 뚜렷하게 보이고 이 별자리를 통해 계절의 변화를 알았을 것이다. 이렇게 세상만사를 주관하시는 하나님이 지금 강하고 잘 나간다고 생각하는 이스라엘을 패망에 이르게 하신다는 이야기이다(9절).

그러니 살고 싶으면 하나님을 찾아야 한다. 우리 운명은 성지순례, 화려한 예배, 특별 집회에 달린 것이 아니다. 크고 높은 교회를 멋있게 하고, 조명과 음향을 최고급으로, 23절처럼 각종 악기와 소리를 사용한다고 해서 우리의 앞길을 책임지지 못한다.

하나님의 마음에 합하는 일상, 말씀을 따라 살면서 정의와 정직과 공의를 추구하는 생활, 연약한 이웃을 돕고 사는 것이 진정 기뻐하시는 예배이다. 그러니 하나님이 기뻐하시는 예배와 삶을 찾아야 한다.

10무리가 성문에서 책망하는 자를 미워하며 정직히 말하는 자를 싫어하는도다 11너희가 힘없는 자를 밟고 그에게서 밀의 부당한 세를 거두었은즉 너희가 비록 다듬은 돌로 집을 건축하였으나 거기 거주하지 못할 것이요 아름다운 포도원을 가꾸었으나 그 포도주를 마시지 못하리라 12너희의 허물이 많고 죄악이 무거움을 내가 아노라 너희는 의인을 학대하며 뇌물을 받고 성문에서 가난한 자를 억울하게 하는 자로다 13그러므로 이런 때에 지혜자가 잠잠하나니 이는 악한 때임이니라 (암 5:10~13)

자기들이 잘 나가는 마당에, 이런 말 하는 선지자가 좋아 보일 리 없다. 부유한 동네는 그 동네의 부유함을 아는 목회자를 청빙하려 한다. 목회 방식이 헐벗은 사람들을 대할 때와는 달라야 한다는 의미이기도 하다. 그 방식이 대체 뭘까? 과연 성경적인가?

성문은 이스라엘의 각종 법이 집행되던 곳으로, 판결을 기다리는 사람들이 줄 서 있다. 그 성문에서 바른 말씀을 한다고 해도 백성들의 죄를 책망하는 선지자의 설교를 듣겠는가. 선지자가 뭐라고 했는지 11~12절에서 알 수 있다. 너희는 허물이 많고 죄악이 무겁다고 했던 것이다. 주일 예배 설교에서 가난한 자의 곤고함이나 부당한 재물 착복이나 연약한 사람들의 억울함을 설교한다면 귀를 기울이겠는가? 신앙생활에 무슨 도움이 되느냐며 반문하기 쉽다.

세상에는 내가 모르는 억울한 일이 허다하다. 기본적으로 우리가 약자를 착취할 수밖에 없는 사회 구조에서 성장하기 때문이다. 이 이야기가 익숙하지 않을 수 있다. 바로 이스라엘 백성들에게도 그러했다. "지금은 은혜받는 이야기나 하고, 종교적인 내용을 말해야지. 우리 동네에 어울리는 말을 해야지!" 이는 기독교가 성경 용어들을 이해하지 못하고, 오직 예배와 교회 생활에 갇힌 종교라는 의미이기도 하다.

다듬은 돌로 집을 건축했다는 것은 정교하게 지은 집인데, 주전 9세기에 오므리와 아합이 건축한 사마리아 성이 대표적인 예이다. 권력자들은 다 아름다운 집과 포도원을 소유하고 있었다. 정의롭다는 정치 지도자들조차 몇 채의 집을 소유하는 게 예삿일이었다. 우리는 12절의 지적처럼 허물이 가득하고, 죄악이 무겁다. 그러니 성경을 올바로 묵상하고, 하나님이 무엇을 기뻐하시는지, 어떻게 예배해야 받으시고 즐거워하시는지를 알아야 한다. 바로 그 앎이 없어서 그 삶을 살지 못한다.

13절은 이때에 지혜자가 잠잠하다고 했다. 어느 순간 바른 말씀을 전하는 자들이 없어졌다. 이스라엘 백성들은 이제 이상한 잔소리하는 자들이 없어졌다고 좋아했으리라. 이 말씀은 하나님이 이제 그들을 버렸다는 이야기이다. 우리는 듣기 싫은 말씀을 들으려 해야 한다. 하나님 앞에서 듣는 훈련을 해야 한다. 불의를 고발하며 하나님의 심판을 선포한 아모스가 추방당했다면, 지혜자들 역시 그 입이 전부 막혔을 것이다. 이 말은 하나님께서 말씀을 거두어 가셨다는 뜻이기도 하다.

> 나눔 질문

1. 열심히 예배를 드리고, 성지순례도 다녀오는 것이 하나님을 찾는 것과 전혀 관계가 없을 수 있다는 것에 대해 어떤 생각이 드십니까?

2. 하나님을 진정으로 찾는다는 의미를 다시 정리해서 말해 보고, 나의 삶과 비교해서 나누어 봅시다.

말씀의 삶이 없는 예배, 절기, 집회, 성지순례는 하나님이 기뻐하시지 않는다. 이번 장은 뇌물을 주고받으며 살아왔고, 정의나 공의를 지키지 않고, 자기 삶의 번성만 꿈꾸는 이스라엘 백성들이 여호와의 날에 처참한 심판을 당하리라는 내용이다.

기쁘게 여기시느니라

14너희는 살려면 선을 구하고 악을 구하지 말지어다 만군의 하나님 여호와께서 너희의 말과 같이 너희와 함께 하시리라 15너희는 악을 미워하고 선을 사랑하며 성문에서 정의를 세울지어다 만군의 하나님 여호와께서 혹시 요셉의 남은 자를 불쌍히 여기시리라 (암 5:14~15)

14절은 여호와를 찾으라는 말을 또 다르게 표현한다. 선을 구하라는 것이다. 교회에 열심히 다니면서도 선하지 않게 직장 생활하고, 사업하고, 가정생활을 한다면 충성스러운 교인으로 보일지언정 하나님과는 상관없는 자이다. 함께하는 동료나 선후배를 사랑하지 못하는 사람이 예배한다면 하나님과 상관있겠는가. 이웃의 아픔에 대해 무관심하면서도 예물을 잘 드린다면 기뻐하시겠는가. 썩어질 상급을 쌓는 일이다.

14~15절은 어떻게 살아야 하고, 어떻게 잘못된 것을 바로 잡아야 하는지를 제시한다. 하나님이 찾으시는 것은 복잡하고, 오묘한 게 아니다. 단순하고 명확하다. 악을 미워하고 선을 사랑하는 행위인 것이다.

이스라엘 백성들이 허구한 날 하나님이 함께하신다고 소리 질렀지만, 선이 없는 그들과 절대로 함께하지 않으셨다. 또 성문에서 정의를 세우라고 하셨는데, 뇌물 수수로 공정을 상실한 상태라면, 부당한 처우로 슬픔을 헤매는 많은 이들과 함께할 수 있겠는가. 이런 일들이 성문에서 왜 이루어지는지, 그것을 어떻게 막을 것인지 고민해야 한다. 적극적으로 선을 구하는 것만이 이스라엘이 살길이요, 우리의 살길이다. 그 정도여야 하나님이 불쌍히 여기시지 않겠는가(15절).

> 공의와 정의를 행하는 것은 제사 드리는 것보다 여호와께서 기쁘게 여기시느니라 (잠 21:3)

하나님은 무엇을 기쁘게 여기시는지 반복적으로 말씀하신다. 그런데 왜 우리는 그것을 행하기보다 예배에 더 집중할까? 더 쉽기에 그렇다. 더 수월하다. 또 그렇게 배우고 가르치기도 했다. "예배를 목숨처럼 여겨라"라고 했지만, 공의와 정의를 행함이 없이 예배만 드린다면 무용

지물임을 분명하게 성경이 말씀하고 있다.

성문에서 공의를 세우라는 것은 공개적인 삶의 자리에서 말씀대로 살라는 것이다. 부부 사이, 가족 안에서만 아니라 일터에서 친구 관계에서 지나치는 사소한 만남에서 연약하고 어려운 자들을 위해 사는 것이다. 그러면 혹시 하나님께서 불쌍히 여겨 우리를 여호와의 날에 건지실지 모른다.

교회 다니는 사람들의 열정?

¹⁶그러므로 주 만군의 하나님 여호와께서 이와 같이 말씀하시기를 사람이 모든 광장에서 울겠고 모든 거리에서 슬프도다 슬프도다 하겠으며 농부를 불러다가 애곡하게 하며 울음꾼을 불러다가 울게 할 것이며 ¹⁷모든 포도원에서도 울리니 이는 내가 너희 가운데로 지나갈 것임이라 여호와의 말씀이니라 (암 5:16~17)

5장은 애가로 시작된다. 1절에서 아모스가 혼자 애가를 불렀다. 그런데 이제 모든 곳에서 애가가 쏟아져 나온다는 것을 보여 준다. 이는 대규모 장례를 치러야 할 비운의 날을 예언하고 있다. 원래 '만군의 하나님 여호와'는 전쟁에 나갈 때 하나님의 도움을 구하며 외친 호칭이나 여기서는 하나님께서 이스라엘 모든 백성으로 애곡하게 하시겠다고 하면서 이 호칭을 쓰고 있다.

그뿐만 아니라, 17절에 하나님께서 우리 가운데로 지나가시면 모든 곳에서 애곡하게 되리라고 말씀하신다. 슬프지 않은가? 하나님이 오시는 것은 기쁨이고, 우리 가운데 지나가시는 것은 위로이고 소망인데, 도대체 이스라엘 백성들은 어떻게 예배드리고, 어떻게 살았기에 슬픔이고 절망일까? 그러니 아모스 4장은 하나님 만나기를 준비하라고 했다. 이 지나가심은 바로 유월을 말한다. 유월절이 애굽에는 죽음이었고, 이스라엘에는 삶이었는데, 이것이 이스라엘에게도 죽음으로 다가왔다.

> [18]화 있을진저 여호와의 날을 사모하는 자여 너희가 어찌하여 여호와의 날을 사모하느냐 그 날은 어둠이요 빛이 아니라 [19]마치 사람이 사자를 피하다가 곰을 만나거나 혹은 집에 들어가서 손을 벽에 대었다가 뱀에게 물림 같도다 [20]여호와의 날은 빛 없는 어둠이 아니며 빛남 없는 캄캄함이 아니냐 (암 5:18~20)

"화 있을진저"로 시작하는 심판 선고이다. 그 대상이 누구인지, 왜 화를 당하는지, 그 심판 내용이 무엇인지를 말씀한다. 심판 대상은 의외로 여호와의 날을 사모하던 자들이고 열심히 예배드리던 자들이었다. 교회 다니는 우리에게 놀라운 일이다. 더 놀라운 것은 완고하고, 목이 굳고, 교만하고, 정의롭지 못한 이들이 여호와의 날을 축복의 날로 생각하고 기다렸다는 것이다. 거짓 선지자들은 이렇게 전했기에 인기 있었고, 아모스와는 비교할 수 없을 만큼 인정받았다.

19절은 거짓 선지자와 백성들이 생각하는 여호와의 날이 얼마나 잘못되었는지를 제시한다. 사자를 만나 겨우 도망쳤는데, 그 순간 곰을 만나는 경우이다. 또 하루종일 숲에서 헤매다가 집으로 돌아갔는데, 숲에서 만날 법한 뱀에 물린다. 두 경우 모두 안전하다 싶었는데 절체절명의 위기가 찾아왔다는 것을 드러낸다.

예배를 잘 드리고, 예물을 잘 드리면서 하나님이 나를 잘 지켜 주실 거라 생각하는 그 안전한 지점에서 우리는 무서운 여호와의 날을 만난다. 그날이 그저 축복된 날인 줄 알고 있던 우리에게 "화 있을진저"라는 선고가 틀리지 않다.

이런 아모스의 요구를 알겠는가? 지난 장에서도 언급했지만, 이 부분이 가장 걱정이다. 이 표현과 이런 용어들을 알아들어야 할 텐데, 오늘날 기독교는 이런 말씀에서 너무나 멀어져 있다. 쉽게 말해 아무리 예배를 잘 드리고, 절기를 잘 지키고, 예물을 잘 드려도 캄캄한 여호와의 날이 다가온다는 사실을 알아야 한다. 겸손히 말씀을 배우고, 그 말씀에 따라 삶을 변혁해 가는 노력이 있어야 한다. 하나님께서는 다시 한번 정의와 공의로운 삶이 없는 예배가 무용하다는 말씀을 하신다.

> [21]내가 너희 절기들을 미워하여 멸시하며 너희 성회들을 기뻐하지 아니하나니 [22]너희가 내게 번제나 소제를 드릴지라도 내가 받지 아니할 것이요 너희의 살진 희생의 화목제도 내가 돌아보지 아니하리라 [23]네 노랫소리를 내 앞에서 그칠지어다 네 비파 소리도 내가 듣지 아니하리라
>
> (암 5:21~23)

이스라엘은 지나칠 정도로 많은 번제와 소제를 하나님께 드렸다. 때만 되면 절기와 성회로 모였으나 하나님은 그들의 절기를 미워하며 성회를 기뻐하지 않으셨다. 찬양하고 악기를 사용해도 듣지 않으셨다. 이만하면 복을 주시고, 회복시켜 주실 것이라는 생각으로 드리는 예배와 성회와 절기는 하나님께 기쁨이 아니었다. 탐욕과 거짓과 불의로 오염되고 있는데 열정적인 예배가 무엇인가. 하나님께는 전부 시끄러운 소

음일 뿐이다.

'미워하고 멸시한다'는 히브리어는 본래 '경멸, 거부, 버림'을 뜻한다. 받지도 않으시고, 아예 돌아보지도 않으신다. 찬송과 악기도 시끄럽다고 그만두라 하신다. 절기는 유월절, 맥추절, 초막절을 포함하고, 성회는 그 절기에 이루어지는 특별 행사이다. 하나님께서 이렇게 분명하게 선지자를 통해 전하시는데 왜 우리의 예배와 삶은 이 말씀에 영향을 받지 못하는가? 그동안 들어온 말씀이 하나님과 관계가 없는 공허한 이야기라는 것이 가슴 아플 뿐이다. 그렇다면 우리는 무엇을 해야 하는가?

> 오직 정의를 물 같이, 공의를 마르지 않는 강 같이 흐르게 할지어다 (암 5:24)

오직 해야 할 일

예배나 예물보다 정의와 공의가 하나님의 최우선 관심사임을 기억해야 한다. 예배는 우리의 온 삶으로 드려야 한다. 한 시간의 예배는 온 삶의 예배를 위해 힘을 얻는 시간이어야 한다. 비가 내리면 시원하게 강물이 흐르듯이 나의 삶을 통해 가정과 사회와 교회와 모든 곳으로 정의와 공의가 흘러야 한다. 뇌물과 거짓이 만연한 시대에 예수의 이름을 전하며 정의를 실천해야 한다. 우리의 삶에 말씀이 폭포수 같이 흐르지 않으면 예배도 인간들의 잔치일 뿐이다. 이를 끝없이 경계해야 한다.

> 이스라엘 족속아 너희가 사십 년 동안 광야에서 희생과 소제물을 내게 드렸느냐 (암 5:25)

이게 무슨 말인가? 하나님이 반문하신다. "너희들이 광야에서 드린 것이 희생과 소제물이더냐? 그게 아니지 않느냐. 너희가 드린 것은 순종 아니냐. 내가 사십 년 동안 너희와 맺은 관계는 그저 제사나 제물이 아니라 말씀을 근거로 한 것이었다."

> 26너희가 너희 왕 식굿과 기윤과 너희 우상들과 너희가 너희를 위하여 만든 신들의 별 형상을 지고 가리라 27내가 너희를 다메섹 밖으로 사로 잡혀 가게 하리라 그의 이름이 만군의 하나님이라 불리우는 여호와께 서 말씀하셨느니라 (암 5:26~27)

식굿(사굿)과 기윤(키윤)은 별의 신 사쿠트와 카이완을 달리 표기한 것 이다. 이는 이들이 여호와를 믿는다면서 세속적인 앗수르의 정치, 경제, 관습, 윤리를 따라 살고 있다는 말이다. 직장 생활하면서 의례적으로 받 아들이는 문화, 정의롭지 못한 관습을 따르고, 공의롭지 못한 사회의 현 상을 누렸다. 결국 아모스가 처음부터 지적한 자기 우상이다. 예배도, 예물도 자기가 좋아서 한 일이다.

아모스의 차갑고 냉소적인 설교에 귀 기울여야 한다. 그동안 삶은 정의롭지 못했으면서 예배에서는 정의로운 척했던 바를 회개해야 한 다. 하나님을 믿으면서도 누구나 다 한다고 타협한 것을 진심으로 회개 해야 한다. 그렇게 드린 예배나 예물은 다 헛것이다. 아모스 시대는 경 제적 번영기였지만 사회적 불균형이 심했다. 종교도 특권과 권력을 독 점했다. 광야에서는 오직 하나님을 의지하며 예배하고 겸손히 이웃과 함께 살았는데, 그래서 하나님이 원하시는 것은 제사와 제물이 아니라 하나님과 이웃을 진실로 사랑하는 마음이라는 것도 알았는데, 그것을 잃어버리자 하나님과는 아무 관계가 없는 존재들이 되고 말았다. 왜 아모스는 성전에서 수차례 정의와 공의를 선포했을까? 법정 문제를 왜 교회에서 가르쳤을까? 하나님을 믿는다는 것은 곧 예배를 넘어 일상과의 관계이기 때문이다. 하나님은 지금도 그것을 원하신다.

"나는 네가 부르는 찬양도 싫고, 네가 하는 기도도 싫고, 네가 드리는 예물도 싫다. 너의 특별 절기 예배도 싫다. 거리마다 정의와 공의가 강물처럼 흐르는 삶을 나는 기뻐한다. 그렇게 말씀을 통해 복된 삶을 찾아가는 백성들을 한없이 긍휼하게 여길 것이다."

> 나눔 질문

1. 그동안 교회를 다니면서 배워 왔던 것이 틀릴 수도 있다는 점에 대해서 어떻게 생각하십니까? 나누어 봅시다.

2. 나는 하나님이 기뻐하시는 찬양을 불렀고, 기도를 드렸고, 예배를 드렸는지 점검해 봅시다. 그리고 진솔하게 나누어 봅시다.

6장

깨어진 세상에 대한 관심

하나님의 말씀 듣기가 힘든 것은 들을 때 죄와 치부가 드러나기 때문이다. 그래서 사회와 교회에서 나의 치부를 드러내는 말씀은 잘 들으려 하지 않고 전해지지도 않는다. 아모스 5장 13절은 지혜자의 설교가 잠잠해진다는 말씀이다. 그래도 자녀가 잘못되는 것을 방치할 수 없는 하나님은 요나를 보내고, 호세아를 보내고, 아모스를 보내셨다. 하지만 안 듣기는 매한가지이다. 급기야 아모스는 애가를 지어 부른다. 장례식에서나 부르는 애가를 이스라엘 사람들이 듣도록 했다.

6장은 5장의 애가에 이어지는 말씀이다. 1~6절은 우리에게서 드러나야 할 죄의 치부에 대한 고발이고, 7~11절은 그에 대한 하나님의 심판 선고이다. 12~14절은 말씀을 다시 한번 정리하고 있다. 6장에서도 우리의 치부가 벗겨진다면, 감사하면 좋겠다.

> 화 있을진저 시온에서 교만한 자와 사마리아 산에서 마음이 든든한 자
> 곧 백성들의 머리인 지도자들이여 이스라엘 집이 그들을 따르는도다
>
> (암 6:1)

아모스는 남유다 사람으로 북이스라엘에 와서 설교하고 있었는데, 그가 이 말씀을 기록할 때 시온에 대해 생각하면서 기록했다. 시온은 남유다이다. 아모스는 실상 이스라엘 전부를 향해 선포했다. 오늘을 살아가는 우리에게 선포한다. 시온은 교만하다고 했고, 사마리아는 마음이 든든하다고 했다. 먼저 '교만하다'는 단어를 개역한글은 '안일하다'고 했다. 둘 다 같은 의미이지만 안일하다는 것이 더 가깝게 다가온다. 그런 심판이 나와 무슨 상관이냐며 부정한다. 아주 교만하고 안일하다. 자신들은 시온의 백성들, 선택받은 민족이니 문제없다고 장담한다.

또한 사마리아는 마음이 든든했다. 사마리아 산성이 튼튼했기에 적의 공격에도 마음이 든든했고, 경제적으로 넉넉하니 믿을 구석 있어서 마음이 든든했다. 사실 살면서 가장 원하는 게 바로 안정이다. 어쩌면 말씀은 조금만 지키고 세상을 따라가는 이유도 안정된 삶을 원했기 때문이다. 말씀을 의지하며 불안하게 사는 것보다, 세상을 의지하며 안정되게 사는 게 좋을 것이다. 그런데 천국을 믿으면서 산다면 진정 믿는 구석이 있는 것 아니겠는가. 진정 안일하고, 마음이 든든할 것이다.

어떻게 하나님을 의지하기보다, 내가 가진 믿을 구석이 더 마음을 든든하게 하는가? 학벌 좋고, 직장 좋고, 가진 게 있다는 것이 마음을 든든하게 한다면 아모스 6장을 주의 깊게 묵상해야 한다. 그런 사람들이 먼

저 심판을 받는다고 말씀한다. 우리는 단순히 하나님을 더 의지하려는 것만으로도 축복임을 알아야 한다.

이스라엘은 국가가 더욱 강해지고, 경제도 매년 성장하고, 교회도 점점 커져서 각종 집회와 행사가 연중 끊임없이 열렸지만, 이들의 영적인 상태는 썩는 냄새가 가득하여 죽음을 선언해야 할 지경이었다. 세상이야 어떻게 되든 자기만 안정을 누리면 된다는 마음을 가지고 교회만 다니는 사람들이 되었고, 엉터리 신앙생활을 하고 있었다.

애가를 들으면 겸손해지고 가슴이 떨려야 되는데, 남유다 사람들은 안일했고, 사마리아 사람들은 따로 믿는 구석이 있었다. 이게 우상숭배가 아닌가? 내가 가진 안정된 것을 어떻게 하면 유지하고, 더 늘릴지 생각하는 사람은 크리스천이 아니다. 하나님이 먹고 입는 것에는 걱정이 없게 하셨으니 더욱 그분을 사랑하고 더 말씀을 실천하며 살라는 것으로 이해해야 하는데, 그렇지 못한 백성이 이스라엘이었다.

> 너희는 갈레로 건너가 보고 거기에서 큰 하맛으로 가고 또 블레셋 사람의 가드로 내려가라 너희가 이 나라들보다 나으냐 그 영토가 너희 영토보다 넓으냐 (암 6:2)

이 구절이 긍정문인지 부정문인지는 연구자에 따라 조금씩 다르다. 문장의 흐름대로 따라가면 '갈레'는 창세기 10장에 잠시 등장하는 나라였고, 가드는 블레셋의 큰 도시인데 다 망했다. 그래서 하신 말씀이다. "너희들이 이 도시보다 크냐? 별로 잘난 것도 없는 너희들이 어찌하여 그렇게 교만하고, 스스로 든든하다 하느냐."

너희는 흉한 날이 멀다 하여 포악한 자리로 가까워지게 하고 (암 6:3)

"우리는 선택받았는데 우리 때에 그런 날이 안 오겠지. 이렇게 잘 나가는데 망하려면 한참 걸리겠지." 이처럼 안정되고 화려한 교회일수록 종말을 사모하지 않는다. 혹 종말을 기대한다고 해도 예수를 입술로 고백했으니 황금 집에서 영원히 살리라고 생각한다. 3절은 그렇게 계속 사는 것을 포악함에 가까워진다고 표현한다. 이제 고생이 끝나고 편하게 사는데, 말씀을 지키라는 것이냐며 점점 더 포악해진다.

말씀으로 들어가는 일은 스스로 고난을 찾아가는 길이다. 스스로 낮아지고, 겸비하고, 절제하면서 안일하고 안정된 것을 기꺼이 포기해야 한다. 그렇게 살아갈 때 우리가 받을 면류관은 이 땅의 것을 초월하고도 남는다. 하지만 흉한 날, 즉 심판의 날이 멀다고 생각하는 성도들은 이런 삶을 살아간다.

> ⁴상아 상에 누우며 침상에서 기지개 켜며 양 떼에서 어린 양과 우리에서 송아지를 잡아서 먹고 ⁵비파 소리에 맞추어 노래를 지절거리며 다윗처럼 자기를 위하여 악기를 제조하며 ⁶대접으로 포도주를 마시며 귀한 기름을 몸에 바르면서 요셉의 환난에 대하여는 근심하지 아니하는 자로다 (암 6:4~6)

당시 이스라엘의 생활양식이었다. 이런 생활 자체를 지적하기보다 그 이면에 자기중심주의, 개인주의, 무관심과 무감각함을 말한다. 자고 일어나서 기지개를 켜는 것이 왜 문제겠는가? 사치스럽게 게으르고 무감각한 이들의 잘못된 신앙을 지적하고 있다. 하나님이 명하시는 정의와 공의를 위해 할 일이 많음에도 자기 악기나 만들고, 맛있는 음식이나 먹으러 다니면서 노래를 부르고, 요셉의 환난은 관심이 없다.

귀한 기름을 몸에 바른다고 했는데, 당시 올리브기름으로 볼 수 있다. 감람유라고도 하는데 요리 재료로 쓰이고, 피부 보호제, 성전의 제물, 연료, 약품, 화장품, 방향제, 윤활제 등으로 사용된다. 이스라엘의 환난과 멸망은 관심이 없고, 백성들의 삶에 대해서도 무관심했다. 근심이 있다면, 자신들의 안정을 지키고 유지하는 근심이고, 높은 사람들과 친분과 연대를 맺으려는 근심이다.

그렇게 자기 몸에는 관심과 사랑을 베풀면서도 요셉의 환난에 대해서는 근심하지 않는다. 요셉은 올바르게 사는데도 불구하고 노예로 팔려 가고, 가혹한 이들에게 넘겨지고, 힘이 없다는 이유로 짓눌렸다. 이렇게 깨어진 세상의 현실에 대해서는 신경도 쓰지 않으면서 사치와 안일함에 빠져 있는 것을 아모스가 비판하고 있다.

가정과 사회와 교회에 샬롬이 이루어지길

⁷그러므로 그들이 이제는 사로잡히는 자 중에 앞서 사로잡히리니 기지개 켜는 자의 떠드는 소리가 그치리라 ⁸만군의 하나님 여호와의 말씀이니라 주 여호와가 당신을 두고 맹세하셨노라 내가 야곱의 영광을 싫어하며 그 궁궐들을 미워하므로 이 성읍과 거기에 가득한 것을 원수에게 넘기리라 하셨느니라 (암 6:7~8)

7절부터는 하나님의 심판 목소리가 들린다. 드디어 이들의 모습이 하나님 인내의 한계를 넘어선 지점에 다다랐다. 자기 몸에 귀한 기름을 발랐지만, 누구보다 앞서 포로로 끌려간다. 기지개를 켠다는 것은 하나님의 마음을 아는 일에 게으르다는 의미이다. 떠드는 소리라는 말은 그러면서도 자기 이익만 챙기기에 큰소리치는 사람을 말한다.

하나님은 야곱의 영광을 싫어하신다. 야곱의 자랑을 혐오하신다. 여로보암 2세 때의 경제적 번영과, 군사력, 사회적 안정, 규모가 커가는 성전의 종교 예식 같은 야곱의 자랑을 거부하신다.

우리는 하나님이 싫어하고, 미워하는 것을 참 잘 행하면서 산다. 지독히 역설적이고 풍자적인 구절이다. 사마리아에 가득한 사치와 풍요를 누리면서도 백성들의 쓰라리고 깨어진 삶을 안타까워하지 않는 것이 하나님 앞에 이토록 무서운 죄악이라는 것이 우리를 놀라게 한다. 아모스는 반복해서 종교 생활의 외적인 모습이나 정성보다, 고통받고 무너져 가는 세상과 이웃을 향한 사랑과 손길을 명령한다. 그렇게 무뎌진 이스라엘은 이제 곧 심판을 기다리게 된다.

> ⁹한 집에 열 사람이 남는다 하여도 다 죽을 것이라 ¹⁰죽은 사람의 친척 곧 그 시체를 불사를 자가 그 뼈를 집 밖으로 가져갈 때에 그 집 깊숙한 곳에 있는 자에게 묻기를 아직 더 있느냐 하면 대답하기를 없다 하리니 그가 또 말하기를 잠잠하라 우리가 여호와의 이름을 부르지 못할 것이라 하리라 ¹¹보라 여호와께서 명령하시므로 타격을 받아 큰 집은 갈라지고 작은 집은 터지리라 (암 6:9~11)

안타깝게도 이스라엘 백성이 같은 운명에 처한다. 창세기에서 의인 열 명이 있으면 어찌하시겠냐고 묻던 아브라함의 물음이 떠오른다(창

18:32). 물론 의인 열 명으로 다 사는 것이 아니라, 죄악으로 다 죽고 열 명이 살아남을 수 있겠냐는 괴로움이다.

본문은 앗수르와 바벨론의 침공이 있고 난 후의 상황을 묘사한다. 시체 치우는 자가 살아 있는 사람이 있느냐고 묻지만 없다고 한다. 조용히 하라고 한다. 하나님의 이름을 부를 수도 없다. 하나님의 이름을 부르던 시대가 종언되었음을 비유한다. 하나님의 위로가 더 이상 없다는 선언이다. 큰 집에서 살든, 작은 집에서 살든 예외 없이 갈라지고 터져 버린다(11절). 이 모든 것이 여호와의 명령이다.

> [12]말들이 어찌 바위 위에서 달리겠으며 소가 어찌 거기서 밭 갈겠느냐 그런데 너희는 정의를 쓸개로 바꾸며 공의의 열매를 쓴 쑥으로 바꾸며 [13]허무한 것을 기뻐하며 이르기를 우리는 우리의 힘으로 뿔들을 취하지 아니하였느냐 하는도다 [14]만군의 하나님 여호와의 말씀이니라 이스라엘 족속아 내가 한 나라를 일으켜 너희를 치리니 그들이 하맛 어귀에서부터 아라바 시내까지 너희를 학대하리라 하셨느니라 (암 6:12~14)

참 이상하고 기이한 일이다. 신앙도 그렇고, 정치도 그렇고, 사회와 윤리, 경제적인 부분도 그렇고, 살아가는 가치관도 그렇고 전부가 미쳐 버린 것만 같다. 도저히 믿기 어려운 일들이 실제 상황이다. 아무리 미친 사람도 절벽 위를 말 타고 달리지 않으며, 소로 농사를 짓는다 하여도 바위를 갈지는 않는다. 사람의 힘으로 안 되는 것을 억지로 하지 않는데 하나님의 백성들이 사는 이스라엘에 있을 수 없는 그런 불가능한 일들이 일어나고 있다. 모두 미쳐 살아가는 것이 정상적인 일이 되어 버렸다.

아모스의 설교는 오늘을 살아가는 우리 그리스도인에게도 들려져야 한다. 삶의 행실을 고치고, 하나님의 통치 아래 우리의 인생과 세상을 맡겨드려야 한다. 삶에서 말씀으로 정의와 공의, 인애를 강 같이 흐르게 해야 한다. 아모스의 설교를 듣고 순종해야 한다. 나 혼자 안일하고, 평안하면 된다는 생각이라면 그리스도인의 마음이 아니다.

불행한 북이스라엘의 사마리아, 남유다의 시온 이야기는 오늘을 살아가는 우리에게 깊은 울림으로 다가온다. 오늘날 있을 수 없는 일들이 벌어지고 깨어진 현실들이 부지기수인데, 성도들조차 허무한 것으로 기뻐한다면 우리의 삶도 미래를 보장받을 수 없다.

아모스의 설교가 임박한 심판과 재앙의 경고 나팔로 들려야 한다. 어서 하나님이 원하시는 삶으로 돌아오라는 아버지의 간절한 음성으로 들려야 한다. 절대 혼자 잘 살자고 믿을 일이 아니고, 혼자 천국 가자고 믿을 일이 아니다. 이 땅에 샬롬이, 우리의 가정과 사회와 교회에 샬롬이 이루어질 때까지, 내 삶이 다할 때까지 공의와 정의를 강물처럼 끊임없이 흐르게 하는 것을 사명으로 알고 말씀을 실천하며 살아야 한다.

> 나눔 질문

1. 우리는 말로는 하나님을 의지한다고 하면서도 실상 그렇지 않은 부분이 많습니다. 자기의 약한 부분을 나누어 봅시다.

2. 나는 깨어진 세상의 현실에 대해 무관심한 편입니까? 적극적으로 기도하고 작은 것이라도 행하려고 하는 편입니까? 지금 내가 당장 할 수 있는, 정의를 흐르게 하는 일은 무엇이 있을까요?

선지자는 치열하게 반응한다

이제 7장부터 본문의 형태가 눈에 띄게 달라진다. 7~9장은 아모스가 본 다섯 개의 환상이 기록되어 있다. 7장에 세 개, 8장에 하나, 9장에 마지막 한 개의 환상이 나온다. 하나님께서 여러모로 최고조에 올라 있는 이스라엘의 미래에 무엇이 닥쳐올지 환상을 통해 아모스에게 보여 주셨다. 선지자 아모스는 정말 치열하게 반응한다.

세 가지 환상 이야기

¹주 여호와께서 내게 보이신 것이 이러하니라 왕이 풀을 벤 후 풀이 다시 움돋기 시작할 때에 주께서 메뚜기를 지으시매 ²메뚜기가 땅의 풀을 다 먹은지라 내가 이르되 주 여호와여 청하건대 사하소서 야곱이 미약하오니 어떻게 서리이까 하매 (암 7:1~2)

아모스 설교의 권위는 열심히 공부한 결과도 아니고, 신분이나 자리에서 오는 것도 아니고, 경험이나 노하우도 아니다. 여호와께서 보이신 것이다. 여호와께서 말씀하셨다. 지금 우리가 듣는 말씀의 권위는 하나님께 달려 있으며, 성경을 통해 말씀하고 보여 주신다.

주님께서 아모스에게 보이신 첫 번째 환상은 메뚜기 환상이었다. 메뚜기 재앙은 참 유서가 깊다. 이스라엘이 출애굽 할 때 애굽에 내리셨던 열 가지 재앙 중 하나였고, 그 재앙을 통해 이스라엘은 하나님이 대적으로부터 자신들을 지켜 주셨음을 가슴 깊이 새겼다. 그 메뚜기 재앙이 이제 이스라엘을 치는 도구로 쓰인다.

1절에, 왕이 풀을 벤 후 다시 풀이 돋기 시작할 때 메뚜기가 출현한다. 메뚜기가 온다는 것은 한 해 모든 농사를 무너뜨리는 사건인데, 그 시기도 심상치 않다. 첫 수확물은 왕과 고위층들의 것이라면 두 번째 수확물부터 백성들의 것인데, 하필 그때 메뚜기 떼가 나타난다. 그러니 정작 피해자는 고위층이 아니라 백성들이었다. 권력을 가진 사람들은 이미 잘 쟁여 놓은 상태였다. 불의한 지도자들의 통치가 드러난다.

아모스 7장은 혼탁한 오늘날 정치 세계와 많이 오버랩 된다. 과연 고통받는 서민들의 아픔을 아는지, 아는 척만 하는지 의문스럽다. 결국 아모스는 메뚜기 떼가 모든 농산물을 먹어 버리는 것을 본다.

가만히 있을 수가 없었던 아모스는 백성들의 편에 서서 기도한다. "청하건대 사해 주세요. 야곱이 미약합니다. 도저히 스스로 설 수 없습니다. 이들이 연약해서 저러는 것입니다. 하나님의 심판이 지나치십니다. 어찌 의인과 악인을 같이 멸하십니까?"

예언자의 중요한 직무는 하나님이 진노할 대상에 대해 용서를 구하고 그 진노를 사라지게 하는 일이다. 그래서 아모스가 무릎을 꿇은 것이다. 몇 달 전, 한 집사님 가정의 안타까운 사정을 들었다. 운전 중에 그 상황이 너무 억울하게 다가와서 운전대를 치며 울면서 기도할 수밖에 없었다. "하나님! 왜 선하고 선한 분이 이런 어려움을 겪어야 합니까." 하나님이 이해되지 않았다. 교만한 사람이라면 그래도 그런가 보다 할 텐데, 남에게 폐 끼칠 줄 모르고, 순수하고 순종하기를 기뻐하는 집사님 가정에 왜 그런 일이 있는지 가슴이 터질 것 같아 울부짖었다. 아모스는 더한 심정으로 절규했다.

이 부분을 읽으면서 아브라함이 생각났다. 소돔과 고모라에 임할 심판을 앞에 두고 끈질기게 기도했던 그였다. "하나님, 의인 열 명만 있으면 살려 주시겠습니까?" 사실 아브라함은 거기서 한 단계 더 나아갔어야 했다. 하나님께서 아모스의 기도를 들어 주셨으니 말이다. "하나님, 의인 단 한 명이 없어도 살려 주세요. 저들이 다 약한 존재 아닙니까?"

> 여호와께서 이에 대하여 뜻을 돌이키셨으므로 이것이 이루어지지 아니
> 하리라 여호와께서 말씀하셨느니라 (암 7:3)

자만하고 방자해서 하나님과 겨루던 야곱 같이, 그래서 평생 절룩거리며 살았던 야곱 같이 미약한 이스라엘을 위한 아모스의 기도를 들어 주셨다. 이 기도가 우리 안에 넘치고 넘쳐야 한다. 나와는 어떤 이해관계가 없더라도 전적으로 헌신하는 기도자들이 교회에 세워져야 한다.

비록 그 기도의 결과가 전혀 희망적이지 않아도 기도해야 하고, 또 기도할 수밖에 없다. 아모스는 이스라엘의 죄가 가볍다고 말하지 않았고, 자기가 의로우니 살려 달라고 하지도 않았다. 그의 기도는 연약한 자를 불쌍히 여기시는 하나님에 대한 지식에 근거한 기도였다. 용서의

은총을 기대하는 기도였다.

> ⁴주 여호와께서 또 내게 보이신 것이 이러하니라 주 여호와께서 명령하
> 여 불로 징벌하게 하시니 불이 큰 바다를 삼키고 육지까지 먹으려 하는
> 지라 ⁵이에 내가 이르되 주 여호와여 청하건대 그치소서 야곱이 미약하
> 오니 어떻게 서리이까 하매 ⁶주 여호와께서 이에 대하여 뜻을 돌이켜 주
> 여호와께서 이르시되 이것도 이루지 아니하리라 하시니라 (암 7:4~6)

두 번째는 불 환상이다. 불은 기근이나 가뭄으로 인한 산불, 그리고
전쟁을 의미한다. 성경에서 어려운 시험을 불로 비유하기도 한다. 선지
자 이사야는 "여호와께서 불과 칼로 모든 혈육에게 심판을 베푸신즉 여
호와께 죽임 당할 자"(사 66:16)가 많을 것이라고 예언했다.

아모스는 이 환상을 본 후 거듭 백성들을 위해 기도했고, 하나님은
한 번 더 재앙을 멈추셨다. 다만 첫 번째 환상을 본 후에 기도한 것과 다
른 점은 용서를 구하는 것 없이 바로 그 재앙을 그쳐 달라고 요청한 점
이다. 첫 번째는 그저 농작물이 다 사라지고, 두 번째는 온통 불살라진
다는 점에서 사태가 더욱 심각하고 급박해 바로 그쳐 달라고 간구한다.
이번에도 감사하게 뜻을 돌이키신다.

> ⁷또 내게 보이신 것이 이러하니라 다림줄을 가지고 쌓은 담 곁에 주께서
> 손에 다림줄을 잡고 서셨더니 ⁸여호와께서 내게 이르시되 아모스야 네
> 가 무엇을 보느냐 내가 대답하되 다림줄이니이다 주께서 이르시되 내
> 가 다림줄을 내 백성 이스라엘 가운데 두고 다시는 용서하지 아니하리
> 니 ⁹이삭의 산당들이 황폐되며 이스라엘의 성소들이 파괴될 것이라 내

가 일어나 칼로 여로보암의 집을 치리라 하시니라 (암 7:7~9)

세 번째 환상은 소위 '다림줄 환상'이라고 불리는 유명한 본문이다. 다림줄로 번역된 히브리어 '아나크'는 구약성경에서 오직 여기만 쓰인다. 그러다 보니 해석에 다소 어려움이 있다. 다림줄은 건축할 때 벽이나 기둥이 잘 세워졌는지 확인하는 기구이다. 하나님이 건축물 준공 검사 책임자가 되셔서 이스라엘이 영적으로 바로 세워졌는지 친히 측정하신다. 따라서 다림줄은 이스라엘이 의지하고 자랑하던 것들의 파괴와 연관이 있다. 부실 건축물은 파괴해야 더 큰 희생을 막을 수 있다.

누군가가 아무리 훌륭한 업적을 이루었어도 다림줄로 재어 보면 전혀 하나님의 기준에 맞지 않는 경우가 많다. 말씀의 다림줄로 잰 이스라엘은 이미 기울대로 기울어진 상태였다. 붕괴를 면치 못할 상황이었다.

8절 마지막에 다시는 용서하지 아니하리라고 선언하신다. 그런 이유로 아모스도 더 이상 용서해 달라거나, 멈춰 달라고 기도하지 않는다. 지금까지는 용서했고, 심판도 연기했지만, 이스라엘은 변하지 않고, 계속 더 교만해지기만 했다. 하나님은 아무리 교회가 화려하고 예배가 거창해도 말씀의 다림줄로 재어 말씀과 맞지 않으면 부수고 없애는 분이시다. 기초부터 말씀으로 잘 짓는 것이 얼마나 중요한지 알 수 있다. 신앙생활을 시작할 때 바른 말씀의 기초를 닦아야 하는 것이다.

이스라엘의 핵심 구조물인 산당과 성소들이 파괴됨을 선포한다. 그들은 산당을 '이삭의 산당'이라고 불렀다. 그만큼 이삭의 신앙을 따라 열심인 부분이 있다. 이삭은 본래 웃음이라는 뜻이니, 웃음의 산당 즉 웃고 즐기던 곳이 그들의 산당이었음을 알 수 있다. 하나님께서 여로보암의 집을 칼로 치시는데, 공교롭게도 북이스라엘을 세운 왕이 여로보암이었고, 멸망을 선포받는 왕 또한 여로보암(2세)이었다. 하나님께서 다림줄로 정확히 재어 내린 결론에 아모스는 더 이상 용서의 은총을 구할 수 없었다. 아모스도 이제 안다. 더는 안 된다는 것을.

도대체 이들의 성소에서 어떤 일들이 일어났기에 하나님의 진노가 더 이상 돌이켜지지 않는가. 이어지는 아모스와 아마샤의 이야기를 통해 그 이유를 짐작할 수 있다. 당시 정치와 사회와 종교가 어떻게 타락했는지를 엿볼 수 있고, 우리 또한 그 지점에 있다는 사실을 뼈저리게 깨달을 수 있다. 10절부터 시골 사람 아모스와 국가 성소의 제사장, 이를테면 총회장 위치에 있던 아마샤와의 대화를 기록하고 있다.

아마샤는 아모스의 선포를 막기 위해 자격 시비를 걸고, 출신지를 따지고, 설교를 왜곡하고, 정치적인 반역으로 몰아간다. 아모스에게 떠나라고 권고한다. 아마샤는 이스라엘의 축소판이었다.

> ¹⁰때에 벧엘의 제사장 아마샤가 이스라엘의 왕 여로보암에게 보내어 이르되 이스라엘 족속 중에 아모스가 왕을 모반하나니 그 모든 말을 이 땅이 견딜 수 없나이다 ¹¹아모스가 말하기를 여로보암은 칼에 죽겠고 이스라엘은 반드시 사로잡혀 그 땅에서 떠나겠다 하나이다 ¹²아마샤가 또 아모스에게 이르되 선견자야 너는 유다 땅으로 도망하여 가서 거기에서나 떡을 먹으며 거기에서나 예언하고 ¹³다시는 벧엘에서 예언하지 말라 이는 왕의 성소요 나라의 궁궐임이니라 (암 7:10~13)

아마샤를 통해 보는 타락

아마샤는 "여호와께서 강하게 하신다"는 뜻이다. 그 역시 하나님을 섬기는 가정에서 태어나 하나님을 섬기는 사람임을 알 수 있다. 여로보암은 벧엘과 단에 성소를 만들고 자신의 입맛에 잘 맞는 제사장 가문을 세워 모든 업무를 맡긴다. 아마샤는 아모스를 문제가 있는 자로, 특히 정치적 모반의 혐의가 있음을 왕에게 보고한다. 앞에 살펴본 것처럼 북이스라엘은 모반을 통해 왕이 자주 바뀌었다. 그러니 예민한 주제였다.

아마샤는 자신의 생존과 안전이 먼저인 성직자였다. 임금을 두려워했고, 진정한 왕이신 하나님은 뒷전이었다. 권력에 기대어 가족 모두 평안히 살아가는데 그 기득권을 잃고 싶지 않았다. 자신의 가문이 하나님의 손에 달려 있다고 제사장 학교에서 배워 시험에 합격했을지 몰라도, 삶에서는 신앙고백대로 살지 않았다. 이런 종교인이 얼마나 많은가?

유다 출신 아모스의 심판 설교는 이스라엘 정치권에 심각한 위협을 던졌고, 생각보다 파장이 커졌다. 그래서 아마샤는 전령을 왕에게 보내어 그가 왕을 모반하고 있다고 보고했다. 아마샤는 보고서도 거짓으로 만든다. 여호와께서 가라사대를 아모스가 가라사대라고 해버렸다. 하나님의 말씀을 사람의 말로 바꿔 버린 것이다.

아마샤는 오래 전 엘리 제사장처럼 하나님의 음성을 듣는 예민함이 사라진 지 오래였다. 세상 명성을 추구하던 그의 영성은 둔감해졌고, 결국 정치 성직자가 되었다. 영적인 부분에 예민하고 통찰력을 가져야 할 인물이 하나님의 음성을 듣지 못했다는 것은 이미 그의 영성이 타락한 지 오래되었다는 것을 보여 준다.

아모스에게 아마샤는 유다로 돌아가서 예언하며 떡을 먹으라고 한다. 그는 성직도 떡을 얻어먹는 일이라는 점에 집중한다. 여기는 왕의 나라이니 우리 같은 사람만이 돈 받고 잘 살 수 있고, 너는 너희 동네 가서 잘 먹고 살라는 이야기였다. 아마샤는 하나님의 말씀을 버리고 왕으로부터 돈을 받는 자였다. 교권에 눈이 어두워지고, 권력에 아부하고, 돈에 고개를 숙이는 사람이었다. 한국 교회가 이렇게 변질되어 간다고 누가 아니라고 하겠는가. 아마샤의 말에 아모스는 이렇게 대답한다.

> ¹⁴아모스가 아마샤에게 대답하여 이르되 나는 선지자가 아니며 선지자의 아들도 아니라 나는 목자요 뽕나무를 재배하는 자로서 ¹⁵양 떼를 따를 때에 여호와께서 나를 데려다가 여호와께서 내게 이르시기를 가서 내 백성 이스라엘에게 예언하라 하셨나니 (암 7:14~15)

아모스는 아마샤의 말에 정면으로 대응한다. 불리한 형편에서도 보내신 분의 말씀을 그대로 전하느냐, 전하지 않느냐의 차이이다. 아마샤가 왕과 권위를 가진 자에게 평안을 선포했다면 아모스는 하나님의 말씀을 전하는 자였다. 아모스가 모든 것을 두고 이곳에 온 것은 하나님의 부르심이었고, 말씀의 인도였다.

선지자는 하나님의 말씀을 전하지 않으면 속이 터질 듯한 아픔과 지치지 않는 열정이 있다. 아마샤는 왕의 권위로 말하고, 아모스는 하나님 말씀의 권위로 말한다. 아마샤와 아모스의 대화에는 두 나라, 세상 나라와 하나님 나라가 흐르고 있다. 우리가 무엇을 보고, 따르며 살아야 하는지 알 수 있다. 왕에게 충성했던 아마샤는 죽음을 선고받는다.

> ¹⁶이제 너는 여호와의 말씀을 들을지니라 네가 이르기를 이스라엘에 대하여 예언하지 말며 이삭의 집을 향하여 경고하지 말라 하므로 ¹⁷여호와께서 이와 같이 말씀하시기를 네 아내는 성읍 가운데서 창녀가 될 것이요 네 자녀들은 칼에 엎드러지며 네 땅은 측량하여 나누어질 것이며

너는 더러운 땅에서 죽을 것이요 이스라엘은 반드시 사로잡혀 그의 땅에서 떠나리라 하셨느니라 (암 7:16~17)

너무 처참해서 더는 읽고 싶지 않을 지경이다. 우리는 누구에게 속해 있는가? 현대판 아마샤들은 없는가? 사람들의 존경이 우선인가, 말씀인가? 명예나 이익이 우선인가, 말씀인가? 자기 만족인가, 말씀에 대한 전적인 순종인가? 그래도 다행인 것은 오늘도 오직 말씀에 순종하며 죽음을 불사하고 살아가는 선교사님들, 삶의 형편이 끊어지면서도 말씀을 놓지 않는 수많은 복음 전도자들, 자신의 안위보다 말씀을 우선하며 사는 신실한 크리스천들이 있다는 사실이다. 이들에게 하나님의 은혜와 용서, 그리고 복과 은총이 넘치도록 임하기를 기도한다.

> ## 나눔 질문

1. 아모스와 같이 긴급히 기도하여 하나님의 도우심을 받은 경험이 있습니까? 나누어 봅시다.

2. 아마샤와 아모스의 영적인 싸움을 보면서, 느끼는 점을 이야기해 봅시다. 내가 살아가는 주변에는 아마샤와 같은 종교인이 많습니까? 아모스와 같은 종교인이 많습니까?

들을 수 있다면 무엇을 못하겠는가

세상을 바라보고 현실을 바라볼 때, 우리 마음을 아프게 하는 것은 말씀이 하찮게 취급되는 일들이다. 말씀을 찾는데 찾아지지 않고, 말씀을 드러냈는데 나타나지 않고, 그리스도인들조차 말씀을 가볍게 여기는 현상이다. 이것이 그 무엇보다 세상을 불행하게 만드는 원인이다.

하나님께서 아모스에게 네 번째 환상을 통해 보여 주신 것은 여름 과일이었다. 여름 과일 하면 수박이 생각난다. 땀 흘린 뒤 냉장고의 수박을 썰어 먹는 생각만 해도 시원하고 입에 침이 고인다. 그런데 가끔 겉은 잘 익은 수박인데 속이 상한 경우가 있다. 바로 그 모습이 지금 아모스가 말하는 이스라엘이다. 우리의 겉모습이 아무리 화려하고 잘 풀리는 것처럼 보여도 우리 안에 말씀이 가볍게 여겨지는 현실이 있다면 그야말로 최악의 상황이다. 아모스가 본 네 번째 환상이다.

네 번째 환상

¹주 여호와께서 내게 이와 같이 보이셨느니라 보라 여름 과일 한 광주리이니라 ²그가 말씀하시되 아모스야 네가 무엇을 보느냐 내가 이르되 여름 과일 한 광주리니이다 하매 여호와께서 내게 이르시되 내 백성 이스라엘의 끝이 이르렀은즉 내가 다시는 그를 용서하지 아니하리니 ³그 날에 궁전의 노래가 애곡으로 변할 것이며 곳곳에 시체가 많아서 사람이 잠잠히 그 시체들을 내어버리리라 주 여호와의 말씀이니라 (암 8:1~3)

세 번째 환상과 마찬가지로 하나님이 아모스에게 무엇을 보는지 물으시자, 여름 과일 한 광주리라고 답했다. 그러자 하나님은 이스라엘의 끝을 선언하신다. 여기에 재밌는 언어유희가 있다. 히브리어 '카이츠'는 여름 또는 여름에 나는 과일을 의미한다. 그리고 '케츠'는 마지막, 한계점, 끝이라는 뜻이다. 즉 이런 대화가 오고간 것이다.

"네가 보는 게 무엇이냐?"

"카이츠입니다."

"그래? 이스라엘은 곧 케츠될 것이다."

하나님께서 왜 이런 언어유희를 사용하시는지 알 수 없지만, 더욱 우리의 마음 깊숙이 파고들고자 하는 하나님의 어떤 의지를 보여 주시는 것이 아닐까. 하나님이 네 번째 환상을 통해 선포하시는 것은 이스라엘의 끝이다. 2절에서 내가 다시는 용서하지 아니하리라고 하셨다. 용서의 하나님이신데, 이런 표현을 쓰시기까지 얼마나 깊은 고뇌가 있었겠는가? 말씀의 다림줄로 재어 보니 한계점을 넘었다. 하나님의 은총이 인간의 마지막 보루인데, 그마저 당신의 백성들에게서 거두시고 있다.

3절은 그날에 이루어질 일에 대해 말씀한다. 하나님은 아름답고 맛도 좋아야 할 여름 과일의 내부가 썩었기에 당신의 이름이 망가지는 한이 있더라도 이 과일의 끝을 선언하신다. 너무 시체가 많고, 겨우 살아남은 사람들도 끌려가기에 그 누구도 말을 못한다. 잠잠히 있을 뿐이다. 궁전에서 이웃의 고통을 모른 채 한가롭게 부르던 노래, 성전에서 공의를 도외시한 채 예배 중 부르는 성대한 찬양은 모두 눈물의 애곡으로 바뀐다. 출애굽 당시 장자의 죽음으로 온 애굽에 들렸던 애곡 소리가 이제 이스라엘에 들리게 된다는 마음 아픈 예언이다. 이 모든 것이 하나님의 말씀을 가볍게 들어서 초래된 결과일 것이다.

> [4]가난한 자를 삼키며 땅의 힘없는 자를 망하게 하려는 자들아 이 말을 들으라 [5]너희가 이르기를 월삭이 언제 지나서 우리가 곡식을 팔며 안식일이 언제 지나서 우리가 밀을 내게 할꼬 에바를 작게 하고 세겔을 크게 하여 거짓 저울로 속이며 [6]은으로 힘없는 자를 사며 신 한 켤레로 가난한 자를 사며 찌꺼기 밀을 팔자 하는도다 (암 8:4~6)

여기서는 이스라엘의 죄를 지적한다. 1장부터 계속 아모스가 강조했다. 불법과 불의, 뇌물 관행과 약자에 대한 무시와 무관심, 가진 사람들의 오만과 교만, 성적인 타락 등 사회에서 말씀의 실천 수준이 얼마나 최악이었는가. 이렇게 하는 사람들이 믿지 않는 사람들이 아니다. 5절에 월삭과 안식일이 등장하는데, 월삭과 안식일을 아주 잘 지킬 정도로 종교적 열심히 뛰어난 사람들이었다. 겉으로 보면 이들이 하나님 중심으로 사는 것처럼 보인다.

이스라엘에서는 월삭과 안식일, 그리고 매년 지켜지는 3대 절기가 기본 절기이다. 꽤 엄격하게 이런 예배들이 지켜졌다. 하나님께서 절기를 주신 이유가 무엇인가? 제어할 수 없는 탐욕과 욕심을 내려놓고 우리의 생이 하나님께 달렸음을 보게 하기 위함이다. 미친 듯이 달려가는 인생길을 잠시 멈추고 집중해서 하나님을 바라보게 하기 위함이다.

그런데 벌고 또 벌고, 오르고 또 올라야 하는 사람들에겐 이런 월삭과 안식일도 거추장스럽거나, 욕심을 이룰 도구에 지나지 않았다. 하나님 나라와 세상 나라가 완전히 구별된다고 생각하며 살았다. 내가 하나님의 백성이라고 해서 다르게, 말씀처럼 살아야 할 이유를 알지 못했다. 말씀이 실생활을 변화시키고, 움직이는 권세임을 믿지 않았다.

6절을 보면 찌꺼기까지 팔아서 벌어 보자고 했다. 세상에는 찌꺼기를 먹어서라도 생명을 유지는 사람들이 있기 때문이다. 이렇게 드려지는 안식일을 하나님은 더는 받기를 거부하셨다.

> ^{7}여호와께서 야곱의 영광을 두고 맹세하시되 내가 그들의 모든 행위를 절대로 잊지 아니하리라 하셨나니 ^{8}이로 말미암아 땅이 떨지 않겠으며 그 가운데 모든 주민이 애통하지 않겠느냐 온 땅이 강의 넘침 같이 솟아오르며 애굽 강 같이 뛰놀다가 낮아지리라 ^{9}주 여호와의 말씀이니라 그 날에 내가 해를 대낮에 지게 하여 백주에 땅을 캄캄하게 하며 ^{10}너희 절기를 애통으로, 너희 모든 노래를 애곡으로 변하게 하며 모든 사람에게 굵은 베로 허리를 동이게 하며 모든 머리를 대머리가 되게 하며 독자의 죽음으로 말미암아 애통하듯 하게 하며 결국은 곤고한 날과 같게 하리라 (암 8:7~10)

아모스가 지적하는 죄악은 개인적인 생각이나 마음으로 짓는 죄가 아니었다. 만족 없는 이윤 추구, 억압과 착취, 즉 함께 살아가는 사람들과의 불의한 관계였다. 우리는 아모스를 통해 굉장히 신선한 기독교적인 삶에 대해서 배우고 있다. 그런 삶이 없었던 이스라엘에 내려진 재앙이 무엇인지 정확히 알 수는 없지만, 묘사되고 있는 상황은 대략 대규모 지진에 관한 언급으로 보인다.

이미 아모스 1장에서 지진을 언급했다. 하나님께서 등을 돌리시면 재앙밖에 더 있겠는가? 하나님의 창조 질서가 뒤엎어지면서 절기가 애통으로, 찬양이 애곡으로 변한다. 우리가 부르는 찬양이 무엇인가? 하나님을 믿는다는 것이 무엇인가? 그 두려움이 변하여 내 기도 되고, 전날에 한숨 변하여 내 노래가 되어야 한다.

그런데 우리의 형편없는 삶으로 인해 바뀌었다. 10절을 보면 독자의 죽음으로 말미암아 애통하다고 했다. 하나님의 집요하신 심판에 하루하루 곤고한 날이 되었다. 은혜가 사라지면 곤고하고, 말씀이 사라지면 곤고하다. 우리에게 필요한 것은 말씀과 정의롭고 공의로운 삶이다. 그럴 때 인생에 의미가 있고, 성령의 감동과 은혜가 있다.

> 11주 여호와의 말씀이니라 보라 날이 이를지라 내가 기근을 땅에 보내리니 양식이 없어 주림이 아니며 물이 없어 갈함이 아니요 여호와의 말씀을 듣지 못한 기갈이라 12사람이 이 바다에서 저 바다까지, 북쪽에서 동쪽까지 비틀거리며 여호와의 말씀을 구하려고 돌아다녀도 얻지 못하리니 (암 8:11~12)

하나님이 땅에 한 가지 기근을 보내신다. 이 기근은 가장 비참한 불행이다. 이는 먹지 못하는 자연재해가 아니다. 단순한 가뭄이 아니다.

바로 하나님 말씀의 기근이고, 영적 기근이다. 문제는 이것을 우리가 최악의 불행으로 여기느냐 하는 점이다. 부도가 나고, 죽을병에 걸리는 것보다 말씀의 기근이 최악의 불행으로 느껴지는가? 말씀이 없음으로 주리고 목말라 하는가? 사람은 무엇으로 사는가?

> ²네 하나님 여호와께서 이 사십 년 동안에 네게 광야 길을 걷게 하신 것을 기억하라 이는 너를 낮추시며 너를 시험하사 네 마음이 어떠한지 그 명령을 지키는지 지키지 않는지 알려 하심이라 ³너를 낮추시며 너를 주리게 하시며 또 너도 알지 못하며 네 조상들도 알지 못하던 만나를 네게 먹이신 것은 사람이 떡으로만 사는 것이 아니요 여호와의 입에서 나오는 모든 말씀으로 사는 줄을 네가 알게 하려 하심이니라 (신 8:2~3)

예배를 잘 드리는데 왜?

왜 때때로 하는 일이 잘 안 될까? 왜 가끔 인생에 아픔을 주실까? 바로 사람이 말씀으로 산다는 것을 체험하게 하기 위함이다. 예수님도 마귀의 시험 앞에 사람이 떡으로 사는 것이 아니고 말씀으로 산다고 말씀하셨다. 그렇기에 가장 비참한 불행이 있다면 하나님 말씀의 기근이다. 하지만 이스라엘 백성들이 하나님의 말씀을 들을 기회가 없었는가? 아니다. 그들은 수없이 예배를 드렸고, 집회에 참여했고, 성지순례도 다녔다. 많은 제사장도 있었다. 새벽 기도, 수요 예배, 금요 기도회, 특별 집회, 주일 예배, 오후 예배, 성탄 예배, 송구영신 예배, 이 모든 것을 참여하는 열성적인 그리스도인이 아닌가. 그러했기에 하나님 말씀이 기근이라고 생각한 이스라엘 백성들은 없었을 것이다.

불행하게도 참 예언자들은 떠나야 했고, 거짓되고 왜곡된 말이 가득 찬 곳에서 하나님의 말씀은 설 자리를 잃었다. 그래서 그 말씀을 찾으려고 해도 찾을 수 없고, 들으려고 해도 들을 수 없는 기근이 오고 말았다. 나라가 당해야 할 비극 중에 이보다 더 큰 불행이 어디 있을까? 한 개인이 맞이해야 할 상황 중에 이보다 더 큰 최악이 어디 있을까?

예언자들은 한결같이 설교한다. 우리는 말씀으로 사는 존재이고, 말씀만이 우리를 살린다고. 그래서 걱정이다. 어디를 가도 말씀을 듣지 못하고 찾지 못하는 것은 아닌가. 젊은이들의 문제가 뭘까? 좋은 학원을 못 다니고, 좋은 부모를 못 만난 탓인가? 천만의 말씀이다.

그 날에 아름다운 처녀와 젊은 남자가 다 갈하여 쓰러지리라 (암 8:13)

한창 잘나가야 할 젊은이들이 왜 이렇게 자살하고, 쓰러지고, 시달리는가? 바로 말씀이 갈하여 그렇다. 말씀을 들을 수 없고 찾을 수 없다. 하나님이 거두어 가셨다. 은혜가 사라짐으로 이스라엘뿐 아니라 오늘을 살아가는 우리도 최악의 심판 상황을 맞게 된다. 아무리 애쓰고 먼 곳까지 가도 찾을 수 없다. 인간의 노력으로 되는 일이 아니다. 그 말씀의 목마름을 아는 자가 과연 얼마나 있는가? 말씀을 듣지 못하는 기갈이 결국 우리의 삶을 허탈하게 만들고 비참하게 만들고 쓰러지게 만든다. 우리는 떡으로 사는 게 아니라 말씀으로 살기 때문이다.

사마리아의 죄된 우상을 두고 맹세하여 이르기를 단아 네 신들이 살아 있음을 두고 맹세하노라 하거나 브엘세바가 위하는 것이 살아 있음을 두고 맹세하노라 하는 사람은 엎드러지고 다시 일어나지 못하리라 (암 8:14)

여기에 세 지명이 나온다. 사마리아, 단, 브엘세바는 모두 이스라엘의 주요 도시이자, 이스라엘 전체를 가리킨다. 이 지명을 보면 참 이스라엘에 자랑할 것이 많았다는 것을 알게 된다. 이 지명들에는 매일 끊이지 않는 절기와 예배, 예물이 가득했다. 그러나 아모스의 눈에는 왜곡되고 부패한 욕심에 지나지 않았다. 하나님 중심 예배나 삶이 아니었다. 그 모든 것이 하나님께 가증스러운 일이라는 점을 끊임없이 강조한다.

교회를 열심히 다니고 성경도 열심히 읽고, 예배도 매일 드리는데 말씀의 기갈이라니, 이 역설을 어떻게 이해해야 할까. 교회를 열심히 다니는 우리에게 말씀의 기근이 가장 큰 불행이고 비극이라는 것을 어떻게 받아들여야 할까. 답답하고 갈 길 몰라 방황하는 우리에게 오늘도 바랄 것은 은혜의 말씀, 용서의 말씀이다. 그런 깨짐을 다시 회복할 수 있는 것도 말씀이다. 그 말씀을 찾고, 들을 수만 있다면 무엇을 못하겠는가? 그러니 간구하라. "주님 오늘도 우리에게 말씀을 주소서."

> **나눔 질문**

1. 아모스가 지적하는 죄는 무엇입니까? 예를 들면 만족하지 못하는 물질 추구와 같은 것을 나도 죄라고 생각합니까?

2. 수많은 예배를 드림에도 말씀의 기갈이 문제라는 점에 대해서 나누어 봅시다.

아모스 9장은 예기치 않은 회복과 미래에 대한 약속으로 끝맺는다. 잔인하리만큼 줄곧 파괴와 심판을 설교한 아모스에게 하나님은 새로운 회복을 알려 주신다. 오늘을 살아가는 우리 역시 현실이 녹록지 않고 어려운 문제로 가득하다. 그러나 비록 불안의 연속일지라도 우리는 새 희망을 가져야 한다. 하나님께서 새 희망을 주실 것이다.

지난 장까지 아모스가 본 네 개의 환상을 살펴보았다. 9장은 다섯 번째 환상을 보는 것으로 시작한다. 마지막 환상에서 아모스의 역할은 거의 없다. 그저 보기만 하고, 하나님께서 모든 것을 집행하시고 일방적으로 심판 명령을 이루어 가신다.

> 내가 보니 주께서 제단 곁에 서서 이르시되 기둥 머리를 쳐서 문지방이
> 움직이게 하며 그것으로 부서져서 무리의 머리에 떨어지게 하라 내가
> 그 남은 자를 칼로 죽이리니 그 중에서 한 사람도 도망하지 못하며 그
> 중에서 한 사람도 피하지 못하리라 (암 9:1)

네 번째 환상까지는 무엇인가 사물이 보였는데, 마지막 환상은 제단
곁에서 말씀하는 하나님이시다. 제단 곁이라고 했지만 제단을 대항해서
서 계신다는 부정적 의미를 담고 있다. 이스라엘 백성들이나 우리나 예
배드리는 시간이 은혜와 복을 받는 시간이다. 바로 하나님을 만나는 시
간, 그래서 예배가 설레는 것이다.

본문은 하나님께서 이스라엘이 예배드리는 중에 강력한 패망과 심
판을 받게 된다고 말씀한다. 하나님이 교만한 이들의 예배를 견딜 수 없
이 싫어하셨고, 친히 제단에 찾아오셨다. 은혜를 주기 위해 오신 것이
아니고 심판하기 위해 오셨다.

이스라엘의 삶은 두 가지로 말할 수 있다. 사마리아 왕궁과 성소이
다. 이 안에서 이들은 종교적으로 하나님을 멸시했고, 말씀을 지키지 않
았고, 정의가 굽어지게 하고, 안일한 마음으로 버릴 것을 버리지 못했
다. 하나님은 지난 환상을 통해 성벽을 파괴하시고, 성소를 파괴하신다.
성소가 파괴되어 더 이상 예배드리는 것을 보지 않았으면 하신다.

소예언서를 읽기 힘든 것은, 하나님이 교회를 미워하신 이야기들이
많아서이다. 교인들을 미워하신다. 욕심과 이기심에 가득한 이들이 드
리는 예배를 너무 미워하신다. '기둥 머리에서 문지방까지'라는 것은 하

나님의 철저한 심판을 말한다. 혹여 누가 운이 좋아 무너지는 건물에서 살아남았다 치더라도 천사가 끝까지 쫓아가 이 재앙을 피하지 못하게 한다는 이야기이다. 정말 무시무시한 하나님의 사자후이다.

성전의 이러한 붕괴는 아모스서에서 계속 다뤄지는 지진 현상을 떠올리게 한다. 이 성전 안에서 말씀에 벗어난 일을 하면 복의 근원이 아니라 악의 근원이 될 수 있다는 점을 깨닫게 한다. 하나님께서 그 크고 멋진 기둥을 부서지게 해서 무리의 머리에 떨어지게 하신다.

성경에서 예배를 드리다가 죽은 자들은 이방 신을 섬기던 자들인데, 이 예배하는 자들도 그리된다는 말씀이다. 하나님의 말씀이 결단되지 않는 예배는 죽은 예배이고 자기를 자랑하는 예배이기 때문에 우상숭배와 같다. 그렇게 예배드리는 자들은 보지 않았으면 좋겠다고 하신다.

> ²그들이 파고 스올로 들어갈지라도 내 손이 거기에서 붙잡아 낼 것이요 하늘로 올라갈지라도 내가 거기에서 붙잡아 내릴 것이며 ³갈멜 산 꼭대기에 숨을지라도 내가 거기에서 찾아낼 것이요 내 눈을 피하여 바다 밑에 숨을지라도 내가 거기에서 뱀을 명령하여 물게 할 것이요 ⁴그 원수 앞에 사로잡혀 갈지라도 내가 거기에서 칼을 명령하여 죽이게 할 것이라 내가 그들에게 주목하여 화를 내리고 복을 내리지 아니하리라 하시니라 (암 9:2~4)

돌이키라

여기서 만일이라는 가정법을 다섯 번 사용한다. 이는 시편 139편을 떠올리게 하는데, "내가 주의 영을 떠나 어디로 가며 주의 앞에서 어디로 피하리이까 내가 하늘에 올라갈지라도 거기 계시며 스올에 내 자리를 펼지라도 거기 계시니이다 내가 새벽 날개를 치며 바다 끝에 가서 거주할지라도 거기서도 주의 손이 나를 인도하시며 주의 오른손이 나를 붙드시리이다"라는 말씀이다.

이스라엘 백성들도 예배 때 이 시를 낭송했고, 무소부재한 하나님을 노래했으나 이제 그 고백이 두려움을 가져다 주게 되었다. 어떻게든 피해 보려는 사람들의 움직임은 모두 차단된다. 사람들의 수단과 방법을 끊어 버리신다. 스올은 죽은 사람들만이 가는 곳으로 죽어서라도 피하고 싶지만, 하나님은 죽은 자도 심판을 당한다고 하신다.

하늘로 올라가서 비행기를 타고 있으면 땅의 지진으로부터 안전할까? 하나님은 그것을 끌어내리신다. 아니면 갈멜산으로 피하면 괜찮을까? 갈멜산이 울창한 숲이어서 숨어들기 좋은 장소이나 하나님은 찾아내시고, 바다 밑 잠수함에 숨어 있어도 바다 괴물을 동원해 처단하시리라. 이도 저도 안 되면 남의 나라에 포로로 잡혀가서 숨어 있으면 어찌될까? 불행 중 다행인가? 어불성설이다. 하나님이 그 나라를 주관하셔서 칼로 죽임을 당하게 하실 것이다.

> [5]주 만군의 여호와는 땅을 만져 녹게 하사 거기 거주하는 자가 애통하게 하시며 그 온 땅이 강의 넘침 같이 솟아 오르며 애굽 강 같이 낮아지게 하시는 이요 [6]그의 궁전을 하늘에 세우시며 그 궁창의 기초를 땅에 두시며 바닷물을 불러 지면에 쏟으시는 이니 그 이름은 여호와시니라 (암 9:5~6)

본문은 하나님이 어떤 분이신지 다시 한번 정의한다. 그렇게 예배하고, 신앙생활 했으면서도 하나님이 어떤 분인지 모르는 것 같아 분명하게 알려 준다. 땅이 튼튼한 거 같아도 별거 아니다. 하나님이 한 번 만지시면 녹아내리는 것이 이 땅이다. 그 땅 위에 집을 세우고, 성을 세우고, 아파트를 세우면 어떻게 버티는가? 그런데 왜 이스라엘 백성들과 우리는 그렇게 강조하시는 하나님의 말씀을 따라 결단하지 않고 세상의 유행과 가치를 따랐을까. 답은 자명하다. 그것이 힘들기 때문이다.

이스라엘은 하나님의 은혜와 구원을 당연하게 여겼고, 선민들이라고 자만했다. 할 만큼 했으니 다 주실 것이라고 믿었다. 하지만 하나님을 가볍게 여기고 말씀과 훈계를 경시하고 산다면 구원과 은총은 언제라도 거두어 가실 수 있다는 두려운 마음을 가져야 한다. 내가 오래 교회 다녔고, 알 만큼 알고, 목사고, 장로고, 집사라고 안일하게 생각하면서 하나님의 말씀에 복종하지 않고, 돌이키지 않으면 언제라도 은혜를 거두어 가시는 분임을 아모스를 통하여 지금도 말씀하신다.

누가 그런 말을 했는가?

> 여호와의 말씀이니라 이스라엘 자손들아 너희는 내게 구스 족속 같지 아니하냐 내가 이스라엘을 애굽 땅에서, 블레셋 사람을 갑돌에서, 아람 사람을 기르에서 올라오게 하지 아니하였느냐 (암 9:7)

이스라엘이 애굽에서 나올 때 다른 두 민족도 같이 이동했다. 그중 하나는 블레셋이고, 다른 하나는 아람이다. 그 당시 이들의 이동은 다 같은 이동이 아니다. 블레셋이나 아람은 자기들의 번영과 발전을 위해 이동하고, 이스라엘은 말씀을 따라 움직였다.

다른 사람들은 그냥 잘 살려고 이사했지만 우리는 말씀을 따라 이사했다. 그런데 시간이 지나니 블레셋이나 아람이나 이스라엘이나 차이가 없고, 의미가 없어졌다. 이스라엘이 말씀을 따르지 않았기 때문이다. 그래서 하나님이 이렇게 말씀하시는 것이다. "너희가 스스로 좀 다르다고 생각하나 본데, 너희나 구스인이나 다르지 않다."

나에게도 이렇게 말씀하신다. "네가 목사라고 뭔가 좀 다르게 내가 대할 거 같으냐. 너나 다른 종교인이나 똑같다." 이 이야기를 들은 이스라엘 지도자들이 어떠했을까? 아니 아모스도 충격받고 목덜미를 잡았을 것이다. 내가 무슨 큰 일을 하는 것처럼 보이지만, 하나님이 보실 때는 소위 거기서 거기다. 하나님은 이제 이스라엘 백성이나 블레셋 사람이나 아람 사람이나 똑같이 취급하신다. 똑같은 방식으로 사니까 똑같이 취급하시겠다는 거다.

> 8보라 주 여호와의 눈이 범죄한 나라를 주목하노니 내가 그것을 지면에서 멸하리라 그러나 야곱의 집은 온전히 멸하지는 아니하리라 여호와의 말씀이니라 9보라 내가 명령하여 이스라엘 족속을 만국 중에서 체질하기를 체로 체질함 같이 하려니와 그 한 알갱이도 땅에 떨어지지 아니하리라 10내 백성 중에서 말하기를 화가 우리에게 미치지 아니하며 이르지 아니하리라 하는 모든 죄인은 칼에 죽으리라 (암 9:8~10)

이스라엘도 죄를 범한 나라 중 하나이다. 심판에 있어서 다른 나라들과 평등하게 대접받아야 한다. 특히 이스라엘을 체질하는 것은 알곡과 쭉정이, 돌멩이, 흙덩이 등을 갈라내기 위해서이다. 하나님은 세세한 것도 다 헤아리신다. 분명히 죄를 미워하시고, 말씀을 따르지 않는 것을 싫어하신다. 화가 우리에게 미치지 아니하리라 말하는 자는 칼에 죽겠다고 선언한다. 누가 그런 말을 했는가?

노아 시대에 방주에 들어가지 않고 향락을 즐기던 사람들, 소돔과 고모라에 살던 사람들이 그렇게 말했다. 아모스 당시 대다수 이스라엘 신앙인들도 그렇게 생각했다. 오늘날 우리도 포함될지 모른다.

그럴수록 하나님의 뜻을 모르는 죄인임을 잊지 말고, 하나님을 기쁘게 하는 일에 목숨을 걸어야 한다. 그럴 때 희망이 있고, 회복을 기대할 수 있다. 11~12절에서 말하는 회복이 주어지는 것이다.

> 11그 날에 내가 다윗의 무너진 장막을 일으키고 그것들의 틈을 막으며 그 허물어진 것을 일으켜서 옛적과 같이 세우고 12그들이 에돔의 남은 자와 내 이름으로 일컫는 만국을 기업으로 얻게 하리라 이 일을 행하시는 여호와의 말씀이니라 (암 9:11~12)

회복의 시간, 조건이 있습니다

어두운 터널이 길었다. 알다시피 북이스라엘은 더 긴 고난의 시간을 보내게 되지만 11절에 반전이 있다. 지금까지 외쳐왔던 그날과는 다른 날, 무너진 장막이 일으켜지는 날이다. 전도서 3장 3절에 죽일 때가 있고 치료할 때가 있으며 헐 때가 있고 세울 때가 있다고 했다. 하나님은 허는 것으로 끝내지 않고 다시 세우는 것으로 아모스서를 마치신다.

이스라엘을 심판하신 후 다시 다윗의 장막을 세우겠다고 결심하신다. 장막은 '수카트라'라는 단어인데, 찢어지기 쉬운 천막을 가리킨다.

이스라엘이 장막 생활을 할 때 연약했지만 강할 수 있었던 것은 말씀대로 실천하며 살았기 때문이다. 그러나 말씀을 우습게 알고 지키지 않을 때, 결단하지 않을 때, 그들의 장막이 무너지고 말았다. 다시 사는 길은 하나뿐이다. 말씀대로 모든 일을 해야 한다.

사도행전 15장에 아모스 9장 11~12절이 인용되는 부분이 있다. 교회 안의 어떤 문제를 두고 예루살렘에 총회가 열렸는데, 이때 예루살렘 교회 대표였던 야고보가 이 본문을 인용하면서 이제 신약의 교회가 다윗의 장막을 회복할 것이라 말씀한 것이다. 그러니 이제 이방인들을 받아들이고, 그들의 의견을 존중하라고 선언한다. 이 땅의 장막은 영원하지 않다. 그때마다 하나님의 말씀으로 잘 지어야 하고, 가꾸어야 하고, 세워야 한다. 말씀이 사라지면 눈에 보이지 않지만 점점 무너져 갈 것이고, 말씀이 부흥하면 보이지 않아도 점점 세워져 갈 것이다.

> [13]여호와의 말씀이니라 보라 날이 이를지라 그 때에 파종하는 자가 곡식 추수하는 자의 뒤를 이으며 포도를 밟는 자가 씨 뿌리는 자의 뒤를 이으며 산들은 단 포도주를 흘리며 작은 산들은 녹으리라 [14]내가 내 백성 이스라엘이 사로잡힌 것을 돌이키리니 그들이 황폐한 성읍을 건축하여 거주하며 포도원들을 가꾸고 그 포도주를 마시며 과원들을 만들고 그 열매를 먹으리라 [15]내가 그들을 그들의 땅에 심으리니 그들이 내가 준 땅에서 다시 뽑히지 아니하리라 네 하나님 여호와의 말씀이니라
>
> (암 9:13~15)

이스라엘이 사는 유일한 길은 5장에서 말했듯이 여호와를 찾고, 알고, 악을 미워하고, 정의를 구하는 것이다. 하나님의 말씀을 듣는 것이

며 그 말씀을 따르는 것이다. 하나님의 백성이 가지는 중요한 특징은 무엇인가? 바로 말씀이 귀에 들어온다는 사실이다. 그리고 들려진 그 말씀대로 변화될 마음과 삶이 보인다. 그것을 실행하게 된다. 이게 없으면 아무리 날고 기어도, 어떤 위치와 직분을 가지고 있다 해도 하나님의 백성이라고 할 수 없다. 우리 귀에 말씀이 들리고, 고쳐야 할 마음과 행동이 보이고, 그것을 실행할 때 비로소 하나님의 은혜가 차고 넘친다. 그때 누구든지 꿈꾸면 말씀과 같이 풍성한 은혜를 누리게 된다.

이런 날들을 꿈꾸기를. 어느 날 곤고했던 내 안에 은혜가 가득하고, 성전에 사람이 북적거리고, 넘쳐 나는 사랑과 복된 소식으로 충만한 그런 날을 꿈꾸기를. 그러려면 말씀을 들어야 하고, 고쳐야 할 마음과 행동이 느껴져야 하고, 그것을 과감히 실행에 옮겨야 한다. 그 행실이 없다면 여전히 하나님의 사자후가 두려운 음성으로 남는다.

> 나눔 질문

1. 소예언서는 예배드리다 하나님으로부터 징벌을 받는 일에 대해 자주 언급합니다. 그런 개념에 대해서 생각해 본 적이 있습니까? 이것이 얼마나 중요한 개념인지 다시 한번 서로 나누어 봅시다.

2. 아모스가 전한 말씀을 삶에서 살아 내시겠습니까? 정의와 공의를 물같이 흐르게 하는 것이 무엇인지 늘 고민하며 실천하시겠습니까?